복원치료

– 결혼과 가족치료의 이해와 가이드 –

Terry D. Hargrave & Franz Pfitzer 저

명 화 숙 옮김

圖書出版 하나醫學社

RESTORATION THERAPY
Understanding and Guiding Healing in Marriage and Family Therapy
by Terry D. Hargrave and Franz Pfitzer

복원치료

결혼과 가족치료의 이해와 가이드

목차

역자 서문

복원치료 모델을 처음으로 접하게 된 것은 2013년 여름, 풀러 신학교에서 임상심리학을 공부하고 있는 딸, 한나를 방문했을 때였다. 그 당시 풀러 신학교 부설 Fuller Psychological & Family Services(FPFS)에서는 일주일에 한 번씩 그곳 staff들의 비공식적인 모임이 있었다. 그들은 자신들의 전문영역을 넓혀가기 위해 관심 있는 치료 이론에 대한 책을 하나씩 선정하여, 몇 주에 걸쳐서 선정된 책에 대해 자유롭게 토론하였던 것이다. 한나의 소개로 전문 상담사(LMHC: Licensed Mental Health Counselor)인 나도 그곳에 함께 참여 할 수 있게 되었는데 그때 토론한 책이 바로 복원치료였다.

나에게는 내 삶의 지향과 성장의 측면에서 지금까지 일관되게 지니고 살아온 두 가지 화두가 있다. 그것은 바로 '사랑'과 '고통'이다. 내게 있어 그 두 가지는 모든 인간에게 보편적(universal)인 요소이며, 인종과 민족을 초월한 공통 언어이기도 하다. 나는 FPFS에서의 모임을 통해 복원치료를 접하면서 새로운 화두를 하나 더 얻게 되었다. 사랑의 화두에 뭉뚱그려져 존재해왔던 '신뢰'의 요소가 자신의 모습을 확연히 드러내어 자신만의 독자성을 가지고 내게 다가와 나의 인생의 새로운 화두로 떠오른 것이다.

나는 복원치료 모델이 사랑, 신뢰, 그리고 고통에 관련된 중요한 개념들을 함께 통합하여 어떻게 인간의 문제들을 깊이 이해하고 치유할 수 있는 지를 체계적으로 잘 정립해 놓은 것에 대단히 놀라고 매료되었다. 그래서 내가 경험한 복원치료 모델에 대한 관심을 확장하고자 이 책을 번역하여 한국의 많은 독자들에게 소개하게 되었다.

독자들은 이 책을 통하여 사랑과 신뢰가 인간생존과 인간관계의 필수적 공통요소임을 재확인 할 것이다. 사랑은 개인의 자아감과 정체감의 형성에, 신뢰는 관계에서 개인의 안전감 형성에 근본적인 요소라는 것을 발견하게 될 것이다. 즉, 사랑은 자신에 대한 의미를 형성하고, 신뢰는 자신이 인간관계에서 어떻게 행동하고 상호작용할 것인가에 대한 의미를 형성하는데 기반이 된다는 것을 알게 될 것이다.

더불어 독자들은 이러한 사랑과 신뢰가 침해되고 위반될 때 우리가 어떻게 깊은 정서적 고통을 경험하게 되는지를 보게 될 것이다. 또한, 이 고통에 대한 대처로 어떠한 자기-반응성의 파괴적인 행동을 하게 되는지, 그리고 이러한 파괴적 행동이 어떻게 자신, 타인, 세대 간의 관계를 손상시키는 지를 깊이 이해하게 될 것이다.

복원치료는 사랑과 신뢰의 위반으로 야기된 손상과 파괴의 상태에 사랑과 신뢰를 복원하여 개인과 관계 및 세대 간의 치유 및 회복을 지향하는 치료모델이다. 이러한 복원의 개입을 위해서 복원치료는 치료과정에 통찰(insights)과 기술(skills)의 두 가지 모두를 결합한 치료법으로써, 단지 통찰에 치중한 접근법도 아니고 또한 행동이나 기술에 치중한 접근법도 아니다. 그러면서도 통찰과 기술배양으로부터 오는 이득 모두를 얻을 수 있는 훌륭하고도 놀라울 정도로 효과적인 치료법이다.

나는 이 치료법을 통해 인간생존과 인간관계 안에 사랑과 신뢰를 복원하여 개인과 공동체 내에서 사랑과 신뢰가 지니고 있는 생명력이 풍성히 꽃피어 나길 바란다. 또한 복원된 사랑과 신뢰의 힘으로 잃어버린 인간 실존을 되찾고, 인간 고통의 치유를 위한 다양한 노력이 곳곳에서 이루어지는데 이 책이 많은 도움이 되었으면 좋겠다.

번역을 하면서 한 가지 어려움이 있었다. 제7장에 나오는 'us-ness'에 대하여 적절한 우리말을 찾을 수가 없었다. 많은 고심 끝에 단어 자체보다는 us-ness가 지닌 저자들의 의미를 살려서 '우리-움'이라 번역했다. 저자들에 의하면 us-ness는 너와 나의 결합인 우리로부터 탄생한 것으로, 우리와 비슷하기도 하지만 온전히 그 자체로서 고유한 자신의 성격과 정체성을 가진다. 그것은 우리에 의해 양육되어지고 성장하는 한 개체이다. 또한 우리가 us-ness를 양육하고 성장시키는 그 과정을 통해서 우리 각자 개개인도 성장하고 발전하며 서로의 친밀감을 증진하게 된다. 우리-움은 이러한 us-ness의 의미를 잘 함축하고 있다고 여겨진다. "풀이나 나무에 새로 돋아 나오는 싹"(국립국어원 표준국어대사전)인 '움'은 나무/풀과 뿌리가 잘 결합하여 새로 탄생한 한 개체이다. 이에 비유하여 나무/

풀과 뿌리가 잘 결합한 것처럼, 너와 나의 결합인 '우리'라는 존재에 '움'이 새로 돋아 '우리-움'이라는 고유한 개체로 존재함을 설명하고자 하였다. 움은 자신이 붙어있는 나무/풀과 뿌리로부터의 영양이 없으면 생존하고 성장하지 못한다. 또한, 이 움이 잘 성장한다는 것은 나무/풀과 뿌리의 탄탄한 성장을 의미하는 것으로 이해하면 되겠다.

끝으로 이 책이 나오기까지 많은 격려와 지지를 해 준 나의 가족, 번역하는 동안 큰 힘이 된 내가 지금까지 만나온 모든 환자/내담자들, 번역의 동기를 더해준 대전대학에서 상담을 공부하는 대학원생들, 그리고 아낌없는 수고로 번역의 퇴고에 많은 도움을 주신 심리상담사 김미자 선생님께 깊은 감사를 드린다. 또한 이 책의 출판을 맡아준 하나의학사 오무근 사장님을 비롯하여 관계자분들에게도 감사의 마음을 전한다.

2016년 4월

역자 명화숙

헌사

나의 아내, 샤론에게.
내 인생의 모든 좋은 것들이 당신과 연결되어 있습니다.
나의 자녀들, 할리 앤과 피터에게.
너희들을 양육하는 것이 내게 사랑과 신뢰의 복원을 가져다주었다.

테리 하그레이브

나의 아내, 애블린 씨델-피쪄와 자녀들, 마틴, 라라, 안나, 루카스에게.
당신들의 사랑과 신뢰가 나의 변화와 성장을 만들었습니다.

프랜츠 피쪄

내 안에서 사랑과 신뢰의 생명을 살아 낸 아버지, 어머니, 시어머님, 그리고 남편께 말로 다할 수 없는 감사를 드립니다.

딸, 한나에게. 너의 양육이 나의 사랑과 신뢰의 성장이었다.

명화숙

저자 서문

우리는 많은 고찰과 자기-검토를 거쳐 이 특별한 책에 대한 작업에 착수하였다. 우리 둘 모두는 스스로를 이반 보스조르메니-나쥐(Ivan Boszormenyi-Nagy)의 전통(Boszormenyi-Nagy & Krasner, 1986)으로부터 온 맥락적 가족 치료사임을 표명하고 있다. 우리는 이 접근 방법으로 개인적인 도움을 받았으며, 수년 동안 이 치료법을 활용하여 사람들을 치료하는데 많은 성공을 거두었다. 관계의 과정에 있어서 정의와 신뢰의 개념은 아주 심오하고 유용하다고 믿고 있다. 그런 이유로 심리치료 분야에서 우리의 노력으로 인해 이 접근법이 사람들에게 더 많이 알려지게 되었고, 또한 훨씬 더 잘 이해될 수 있었던 것은 사실이다. 이 책을 집필하면서 정말 우리가 실제로 맥락적 치료의 전통을 떠날 준비가 되어 있는지 확인하기 위해 우리 스스로를 신중히 검토하면서 평가해야만 했다.

그 결과, 우리는 맥락적인 여러 가지의 근원들을 완전히 떠날 수는 없었다. 또한 더 이상 우리 스스로를 단지 맥락적 치료사라고 표명할 수도 없다는 것을 깨닫게 되었다. 맥락적 치료 접근에 관하여 익숙한 많은 사람들은 이 책에서 우리가 신뢰, 정의, 자격, 파괴적 권리, 다측면 편파성과 같은 맥락적 치료의 개념들을 포함 시켰다는 사실을 발견하게 될 것이다. 우리는 이러한 개념들을 지금까지 수년 동안 말해오고, 집필하고, 가르쳐왔기 때문에 여전히 그러한 개념들을 진심으로 믿고 있다. 그리고 맥락적 치료 접근방법에 대한 우리의 전력(前歷)에 고마운 마음을 가지고 있다. 하지만 우리는 사랑의 중요성과 개인의 정체감에 영향력을 미치는 사랑의 능력에 관한 사고에 대한 발전을 좀 더 자유롭게 말할 필요도 있다는 사실을 느꼈다. 또한 우리는 신뢰가 타인에게 주고자 하는 마음을 증진시킬 수 있는 관계적 자원이며, 관계에서 안전감(safety)에 대한 개인적 관점을 형성하는 근본적인 본성을 가지고 있다는 사실을 확신하게 되었다. 주로 사랑과 신뢰, 이 두 가지 요소는 관계에 대한 두 기둥으로써 필요충분하며 또한 개인 및 관계의 건강뿐만 아니라 역기능까지도 이해할 수 있는 원리를 체계화하는데 필요충분하다는 것을 확신하게 되었다. 그러기에 우리는 이제 맥락적인 전통으로부터 벗어나, 우리자신을 들여다보면서 '복원치료' 라고 부르는 우리의 사고와 치료를 정리해 보고자 한다.

또한 이러한 중요한 요소들에 대한 사고를 정리하고 체계화하는 것에 덧붙여, 개인과 관계 안에서 사랑과 신뢰의 복원을 위한 개입이 잘 이루어지려면 무엇이 필요한 지에 대한 관점들도 자유롭게 확장해 나갔다. 우리는 수년간 개인이나 가족이 과거 손상 받은 부분을 더 잘 통찰하도록 돕는 개입을 사용해 왔다. 그리고 이 통찰로부터 얻은 지식들로 자신들을 치유할 수 있는 새로운 경험을 만들어 내는데 사용했다. 하지만 좀 더 최근에는, 특별히 어떻게 개인이 변화를 창조하고 유지하는지에 관해 기술되어 있는 뇌에 관한 문헌을 읽고 요점을 정리하였다. 그리하여 환자/내담자들이 치료실에서 이루어 내는 소득과 통찰을 그들의 삶의 현장에서 지속시킬 수 있도록 돕기 위한 기술의 개입을 발전시키는 데 전력을 다하고 있다. 다른 많은 분야의 사람들과 마찬가지로, 우리가 환자/내담자들이 치료실에서 이룬 통찰과 동기가 지속되기를 원한다면 그들이 마음을 다하여 반복적으로 기술적인 방식을 실습하도록 도와야한다. 다시 말하면, 변화란 우리의 뇌 또한 바뀌도록 작업해야 한다는 것을 의미한다. 통찰은 그 자체만으로도 훌륭하고 필요한 것이지만, 변화를 유지하기 위해서는 통찰만으로는 불충분하다. 결과적으로 이 책을 읽는 독자들은 익숙한 개입뿐만 아니라(이해하기, 위아래로 작업하기, 용서의 작업 등), 고통과 평온의 주기(pain-and-peace cycle)라고 부르는 주기적 과정의 규명과 4단계라고 일컫는 방법을 활용한 변화에 대해서도 접하게 될 것이다. 그러므로 복원치료는 변화를 생성하기 위해서 강력한 치료적 '원-투 펀치(one-two punch)'를 하도록 통찰과 기술, 둘 모두의 개입을 결합한 치료법에 관한 것이다.

제I부 '고통의 이해, 대처, 그리고 사정'은 인간행동을 이해하고 사정하는 데 있어서 사랑과 신뢰의 요소에 관해 전개하고 있다. 제1장 '사랑과 신뢰: 관계에 대한 이론'에서는 인간의 존재와 관계에 있어서 사랑과 신뢰를 왜 필수적인 요소로 보고 있는지, 이들 요소가 인간 상호작용에 있어서 각 개인의 정체감과 안전감 형성에 왜 꼭 필요한것인지에 관해 명확히 설명하고 있다. 제2장 '고통에 대한 대처: 행동과 자기-반응성(self-reactivity)에 대한 이해'는 관계에 있어서 사랑과 신뢰의 결핍을 경험하게 될 때 인간이 어떻게 자신의 권력(power)을 사용하는지에 대한 관점을 피력하였다. 본 장에서 우리는 인력(human agency)의 영향력에 관한 새로운 통찰과 이해뿐만 아니라 타인 비난, 자기-수치화, 통제 행동, 도피/혼란 행동을 통한 인간의 반응성에 관해 우리가 습득해 온 것들을 기술하게 된다. 마지막으로 제3장 '패턴의 과정'은 자기-반응성이 어떻게 관계에서 개인의 정체감과 안전감을 혼란시키고 뒤흔드는지의 기본형성과 체계적 과정에 대한 분명한 그림을 제시하고 있다. 또한 사랑과 신뢰의 위반(violations)을 유발하고 강화시키는 체계적 관계 안에서 개인이 어떻게 상호작용 하는지에 대한 좀 더 깊은 이해를 제공하고 있다. 제I부에서는 복원치료를 위한 기본 틀과 개인과 관계를 올바르게 사정하는 능력에 대한 이해를 설명하고 있다.

제II부 '복원 치료의 치료 작업'은 복원 치료사의 도구가 되는 필수적 요소들과 개입, 그리고 이런 형태의 작업을 독특하게 만드는 특성들에 관해 집중적으로 설명하고 있다. 제4장 '현명한 치료사 되기'에서는 이 작업을 하려면 반드시 필요하다고 믿고 있는 중요한 여러 가지 특성들에 관해 언급하고 있다. 본 장에서 우리는 치료사가 환자/내담자에 관한 자료를 해석하는 측면에서 뿐만 아니라 치료의 과정 동안에 어디에 초점을 두어야 할지에 관해서도 현명한 치료사가 되도록 우리의 아이디어를 제공하고 있다. 제5장 '사랑과 신뢰의 작업에 대한 기법'은 복원치료 모델에서 활용하는 통찰-기반의 개입들을 명시하고 있다. 2003년도에 출간된 우리의 작업 "새로운 맥락적 치료(The New Contextual Therapy)"를 읽은 독자들은 본 장에서 몇 가지 치료적 양식들(위아래로 작업하기, 맞는 대본이나 틀린 대상 등)을 익숙하게 느껴질 것이다. 우리는 이러한 개입들을 확장시켜 나가고 있다. 그것은 관계에서 정체감과 안전감에 대한 진실(truths)과 관련된 다른 신념을 만들어 내기 위해서는 어떻게 개입해야 하는 지에 대하여 새롭고도 중요한 임상적 작업과 설명을 포함하기 위해서이다. 제6장 '뇌 안에서 변화를 확고히 하기'는 우리의 가장 중요한 새로운 작업의 몇 가지를 대표하고 있다. 본 장은 우리가 뇌에 관한 최신 연구로부터 습득한 것을 적용한 것으로써, 어떻게 개인이 관계 안에서 자신과 자신의 행위를 굳건하게 변화시킬 수 있는지를 설명하고 있다. 실제로 제6장은 우리에게는 매우 흥미 있는 장으로써 환자/내담자가 치료실의 안과 밖, 어디에서든지 실습하기 위해 인지적 방식으로 어떻게 통찰을 활용할 수 있는지에 관해 의미 있는 적용을 보여주고 있다.

제Ⅲ부 '복원치료 모델의 활용'은 이 복원치료 모델의 작업에 있어서 몇 가지 확고한 치료적 예를 제공하고 있다. 책 전체에 임상 사례가 포함되어 있기는 하지만 마지막 장에서는 특별한 양상의 치료법을 더 충분하게 제공하여 보다 더 명확하게 설명하고 있다. 제7장 '복원치료와 부부'는 갈등하는 부부가 어떻게 변화를 만들어 내고 그 변화를 강화시키는지에 대해 체계적인 분명한 예시를 소개하고 있다. 본 장에서의 작업은, 짧은 시간 동안에 기대하는 변화를 이루어 낸 것으로써 부부의 작업에 있어서 명확하고 바람직한 발전을 묘사하고 있다. 제8장 '복원치료와 용서'에서 우리는 우리의 치료의 핵심에 가장 가까운 작업의 몇 가지를 가지고 이 책을 끝맺고 있다. 여기서 우리는 통찰하기, 이해하기, 보상의 기회 주기, 명백한 용서하기의 국면들을 적용한 4가지 사례를 통해 복원치료의 모델을 활용해 용서의 작업을 제시하고 있다.

이 책에 소개된 임상적 작업과 같이, 진공상태에서 일어나는 작업은 존재하지 않는다. 특별히, 우리는 수년 동안 많은 환자/내담자들에게 이런 개념들을 실제 현장에서 적용해 온 텍사스 주의 아마릴로 가족 연구소 (Amarillo Family Institute) 치료사들에게 감사한다. 또한 텍사스 주의 아마릴로 시에 있는 Hideaway Experience의 대표와 치료사들에게도 감사의 말을 전하고 싶다. 그들은 자신들의 전문지식을 전수해 주었고 대담하게 새로운 기법과 이론을 부부치료에 적용할 수 있는 기회를 제공했다. 또한 우리의 직업관과 이론이 좀 더 분명하고 발전적이 될 수 있도록 이런 개념들을 활용하며 우리에게 도전 정신을 불어넣어 준 북미 및 유럽 클리닉의 치료사와 의사들에게도 깊이 감사한다.

마지막으로, 우리와 치료의 여정을 함께 하며 지금까지 고군분투해 왔던 많은 환자/내담자들에게도 고마운 마음을 전한다. 치료실에 문을 두드리기는 결코 쉽지 않다. 하물며 적극적으로 자신에 대한 변화의 동기를 가지고 치료실을 찾기란 더욱 어렵다. 그러나 이분들은 이 모든 것을 떨치고 용감하게 밀고 나갔고, 그러한 진행 과정 중에 우리들 또한 성장할 수 있도록 도왔다.

끝으로 우리의 아내들과 가족들에게는 진심어린 감사, 존경, 사랑을 말로 다 표현 할 수 없다. 당신들 모두는 우리가 어떻게 온전해질 수 있는 가에 대한 우리의 살아있는 실험실이요, 사랑과 신뢰의 기적을 살아가고 있는 산 증인들이다.

제 I 부 복원치료

고통의 이해, 대처, 그리고 사정

제 1 장

사랑과 신뢰

관계에 대한 이론

나는 혼자다. 이 말은 나를 돌보는 사람이 없다거나 내가 누구와도 관계 하지 않고 있다는 말이 아니다. 이것은 단지 내가 진정 혼자라는 것을 의미한다. 완전한 상실. 심지어 나는 나 자신 조차도 모른다. 나를 잃어버린 것이다. 내가 혼자 있어 나의 삶에서 내가 하고 있는 일들과 내가 누구인지를 마주해야만 하는 그 죽음의 공간에 처할 때마다, 나는 내 마음의 문을 굳게 닫아버린다. 그 공간에 들어가는 것은 고통의 블랙홀, 외로움과 완전한 혼돈 속으로 발을 내딛는 것과 같기 때문이다. 나는 너무도 공허하고 어두워서 도망친다. 단지 짧은 몇 분만이라도 그 어두운 공허를 잊게 해줄 수 있는 것, 그것이 어떠한 것이라도 그곳으로 도망간다. 그리고 나는 누구에게로 도망갈 수 있는가? 누구에게도 도망갈 사람이 없다. 내가 내 안의 그 어두운 외로움을 감추고 있기 때문에 진짜의 내 모습을 알 수 있는 사람은 아무도 없기 때문이다. 그 누구도 나를 모르니 나를 위로할 수가 없는 것이다. 나에게는 아무도 없다. 나는 혼자다. 그러나 내가 진정 혼자인 이유는 내가 나 자신조차도 알지 못하기 때문이다. 나 자신 조차도 가지고 있지 않기 때문이다! 이것이 삶으로부터 가질 수 있는 가장 큰 고통일 것이다. 이보다 더 고통스러울 수는 없을 것이다.

진정 고통스럽다: 타인과의 관계가 없는 삶도 고통스러운 것이지만, 나 자신과의 관계가 없는 삶은 더욱 고통스럽다. 이 말은 수많은 심리적 증상에 시달리며 대인관계에 실패한 40대 초반의 여성의 고백이다. 그녀는 '관계'야 말로 건강한 인간적인 기능을 위한 필수적 요소라는 점을 말하고 있다. 관계는 우리의 건강한 결속, 애착, 삶에 대한 중요한 학습 등을 위해서 필요할 뿐만 아니라, 우리 자신을 이해하고 자신에게 의미를 부여하는데 도움을 준다. 우리는 타인과의 관계가 없다면 자신과의 관계도 가질 수 없는 운명에 처하게 된다.

인간관계의 천. 그것은 색과 질감으로 이루어진 아름다운 모자이크. 그것의 선과 모양은 우리 인간의 삶과 인류 세대의 역사를 짜내고 있다. 각 개인의 삶은 패턴, 모양, 조화 속에 개인 자신만의 고유한 특징을 가지고 있고 또한 투쟁, 고통, 유대, 약속 등의 방대한 이야깃거리를 가지고 있다. 그러나 이러한 개인사나 가족사에 따른 다양함이 있을지라도 우리를 한데 묶고 서로 연결시키는 공통점이 있기 마련이다. 유전적 다양성에 따라 모든 인간은 개인적으로 독특하고 특별한 개성을 가지고 있다. 반면에 인간의 DNA에는 공통적인 배열이나 코드가 들어 있다. 인간관계의 천에서도 개인 각자의 이야기, 역사, 성격은 너무도 다르고 다양하여 모두 다 기록할 수조차 없다. 그러나 개인과 개인, 세대와 세대를 실과 바늘땀으로 연결하는 그 연결고리는 같은 것이다. 실과 바늘땀처럼 인간관계를 묶어 주는 공통요소, 그것은 바로 사랑(love)과 신뢰(trustworthiness)이다.

우리가 지니고 있는 사랑과 신뢰라는 이 두 가지 요소는 단순히 인간관계의 공통요소에 그치는 것이 아니라 인간 생존의 필수적인 요소이다. 이 두 요소는 개인의 정체감(identity)을 지키려는 인간의 영혼에 양식과 생명수가 되며 동시에 타인과 친밀감을 유지할 수 있는 맥락을 제공해 준다. 정체감과 친밀감이 없이는 인간의 정상적인 발전은 불가능하고, 개인적인 특성은 위축된다. 지난 수십 년 동안 사랑과 신뢰의 요소를 특별히 주목해 온 문헌들 속에는 두 가지 종류의 특정 자료가 존재 해 왔다. 그 하나는 애착과 관련된 문헌(i.e., Bowlby, 1988; Johnson, 2004)이다. 이 문헌에는 사랑과 인간관계가 개인적 기능, 유형, 성격에 어떠한 영향을 미치는가를 강조하는 부분으로 가득 차 있다. 또 다른 하나는, 맥락적 가족치료와 관련된 문헌(i.e., Boszormenyi-Nagy & Krasner, 1986; Hargrave & Pfitzer, 2003)이다. 이 문헌은 신뢰의 중요성과 연관된 임상적 자료에 대해 확고한 의지를 보여주고 있다. 이 두 가지 유형의 이론 모두 여러 가지 면에서 사랑과 신뢰에 대해 언급하고 있으나 애착 문헌은 사랑의 관계를 강조하고 있는 반면, 맥락적 가족치료 문헌은 신뢰에 비중을 더 두고 있다.

본 책은 인간 상호작용의 두 가지 연결고리, 즉 사랑과 신뢰가 '우리는 누구인가'와 '우리는 세상에서 어떻게 행동을 하고 있는 가'라는 이 두 주제와 관련된 기본 틀(framework)을 '어떻게 형성하고 있는지'에 대하여 논하고 있다. 이 책의 의도는 인간의 발달, 상호작용 및 삶의 과정에 대해 우리가 이미 알고 있는 많은 부분들이 어떻게 사랑과 신뢰에 일치되고 있는 지를 제시한다. 그 다음에는, 심리치료(이하 치료) 전문가가 환자/내담자를 돕기 위해 보다 나은 결과를 얻을 수 있도록 올바르게 사정(assessment)하고 지원하며 개입할 수 있는 기본 틀의 사용 방법을 제시하려는 것이다. 복원치료(Restoration Therapy)는 우리가 인간과 인간 상호간의 관계에 대해서 이미 알고 있는 여러 가지 기존 방식을 활용하는 새로운 치료 방식이다. 복원치료를 통해 독자는 환자/내담자에게 도움이 되는 유연성 있는 사정 방법, 현장에서 용이하게 적용할 수 있는 이론적 기초, 그리고 환자/내담자의 행동 변화를 가져올 수 있는 유용한 기술들을 발견할 수 있기를 바란다. 그러나 복원 치료의 가장 중요하고 필수적인 요소는 개인과 관계의 손상 및 파괴의 원인이 되는 인간 존재의 요소들을 *복원*(restoration)하는 것이다. 인간의 상태와 조건에 사랑과 신뢰를 복원하는 것에 관한 것이다.

이론의 유용성

몇 년 전 해결중심 치료 전문가인 친구가 나(T.D.H)의 원가족 치료(family-of-origin therapy)에 관해 더 많은 정보를 얻기를 원했다. 그리고 나 역시 해결중심 접근법에 관해서 더 많이 배우고 싶어 했다. 이러한 서로의 배움을 가능하게 하기 위해 친구와 나는 몇 가지 사례에서 협동치료 작업을 시도하였다. 두 접근방법이 함께 작동하는 것을 보고, 두 개의 서로 다른 모델의 통합과 관련된 각자의 생각을 발전시키고자 하였던 것이다. 우리는 이 작업의 결과를 좀 더 정확히 평가하기 위해서 이 두 접근법에 익숙한 동료 심리치료사(이하 치료사) 한 명에게 치료회기를 관찰하고 치료 후에 환자와 면담을 하도록 하였다.

협동치료 작업이 종결된 후 우리 모두에게 이 작업의 전 과정에서 이루어진 일들이 명확해졌다. 해결중심 치료 전문가와 환자 사이의 상호작용에서는 척도 및 기적 질문, 문제없는 예외 상황 등에 초점이 맞추어 지는 것이 쟁점이었다. 내가 원가족의 관점에서 작업을 진행하는 동안은 환자의 고통스러운 과거와 과거사 문제의 탐색, 신임(crediting), 편파성(partiality) 등과 같은 기법들을 사용하는 것이 분명해 졌다. 이 협동치료는 성공적인 측면도 있었으나 반면에, 치료 전문가인 우리들의 입장에서는 기법들이 다소 뒤섞인 것으로 느껴지기도 하였다. 이것은 우리가 함께 작업하면서 경쟁보다는 상대 치료 전문가의 생각을 포함시키려고 애를 썼기 때문이다. 그러나 관찰 임무를 수행한 동료 치료사가 치료와 관련된 환자들과 면담을 가졌을 때, 그들 중 그 누구도 치료 전문가들이 서로 다른 방법으로 치료를 했다는 사실을 알아차리지 못하였다. 다시 말해서, 환자들의 인식에는 우리가 함께 환자를 치료하면서 치료목표의 방향을 향해서 잘 가고 있다고 느꼈다. 또한 우리가 서로 다른 이론적 방향에서 출발하고 있었는데도 아무런 차이가 없다고 인식하고 있었다는 것이다. 이 임상실험이 어떤 종류의 과학적 연구 분야에 속하는 것은 아니지만 우리가 이론의 중요성과 특정 기법의 핵심 부분들을 보유하고 있는 방식에 관련된 유익한 정보를 제공하고 있다.

만일 환자/내담자가 치료사가 무엇을 하고 있으며 어떻게 하고 있는 지에 대한 차이나 불편을 느끼지 못했다면, 이론은 정말로 중요성을 가지는 것일까? 우리는 그렇다고 생각한다. 하나의 이론적 접근 방식이 다른 접근 방식들에 비해 훨씬 더 효과적일 수 있다는 사실 때문에 이론이 중요하다고 생각하는 것은 아니다. 우리는 실제로 수년 동안 대부분의 이론적 치료 접근들의 효과가 거의 같은 수준을 제시하고 있다고 믿고 있다.

프리드먼(Friedman, 2007)은 치료 영역에서 결과를 도출하거나 '증명'하려는 노력은 우리의 열정과 관련되는 것일 뿐, 따지고 보면 하나의 이론적 접근 방식이 다른 것보다 우수하다거나 환자/내담자에게 더 도움이 된다는 것을 증명하는 데에는 별 도움이 되지 않는다고 주장하고 있다. 또한 우리는 특정 환자/내담자에게 무엇이 도움이 되는가라는 관점에서도 이론 자체가 중요하다고 생각지 않는다. 우리는 치료적 관계의 요소, 치료과정에서 치료사의 자신감과 명확성, 그리고 특정한 치료를 다루는 방식 등이 치료 결과에 차이를 가져온다고 생각한다. 그렇다면 이론이 왜 중요한 것인가? 이론이 중요한 것은 치료사가 치료실에서 환자/내담자로부터 들은 말들을 자신 안에서 이해하고 정리하며, 사정(assessment)하고, 가설을 세우고, 다양한 치료 목표나 바람직한 결과를 고려할 때, 결국은 효과적으로 개입하는데 중요하기 때문이다.

어떠한 치료사에게나, 그들이 어떤 치료적 관점을 가지고 있든지, 치료를 잘한다는 것은 그리 쉬운 일이 아니다. 치료사는 (a) 치료실에서 일어나고 있는 내용, 의사소통 및 상호작용과 연대감을 유지해야 하며 (b) 사정, 가설, 그리고 치료실에서 진행되고 있는 전반적인 일들에 대하여 잘 이해해야 하며 (c) 환자/내담자가 효과적으로 도움을 받을 수 있도록 개입할 수 있는 방법을 알아내는 등의 행위를 동시에 수행해야만 한다. 이런 행위를 동시에 수행하는 것은 상당히 어려운 일이다. 한 인턴 상담사는 그러한 어려움을 다음과 같이 표현하고 있다.

> 내담자와 함께 치료실에 들어 갈 때는 할 일이 너무 많습니다. 내담자가 나를 어떻게 인식하고 있는지, 나는 어떤 방식으로 내담자를 공감하며 어떻게 정확한 질문을 던질 수 있는지 걱정을 합니다. 나는 내담자가 나로서는 상상하기조차도 힘든 상황에 대하여 도움을 구하고 있는 이야기를 듣게 됩니다. 나는 내담자의 이야기를 경청하고, 이해하고 내담자와 연대감을 갖기를 원하지만, 다른 한편으로는

나 자신에게 어떤 일이 일어나고 있으며, 이런 내담자에게 나 자신이 정말 도움을 줄 수 있는지가 궁금해집니다. 치료실에 앉아서 치료행위를 하면 할수록 더 큰 어려움과 혼란스러움을 느끼게 됩니다. 머릿속에는 서로 다른 접근 방식과 치료기법에 관한 두서없는 생각들이 떠오릅니다. 그리고 결국에는 그것들 중에서 치료의 방향을 찾게 되기를 바랄 뿐입니다. 종종 어떻게 생각해야 할지 모르겠고, 심지어 내가 무슨 일을 하고 있는지 분명히 모를 때도 있습니다. 나의 이러한 혼란한 느낌들은 내담자가 자신의 내부에서 자주 느끼고 있는 그런 느낌들과 매우 비슷할 것이라는 생각이 듭니다.

우리는 다음과 같은 이유로 이론이 필요하고 유익하다는 점을 주장한다. 이론은 치료사들이 자신의 생각을 정리하는데 도움을 주고, 사정과 치료 방향에 관한 분명한 방법을 제공하며, 성취할 수 있는 목표와 결과를 제공한다. 또한 환자/내담자의 변화를 이끌어 낼 수 있는 개입 형태에 관한 지표를 제공해 줄 수 있다. 이론이 직접적으로 환자/내담자에게 중요한 영향을 미치는 것은 아니다. 한 이론이 다른 이론에 비해 훨씬 더 뛰어난 것도 아니다. 이론은 다만 치료사가 이론을 얼마나 잘 활용하여 환자/내담자를 돕고, 연대하며, 실용적인가 하는 측면에서 환자/내담자에게 영향을 미치고 있을 뿐이다. 그러므로 이론은 *치료사*를 위해 존재하는 것이다. 하그레이브와 앤더슨(Hargrave & Anderson, 1992)이 설명하는 바와 같이, 훌륭한 이론을 바탕으로 하는 훈련은 치료사가 '싸구려 기법자'가 되는 것을 방지해 준다. 미숙한 치료사들은 결국에는 어떤 방식이든 간에 환자/내담자에게 도움이 될 거라는 막연한 희망을 가지고 그저 이런 저런 기법들을 시도해 보는 사람들이다. 효과적인 기법과 개입이 되기 위해서 치료사는 환자/내담자의 욕구와 상태를 정확하게 이해하고 사정할 수 있어야 한다. 그런 다음 정확한 치료 방향성의 결정, 치료의 목적과 개입에 대한 가설의 설정, 그리고 예상 가능한 결과를 능숙하게 알아차릴 수 있어야 한다. 이러한 정확한 사정과 결과에 대한 결정이 이루어지고 난 후에야 비로소 치료사는 치료기법이나 개입방법을 활용할 준비가 되어 있는 것이다. 우리가 말하고자 하는 것은 훌륭한 이론이 이 모든 세 가지의 기본 틀을 가능하게 한다는 것이다. 지휘자는 오케스트라가 연주해야 할 수많은 음표를 해석하기 위한 설명이 들어 있는 악보를 가지고 있다. 말하자면 지휘자는 이 악보를 통해서 어디에 문제가 있는지를 사정하고, 취해야 할 행동을 결정하고, 문제에 개입하거나 수정할 수 있게 된다. 악보가 없다면 지휘자의 작업은 더 힘들어지거나 아예 불가능할 수도 있다. 훌륭한 이론이 존재하지 않는다면 치료사의 업무도 그와 같은 상황에 처하게 될 것이다(Hargrave & Pfitzer, 2003).

복원치료에 대해 본 페이지 다음에 수록된 내용들은 개인이나 가족을 돕는데 있어서 정확한 사정을 하기 위해 치료사가 자신의 생각을 정리하고, 치료방향과 결과를 결정하고 치료의 기본 틀과 일치하는 기법을 찾는데 도움을 주기 위해 기술되었다. 이 이론이 기존의 다른 이론들을 대체할 수 있을 만큼 충분하다거나 그 자체로 다른 이론보다 더 우수하다고 주장하는 것은 아니다. 복원치료란 단지 치료사들에게 도움이 되며 나아가서 도움이 필요한 환자/내담자나 그들의 가족들에게도 도움이 된다고 생각하는 치료의 기본 틀일 뿐이다.

이론과 관련해서 우리가 또 하나 주목해야 할 사실이 있다. 치료결과를 입증하기 위한 과도한 노력은 치료 현장에서 부정적인 효과를 가져온다는 사실이다(Hargrave & Pfitzer, 2003). 우리는 치료에서 과학적으로 입증된 결과가 반영되고 경험적 타당성이 있는 접근방식을 찾기 위해 노력해야 한다는 점에는 전적으로 동의한다. 그러나 정부나 공공기관이 치료 과정에 있어서 특정 프로토콜, 시행구조, 시간제한 및 기법의 적용을 고집하는 것은 어리석은 일이라고 믿고 있다. 치료의 많은 부분이 과학적이며, 적어도 과학적일 수 있다고 보는 반면에, 치료사들이 개인이나 가족을 돕기 위해 노력하고 있는 일에 있어서는 우리가 치료를 하나의 경험적 예술로 인정하는 것이 매우 중요하다고 생각한다. 많은 부분의 치료적 관계와 치료적 행위는 수치화 할 수(quantifiable) 없는 것들이다. 아마도 치료가 도움이 되도록 만드는 행위의 가장 중요한 부분들까지도 수치화 될 수 없을 것이다. 현재 우리가 가장 우려하는 것은 치료사들이 치료실 내에서 자신의 예술적, 경험적, 그리고 질적인 존재 가치를 유지하고 있는지의 여부이다. 이것이 복원치료에서 우리가 추구하는 근본적인 목적인 것이다.

인간존재와 관계의 깊은 내면의 구조

인간존재와 인간관계를 이해하기 위해서는 개인의 개별성(individuality)과 관계에 존재하는 요소 또는 구조를 명확히 이해해야만 한다. 우리는 진실은 사회적 또는 관계적 맥락 안에서 구축된다는 구성주의자(constructivist)의 사고방식에 동의한다. 그러나 우리는 이러한 구축이 발달적으로 연결되어 있으며 상당히 일관성이 있는 방식으로 형성된다는 것을 본다. 예를 들어, 모든 아동은 발달하면서 자신의 양육자로부터 받은 관심(attention)과 양육방식에 연관된 유대(bonding) 또는 애착(attachment)을 중심으로 상이한 개인의 역사를 구축하고 형성한다. 그런데 유대와 애착상태의 상황을 둘러싸고 이러한 개인의 발달 역사가 구축된다는 이 사실에 있어서는 모든 아동이 일관적이다.

이런 현상은 촘스키(Chomsky, 1972)가 생득론의 이론에서 개발한 언어습득의 개념과 유사성을 가지고 있다. 이 이론에서 보면, 인간이 발달 순서에 따라 언어에 접근할 수 있는 기저 구조와 메커니즘을 가지고 있다는 것을 알 수 있다. 생득론의 관점에서 보면, 영아와 대화를 시도하고 영아의 발달이 지연되지 않는다면 영아는 사용되고 있는 언어를 습득함으로써 상대에게 반응하게 된다. 서로 다른 지역의 아동은 서로 다른 언어로 대화하게 된다. 그러나 모든 아동은 대체로 같은 순서에 따라 언어를 배우게 되며, 언어의 초점은 주로 사물과 행동에 관한 것들이다. 그러므로 아동이 서로 다른 언어를 사용할 지라도, 인간이 언어에 접근하도록 만들어 주는 인간 내면의 언어적 메커니즘과 구조는 문화 또는 인종적 차이에도 불구하고 일관성을 가지고 있다.

하그레이브와 멧칼프(Hargrave & Metcalf, 2000)는 모든 인간에게는 자신이 누구이고 관계에서 자신이 어떻게 행동해야 하는가라는 질문에 대하여 의미 부여를 가능하게 하는 유사한 심리구조가 있다고 단정한다. 인간은 자신에 대한 가치, 개념, 정체감, 안전감, 관계에 대한 예측 가능성 등에 대하여 상이한 생각을 발전시킬 수 있다. 그러나, 모든 언어가 단어와 의미를 가지고 있는 것과 같이 인간은 모두 자신이 누구이고 인간관계에서 어떻게 행동해야 하는가에 대한 개념을 발전시킨다. 이것은 마치 인간이 실이 감겨져 있지 않은 두 개의 실감개를 가지고 세상에 태어나는 것과 같다. 이 두 실감개는 '개인의 궁극적인 정체감'과 '자신이 관계에서 어떻게 행동해야 하는 가' 라는 신념을 형성하는데 기반이 되어 우리가 인간관계에서 사랑과 신뢰를 경험해 가면서 또는 사랑과 신뢰의 결핍을 경험해 가면서, 그 경험으로부터 얻어진 의미의 실들로 감겨지게 된다(Hargrave & Pfitzer, 2003).

이러한 개념과 이야기 치료의 관점(narrative therapy perspective)과의 차이점은 진정한 구성주의자(constructivist) 모델은 인간에게 어떤 깊은 구조가 존재한다는 것을 부정한다는 것이다. 그리고 이런 깊은 구조를 찾아내는 작업은 인간 존재와 상호작용에 대해 '빈약한(thin)' 설명을 생성해내는 경향이 있다(Hoffman, 2002)는 것이다. 그러나 우리는 이야기 치료의 관점은 일관되게 내러티브가 의미와 행동을 중심으로 형성된다는 점을 지적하는 경향이 있다(White & Epston, 1990)는 사실을 분명히 하고자 한다. 이야기 치료가 질문의 방향을 이야기의 배경으로 돌리는 방식은 의미, 중요성, 개인의 정체감 뿐만 아니라 행위, 행동, 혹은 행동에 예외 되는 것들 등에 초점을 맞추는 것이다(Meidonis & Bry, 1995). 그러므로, 이런 맥락에서는 현실에 대한 후기 구조주의자(poststructuralist)의 견해 마저도 일관되게 정체감과 행동의 관점에 초점을 맞추고 있는 것이다. 우리는 지나치게 많은 구조는 쉽게 명명화된 인간 행동에 대해서 빈약한 설명을 제공하는 경향을 갖게 되므로 그 대신 신념과 행동에 대한 여러 층의 '풍부한(thick)' 영향에 초점을 맞추어야 한다(White, 1997)는 이야기 치료의 관점의 경고를 인정한다. 그러나, 이야기 치료가 의미와 행동 두 가지 모두에 일관되게 초점을 맞추고 있다는 사실은 인간의 존재에는 공통적인 구조가 있음을 시사한 것이다. 우리들의 이야기는 서로 다를 수 있다. 그러나 모든 인간은 그러한 의미와 행동을 포함하는 자신만의 이야기를 가지고 있다.

마찬가지로 키니와 로스(Keeney & Ross, 1985)도 모든 인간의 의사소통과 상호작용은 시맨틱스(semantics) 또는 폴리틱스(politics)의 측면에서 정규화(qualified) 될 수 있다는 의견을 제시했다. 시맨틱스는 특정한 의사소통에서 이끌어낸 의미와 결론을 명확히 하는 역할을 담당하는 반면, 폴리틱스는 의사소통의 조직, 통제, 또는 규제 등의 형태를 표현한다. 다시 말해서 의사소통이란 의미와 행동에 대한 이해로 세분화 되는 것이다. 더 나아가서 키니와 로스(Keeney & Ross, 1985)는 시맨틱스와 폴리틱스는 인간의 의사소통 맥락 안에서 서로 형태를 갖추어 준다고 분명히 말하고 있다. 우리는 조직 또는 행동으로부터 얻어진 자신의 경험을 바탕으로 신념, 개념 및 의미를 형성한다. 그리고 그러한 신념과 의미는 우리의 상호작용과 미래의 행동양식의 기초를 형성하게 된다. 우리는 이런 상호적인 요소에 확실히 동의하고 있다. 우리가 인간관계의 속성이라고 믿고 있는 것뿐만 아니라 우리 자신에 관하여 형성하고 있는 결론과 개념들은 관계의 맥락 속에서 어떻게 행동해야 하는지에 대한 선택과 관련해서 상당한 영향을 미치고 있다(Hargrave & Pfitzer, 2003).

개인들은 자신이 가장 필요로 하는 인간관계에서 받은 행동 또는 폴리틱스로부터 깊은 영향을 받는다. 이러한 관계들은 자신이 누구인가, 그리고 관계의 상호작용에서 자신의 행동이 어떻게 기능할 것인가라는 질문에 대한 의미를 형성한다. 우리는 "나와 너(I-and-Thou)"라는 인간관계의 속성에서 부버(Buber, 1958)가 지적한 대로 필연적 관계적 명령(imperative)이 있다고 믿는다. 관계라는 맥락을 벗어나서 우리는 자신이 누구인지 알 길이 없다. 그러므로 이러한 정체감, 개별성, 의미와 성격의 형성은 인간관계 속에서 그 뿌리와 결과물을 찾게 된다. 우리가 서로 다른 치료적 관점을 가지고 있으면서도, 의미(meaning)와 행동(behavior)이 의사소통과 상호작용의 구조 속에 존재한다는 점은 상당히 일관되게 지적하고 있다. 나아가서 우리는 사람들이 상호작용을 통해 의미를 형성하고 그 의미가 행동을 변화시키는 과정에서 행동과 의미가 서로에게 영향을 미치며 서로를 구체화시켜 준다고 생각한다. 사랑과 신뢰에 관한 요소들은 특히 가족관계 상황에서 의사소통과 행동에 가장 강력한 영향을 미치고 있다. 이는 결과적으로 개인의 행동과 의미를 형성시켜 주기 때문이다.

사랑의 중요성

그렇다면 인간의 정체감과 행동은 개인의 성격과 상호작용의 맥락 안에서 어떻게 형성되는 것일까? 그것은 마치 인간이 출생한 후 인생의 첫 단계에 서부터 반드시 답해야 할 두 가지 중대한 질문을 가지고 있는 것과 같다. 그 첫 번째 질문은 '나는 누구인가?'이다. 이 질문은 타인의 사랑을 통해 해답의 실을 기다리고 있는 첫 번째 실감개인 동시에, 개인이 자신의 정체감에 대한 관점을 도출해 내는 해결의 장이기도 하다. 두 번째 질문은 '나는 안전한가?'이다. 이 질문은 타인에 대한 신뢰를 통해 해답의 실을 기다리고 있는 두 번째 실감개이다. 즉, 새로 태어난 아이는 자신의 새로운 환경에 대한 신뢰를 중심으로 의미를 결정하기 위해서 돌봄과 양육이라는 실을 가져야만 하는 실감개인 것이다. 이 두 가지 질문 모두 양육자의 사랑과 신뢰에 기반을 두고 의미를 형성한다. 아이가 성장하면서 정체감과 안전감(safety)에 관한 의미들이 빠른 속도로 개인 행동양식의 기반을 형성하게 된다. 결과적으로 아이는 다른 인간관계 속에서 신뢰할 수 있는 방식의 행동과 사랑을 하게 되는 것이다.

그렇다면 양육자로부터 반드시 받아야 하며 인간 정체감의 토대를 형성하는 이 사랑이라는 것이 무엇인가? 분명한 것은 출생할 때 아이는 매우 연약하며 모든 면에서 전적으로 양육자가 제공하는 환경에 의존해야만 한다는 사실이다. 비록 인지 구조가 발달되어 있지는 않았더라도 아이의 낮은 수준의 뇌 기능과 정서는 여전히 활동하고 있다(Broderick & Blewitt, 2006). 애착이론의 분야에서는 유대와 양육자의 관심의 요소를 매우 높이 평가하고 있다. 이 요소는 아이가 양육자와의 정서적 고리와 미래의 관계 유형의 형성(Ainsworth & Bowlby, 1991), 접촉하기, 듣기, 말하기, 응시하기 등을 통해서 인간 접촉을 원하거나 거부하는 것(Pipp & Harmon, 1987) 등을 확립하는데 매우 중요한 측면으로 간주되고 있다. 양육자에 대한 애착은 아이가 자아감을 발전시키고 최종적으로 사회화에 대한 욕구를 가지게 되는데 매우 중요한 요소이다(Pipp, Easterbrooks, & Harmon, 1992). 최근의 연구 결과에 따르면 애착은 양육자와의 관계뿐만 아니라 부부관계와 같이 선택적으로 이루어지는 중요한 관계를 통해서도 형성되고 변화될 수 있다(Crowell, Treboux, & Waters 2002; Johnson, 2004). 이 애착이론의 요점은 안정된 애착을 통해 이루어지는 접촉이 건강한 개별성을 형성하는데 필수적인 요소라는 것이다. 애착관계를 가지지 못하였거나 불안정한 애착관계를 가진 사람은 타인의 관심을 거부하는 행동을 보이거나, 홀로 남겨졌을 때 정서적으로 불안정해 진다(Lieberman, Weston, & Pawl, 1991).

우리는 초기의 애착이 필수적이라는데 동의한다. 또한 우리는 초기의 유대와 애착이 대체로 아이가 아직 말을 하지 못할 때 형성되며, 이 애착이 아이의 정체감과 관계 발달에 엄청난 영향을 미친다는 사실을 지적하고자 한다. 예를 들어 적절하고 규칙적인 식사를 제공받지 않은 아이들에게서 불안이 발전되는 경향이 있다(Valenzuela, 1990). 정서적 포옹이나 신체적 접촉은 고-위험(high-risk) 영아들의 신체적, 인지적, 사회적 발달에 매우 중요하다(Pelaez-Nogueras et al., 1996). 더구나 아이에게 노출된 개인 및 관계의 정서적 긴장은 아이에게 직접적으로 부정적인 영향을 미치는 것으로 나타났다(Davies & Cummings, 1998). 전반적으로 우리가 어렸을 때, 또한 심지어 좀 더 나이가 들었을 때도 우리에게 노출된 인간관계는 우리 자신의 정체감, 성향, 궁극적인 행동양식의 형성에 역동적인 영향을 미치게 된다는 것은 확실하다.

그러므로 양육자의 주의력(attentiveness), 양육, 정서적 안정이 아이의 본질적인 삶의 의미, 안전감 및 정체감의 요소를 형성하는데 중요하다는 사실에는 의심의 여지가 없다. 그러나 특별히 더욱 중요한 것은 양육자가 아이에 대한 사랑을 어떻게 시작해야 하는가이다. 왜냐하면 사랑은 아이가 정체감을 형성하는데 필수적인 요소가 되기 때문이다. 비록 사랑이 무엇인가를 정의하기는 어렵지만, 우리는 사랑은 단순한 감정이나 감상을 떠나서 실제로 측정 가능한 행동 정향(action orientation)으로 이행하는 것을 의미한다는 틸리히(Tillich; 1954)의 주장에 동의한다. 하그레이브(Hargrave, 2000)는 사랑의 정의에 동경(adoration), 인정, 능동적인 교제, 친밀감,

사랑하는 사람의 선(good)을 위한 희생 등의 개념이 포함 될 수 있다고 주장한다. 우리는 이러한 개념들이 사랑을 위한 본질적인 토대를 형성한다고 믿고 있다. 이와 같은 사랑에 대한 관점은 용이하게 서로 다른 형태의 행동에 의해 표현되는 서로 다른 사랑의 형태로 개념화 될 수 있다.

예를 들어, 우정, 충실, 존중, 수용, 이해의 요소들을 아우르는 사랑의 형태는 우애적(companionate)인 사랑으로 묘사할 수 있다(Bradbury & Karney, 2010). 강력한 도취, 신체 및 정서적 친밀감에 대한 욕구, 이상화, 몰두 및 사로잡힘에 중점을 둔 사랑의 형태는 낭만적 또는 열정적(romantic or passionate)인 사랑이라고 말할 수 있다(Bradbury & Karney, 2010). 마지막으로 사랑은 주는 행위와 희생하는 행위로 개념화할 수 있는데 이것이 이타적(altruistic) 사랑의 형태이다. 이런 사랑은 사랑하는 사람의 선을 위해 자신이 필요로 하거나 원하는 것을 기꺼이 포기하는 행위의 사랑이다(Saxton, 1993).

우애적 사랑

하그레이브(Hargrave, 2000)가 말하는 세 형태의 사랑은 개인이 자신에 대한 자아감과 정체감을 형성하는데 절대적으로 중요하다. 발달적으로 각 사랑의 형태가 좀 더 필요한 적당한 시기가 있겠지만, 각 형태의 사랑은 개인이 '나는 누구인가'에 대한 질문의 해답을 찾도록 돕는데 필수적이다. 우리는 대체적으로 우애적 사랑이 우정과 충실에 관련되어 있다고 생각한다. 개인이 이런 형태의 사랑을 경험할 때 상호적인 접촉이 있고, 사랑하는 사람은 사랑하는 사람의 곁에 있는 것이 즐거우며 친밀한 교환의 대화가 이루어진다. 우리가 이런 사랑을 받을 때, 우리에게 닥친 삶의 어려운 문제에 누가 돌봄, 지지, 도움을 줄 수 있을 것인지 알게 된다(Hargrave & Pfitzer, 2003). 수년 동안 깊은 우정을 나누었던 사람들에게는 오랜 기간 동안 그 우정을 나눈 친구를 보지 못하고 있다하더라도 그 친구가 아직도 우리를 깊이 돌보고 있으며 우리에게 연결되어 있다는 것을 알고 있다. 그런 친구를 다시 만났을 때 우리는 쉽게 예전에 가졌던 자연스러움과 친밀감으로 되돌아간다. 타인과 이런 깊은 우애적 사랑을 한번 경험하게 되면 다시 혼자가 되는 것은 정말 불가능하다고 말할 수 있다. 사고, 위협, 건강의 악화, 경제적 어려움, 삶의 재난이 발생할 때 우리는 이런 우애적 사랑을 느끼고 있는 친구가 우리를 위해서 신체적은 아닐지라도 적어도 정서적으로나 정신적으로 우리와 함께 할 것이라는 것을 알고 있다. 또한 기쁨, 승리, 성취, 삶의 긍정적 측면의 발달 등을 경험할 때도 이 친구들은 우리와 함께 할 것이다.

우리의 자아감과 정체감을 형성함에 있어서 우애적 사랑은 *우리가 혼자가 아니라는 것*을 말해준다(Hargrave & Pfitzer, 2003) 물론 이러한 사랑의 형태가 어떤 이유로 결핍되거나 부족하게 된다면 우리는 우리 자신의 본성과 존재에 어떤 결함이 있는 것과 같이 느껴지게 되고 마치 친밀감으로부터 정말로 버림받은 사람처럼 느껴지게 된다. 삶의 여정 속에서 우리는 자주 이런 사랑을 친구와의 관계에서 경험하지만 무엇보다 원가족과 양육자에게서 이런 사랑을 받는 것이 매우 중요하다. 친구와는 우리 자신의 가치에 관한 것에 대해서 더 많이 나눌 수 있다. 반면, 가족과 원양육자와는 소속에 대한 필수적 감각을 나누고 줄 수 있다. 첫 번째 사람들인 것이다. 이 사랑은 성장해 가고 있는 아이에게 자신은 누군가가 원하는 친밀감의 대상이며 가족성원에 소속되는 중요한 일원이라는 것을 알리는데 매우 중요하다. 삶에 어떠한 일이 일어나도 아이는 혼자가 아닌 것이다(Hargrave, 2000).

낭만적 또는 열정적 사랑

많은 사람들은 낭만적 사랑을 단지 성적 또는 짝짓기 관계와 연관 지어 생각한다. 이 형태의 사랑이 초기에는 낭만적 또는 애욕적 형태의 관계가 우세한 것은 사실일지라도 이 사랑 또한 자아감 형성에 있어서 중요한 요소가 된다. 이 사랑은 흥분, 매료, 열정, 심지어는 사로잡힘과 같은 요소들을 동반하며 내가 사랑하고 있는 대상을 충분히 가질 수 없는 그런 느낌까지 자아내기도 한다. 이것은 사랑하는 사람과의 시간, 정서, 상호작용에서 오는 충족감을 절실히 갈망하게 하며 그 어떠한 사람이나 대상도 그 갈망을 충족시켜 줄 수 없을 것 같은 느낌을 갖게 한다. 이 사랑이 어떻게 연인에 대한 기준(criterion)을 충족하는 지를 보는 것은 그리 어려운 일이 아니다. 이것은 양육자에게도 마찬가지다. 양육자가 아이를 안을 때 양육자는 아이의 형상에 매료된다. 아이의 한계점에도 불구하고 아이가 흠이 없고 완전한 것으로 본다. 아이에게 집중할 때 아이의 타고난 재능, 능력, 재주 등에 놀라 감탄한다. 양육자가 아이에게 성적 매력을 가지고 있지는 않지만 흥분, 열정, 집중과 같은 정서적 요소는 존재한다. 우리가 이 낭만적 또는 열정적 사랑의 대상이 될 때(연인으로부터이건 양육자로 부터이건), 우리를 사랑하는 사람의 목마름의 갈증을 풀어 줄 수 있는 유일한 생명수가 바로 우리 자신이 되는 것이다. 우리가 이러한 사랑의 대상이 될 때는 우리 자신이 참으로 고유하고 귀중한 사람이라고 느끼게 된다(Hargrave, 2000).

이타적 사랑

이타적 사랑은 사랑하는 사람의 선을 위한 희생을 포함한다. 조사 연구와 임상적 결과는 결혼관계에서 희생의 긍정적 효과를 지적하고 있다(i.e., Hargrave, 2000; Stanly, Whitton, Low, Clements, & Markman, 2006; van Lange et al., 1997). 또한, 이 형태의 사랑은 원가족과 양육관계에 있어서 정체감의 형성에도 매우 중요하다. 인본주의 시대에 있어서 이타적 사랑에 대한 상당한 혼돈이 존재한다. 우리는 이 사랑의 개념을 *무조건적 긍정적 수용*(unconditional positive regard)과 동등하게 다루기를 원한다(Rogers, 1961). 그러나 우리가 수용에 대한 개념을 사랑의 중요한 한 양상으로써 확실히 지지하기는 하지만, 수용의 개념은 이타적 사랑의 기본 틀 (framework)인 희생에 대한 개념의 핵심을 다 채우지는 못한다(Hargrave & Pfitzer, 2003).

진정한 희생적 사랑은 사랑하는 사람의 필요와 바람을 충족시키기 위해서 자신의 욕구를 기꺼이 포기하고 물리치는 것을 의미한다. 예를 들어 만일 두 사람이 굶어서 죽을 정도가 되었는데 음식을 나누어 먹으면 둘 다 죽고 오로지 한사람이 생존하기에만 필요한 분량만 남아있을 때, 이타적 사랑은 자신이 죽게 되는 것을 알면서도 상대에게 음식을 내어 주는 것이다(Hargrave & Pfitzer, 2003). 이러한 극적인 상황에서 우리는 이타주의의 요소를 확실히 이해할 수 있다. 그러나 이 요소는 또한 가족 안에서 서로에게 행하는 작고 덜 극적인 희생에서도 찾을 수 있다. 예를 들어 부모가 자녀의 학업을 위해서 돈을 더 모으는 일, 자녀에게 새 옷을 사주기 위해서 부모 자신의 새 옷을 사는 것은 포기하는 일, 자신도 필요한 시간과 돈을 다시 되돌려 받을 가망이 없는데도 상대에게 내어 주는 일 등이 그 예인 것이다. 이러한 예는 덜 극적인 예들이기는 하지만 이 예들은 이타적 사랑의 희생적 양상의 실례에 해당이 된다. 이타적 사랑의 양(amount)은 이타적 사랑의 깊이의 측정이라기보다 희생하려는 의지의 측정인 것이다. 이타적 사랑을 주는 사람은 인정이나 미래에 되돌려 받기 위해서 사랑하는 것이 아니라, 그 사랑이 사랑하는 사람에게 가치가 있다는 것을 믿고 있기 때문에 기꺼이 준다. 그러한 이타적 사랑은 진실로 그 사랑의 수혜자에게 가치의 메시지를 전달한다(Hargrave, 2000).

우리는 이러한 사랑의 요소들이 개인이 자신의 자아개념과 정체감을 형성하는데 있어서 필수 요소들이라는 것을 발견한다. 우애적 사랑을 통해서 우리는 우리가 누군가의 친밀감의 대상이 되고 혼자가 아니라는 것을 확인하게 된다. 낭만적이고 열정적인 사랑은 개인의 개성이 고유하고 귀중하다는 것을 가르쳐준다. 이타적이고 희생적인 사랑은 우리의 정체감에 가치의 고양을 제공한다. 이와같이 사랑 받음으로써 우리는 우리가 바람직하며, 특별하고 각별하며, 누군가에 의해서 매우 가치롭고 소중하게 여겨진다는 것을 배우게 된다. 물론 인간의 사랑은 완전하지 않다. 그러나 이 세 형태의 인간의 사랑 중에서 그 어떠한 하나라도 결핍이 될 때, 개인은 자신이 누구인가에 대한 의구심을 가진 채로 남게 되고 건전한 자존감을 형성하기 어렵게 된다. 사랑의 결핍은 자신은 누군가 원하는 존재가 아니며 친밀감을 이루는 능력도 없고 또한 결손되어 있다는 생각을 가진 채로 머물게 한다. 간단히 말해서, 우리가 사랑받지 못했을 때 우리는 자기 자신을 수용되지 못하고 받아들여지지 않는 존재로 생각하게 된다는 것이다. 우리가 이런 깊은 결손과 불수용의 감각을 가질 때 우리는 '왜 나는 사랑받지 못했나' 하는 질문이 남게 되면서 깊은 정서적 고통을 느끼게 된다(Hargrave & Pfitzer, 2003). 다음 장에서 우리는 사랑의 결핍이 주는 결과로써 갖게 되는 정서적 고통에 대한 답을 탐색하려고 한다.

신뢰의 중요성

사랑을 통한 정체감 및 자아개념의 형성은 본질적인 정서적 역동성을 가지나, 그것은 관계에 대한 두 개의 기둥 중 하나일 뿐이다. 사랑은 위대한 것이다. 그러나 그것은 그 자체대로 남겨지며 개인이 필요로 하는 시맨틱스 또는 의미를 개인의 삶으로부터 도출하는 것만으로는 불충분하다. 또 다른 하나의 본질적 요소는 신뢰이다. 여러 가지 면에서 신뢰는 사랑과 대등한 중요성을 가지지만 인간관계의 과정에서는 더 큰 영향력을 발휘한다(Hargrave & Pfitzer, 2003). 신뢰에 대한 조사(examination)와 이 중요한 요소의 심리적 영향력에 대한 조사가 아직 부족하고 임상 작업에서도 별로 인정받지 못하고 있다는 사실은 매우 흥미롭다. 애착 연구에 관한 문헌들은 사랑의 중요성에 초점을 맞추고 있으면서 신뢰의 역동성을 포함하고 있다(Johnson, 2004). 그러나 문제는 이 이론에 포함되어 있는 신뢰의 중요성에 관한 많은 부분이 사랑의 한 측면으로 다루어짐으로써 신뢰의 중요성이 희석되고 있다는 점이다.

신뢰의 본질적 요소에 대한 가장 분명한 표현과 인식은 맥락적 가족치료에서 찾아 볼 수 있다(i.e., Boszormenyi-Nagy, Grunebaum, & Ulrich, 1991; Boszormenyi-Nagy & Krasner, 1986; Boszormenyi-Nagy & Ulrich, 1981). 이반 보스조르메니-나쥐의 맥락적 가족치료에서는 이미 신뢰를 관계적 윤리의 범위 내에서 기본적으로 형성되는 본질적 관계자원으로 인식하고 있다(Boszormenyi-Nagy & Krasner, 1986). 관계적 윤리의 이러한 범위는 개인이 인간관계를 지속시키기 위해서 상대에게 줄 의무와 상대로부터 받거나 취할 수 있는 권리 사이에서 관계에 대한 균형으로 가장 잘 설명될 수 있다(Hargrave, 1994a). 이것은 개인이 인간관계에서 제공할 수 있는 것과 상대방으로부터 받을 수 있는 것 사이에 '주고-받는(give-and-take)' 균형의 역동적 관계 속에서 신뢰가 성장할 수 있음을 의미한다(Van Heusden & Van Den Eerenbeemt, 1987). 어떤 개인이 인간관계 속에서 신뢰를 경험하고 진실로 상대를 믿게 되면, 자신은 신뢰를 통해서 편안하고 차분해지며 자신감을 얻게 된다. 그러면 상대는 받을 자격이 있는 이 사람에게 신뢰를 지속적으로 보내게 되는 것이다. 이 관계에는 자신이 원하는 것을 얻기 위해 신뢰를 이용한 강압이나 조종, 신뢰의 철회 등이 없다. 이는 관계에 있는 상대가 그저 단순히 지속적으로 제공하는 신뢰만 존재하고 있기 때문이다. 그러므로 신뢰는 개인들이 서로에게 자유로이 제공할 수 있는 본질적인 관계의 자원을 공급한다(Boszormenyi-Nagy & Krasner, 1986). 만일 관계 속에 이런 신뢰가 존재하지 않는다면, 개인은 *파괴적 권리*(destructive entitlement)를 통해서 받을 자격을 정당화할 수 있는 것을 얻기 위해 노력할 수밖에 없다. 파괴적 권리란 상관관계에 있는 개인이 자기 정당화를 바탕으로 취하는 행동을 말한다. 개인 자신이 관계로부터 정당하게 받을 자격이 있다고 느끼는 것을 얻기 위해 무고한 상대에게 행하는 위협, 조종, 철회, 또는 강압 등을 포함하고 있다(Boszormenyi-Nagy & Krasner, 1986). 보스조르메니-나쥐와 스파크(1984)는 신뢰의 결핍과 그에 따른 파괴적 권리가 여러 가지 그릇된 충성심, 상처를 주는 행동, 그리고 정신병리학에서 어떻게 나타나는지를 임상적으로 보여주었다.

우리는 신뢰를 통한 세대 간 역동적 관계의 중요성에 초점을 맞추고 있는 맥락적 가족 치료의 공헌에 정말로 큰 혜택을 입고 있다. 우리는 맥락적 가족 치료가 관계적 윤리에 대한 범위와 신뢰의 중요성을 바탕으로 심리학 분야에 가장 중대한 공헌을 하고 있다고 느낀다. 왜냐하면 맥락적 가족치료가 우리의 임상 작업에서 역동적인 역할을 맡아온 것이 분명하기 때문이다. 인간관계 속에서 신뢰가 어떻게 작용하고 형성되는가에 대한 이해의 폭을 넓히려는 노력의 일환으로 우리는 신뢰의 본질적 의미와 신뢰에 대한 전제를 확장시켜 보았다.

신뢰는 인간관계에서 주로 안전감에 관련된다. 위에서 언급한 바와 마찬가지로 아이가 태어나면 '이 관계의 맥락 안에서 나는 안전한가?'라는 질문을 한다. 안전감과 신뢰에 관한 이 질문은 인간관계에 대한 철학적 기초(Buber, 1958)에서 뿐만 아니라 개인이 일생 동안 인간관계에서 어떻게 상호작용할 것인가에 관한 초석에서도 본질적(Erickson, 1963)인 질문이 된다. 우리는 개인이 안전감과 신뢰라는 문제에 대한 답변을 하기 위해서는 적어도 세 가지의 중요한 요소가 필요하다고 믿고 있다. 먼저, 개인이 관계에서 안전감을 갖기 위해서는 책임성과 믿음성을 가진 제공자를 통해 예측가능성(predictability)의 감각이 있어야 한다. 양육자가 개인이 필요한 것을 제공할 뿐만 아니라 그것을 일관되게 제공할 때의 이 예측가능성의 감각을 통해서 개인은 관계가 *안정적*(stable)이라는 감각을 발달시킨다. 둘째로, 우리는 많은 맥락적 가족치료사들과 마찬가지로 '주고-받는' 관계 속에는 균형 또는 정의(justice)의 감각이 있어야 한다고 믿고 있다. 주고-받는 관계 사이에 균형 또는 정의가 존재할 때 개인은 안전감에 대한 욕구가 충족되어지고, 자신이 인간관계에 참여할 수 있으며 다른 사람들에게 베풀 수 있다는 사실을 발견하게 된다. 이런 균형 또는 정의는 개인에게 *안정성*(security) 또는 *희망*에 대한 깊은 감각을 제공한다. 마지막으로, 우리는 성취해야 할 신뢰와 안전의 관계 속에는 개방성(openness)의 감각이 존재해야 한다고 믿고 있다. 인간관계에서 개방성은 개인에게 자신이 관계에 관해 진실이라고 믿고 있는 것이 정말로 진실이라는 사실을 확인시켜 준다. 우리가 관계 속에서 상대로부터 보고 있는 것은 정직을 바탕으로 한 것이며, 그 관계가 의미하는 것의 가치와 일관된 것으로 간주하게 된다. 다시 말해서 우리가 발견하고 있는 것이 곧 실제로 우리가 얻고 있는 것이다. 관계 속에 이런 종류의 개방성과 취약성이 존재할 때, 와전(訛傳) 또는 부정직에 대한 놀라움 또는 불안(angst)은 존재하지 않게 될 것이다. 이런 형태의 개방성을 경험한 개인들은 관계의 상호작용 속에서 성실성(sincerity) 또는 진실성(truthfulness)에 대한 감각을 발달시킨다.

예측 가능성

혼돈 또는 예측 불가능은 일관성, 책임성, 믿음성(reliability)에 대한 감각을 파괴한다. 아이가 한 가정에 태어나면, 그 아이는 자신을 먹이고 양육하며 성장에 도움이 되는 환경을 제공하는 양육자에게 전적으로 의존할 수밖에 없다. 만약 어떤 양육자가 때에 따라 안정한 상태를 제공할 때도 있고 제공하지 않을 때도 있다면, 이 아이는 자신의 양육자를 예측 불가능한 대상이며 환경이 혼돈스럽다고 경험하게 될 것이다(Erickson, 1963). 이런 상황에서 아이는 재빠르게 자신의 양육자와 환경이 예측 불가능하고, 불안정하며, 신뢰할 수 없다는 사실을 깨닫게 된다. 그 결과 아이는 자신만을 의존해야 한다는 사실을 배우게 된다. 그리고 아이는 안정을 찾기 위한 희망없는 무능력에 휘말려 들게 될 것이다. 그러나 반대로, 양육자와 환경이 안정되고 예측 가능하다면, 아이는 질서와 일관성에 의존하며 상호관계를 기대하게 된다. 이 아이는 양육자를 신뢰하는 방법을 배운다. 이는 본질적으로 자신이 현실적 비일관성에 대처하는 대신 일관성에 의존할 수 있다는 사실을 배웠기 때문이다. 간단히 말해서 아이는 신뢰의 요소를 통해 다른 사람이 제공하는 믿을 만한 관계에 의존하게 된다.

그런데 이 '의존(dependency)'이라는 말이 *공동의존*(codependency)이라는 단어를 연상시켜 부정적으로 들릴 수도 있다. 우리는 인간관계에 대한 필요성은 천성적인 것(Boszormenyi-Nagy & Krasner, 1986)이라는 맥락적 가족 치료의 주장에 동의한다. '나'라는 맥락이외에 또 하나의 '너'라는 다른 맥락이 존재하지 않는다면 개인의 정체감, 자신에 대한 지식, 인격이나 재능마저도 형성할 수 없게 될 것이다. 우리는 우리 자신을 반영(reflection)하지 않는다. 오히려 인간관계에 대한 반영과 그 맥락 안에서 자기 자신에 대해서 배우고 자신을 보게 된다. 앞에서 논의한 바와 같이, 관계는 한 사람이 상대에게 무언가를 제공하고, 그 결과로써 상대가 제공하는 것으로부터 무언가를 받거나 취할 수 있는 자격을 가지게 되는 것을 요구한다(Hargrave & Anderson, 1992). 이 두 가지 요인으로 인해, 인간은 공동의존적이라기보다 상호의존적(interdependent)이다.

인간관계라는 것은 우리가 원하는 것을 상대가 제공할 것이라는 확신을 갖게 한다. 또한 상대가 원하는 것을 우리도 제공해 줄 것이라는 확신을 상대가 갖게하는 것을 요구한다. 상대가 우리에게 제공해 줄 수 있는 것을 위해 상대를 의존할 수 있는 능력은 불건전한 것과는 거리가 멀다. 그것은 사실상 우리가 의존할 수 있는 일관성이 거기에 존재할 때에는 인간관계에 대한 욕구와 관련된 건강한 표현일 뿐이다. 그렇다. 이런 행위는 우리가 상호의존적인 관계를 형성하게 해주면서, 서로 신뢰하고 사랑과 친밀감의 교류를 향해 나아갈 수 있도록 해준다. 결국, 예측 가능성과 신뢰는 우리가 더욱더 깊은 수준의 관계를 발전시키도록 돕는다. 본질적으로 인간은 타인을 지원할 때는 두려움이나 불안을 느끼지 않는다. 이는 과거의 상호작용을 통해서 우리의 주기(giving)가 안정적인 맥락을 가지게 될 것이라는 점을 알고 있기 때문이다. 우리는 예측 가능성을 통해 *안정*(stability)을 배우는데, 이는 예측 가능성이 *안전*에 대한 감각을 주어 두려움을 줄여 주기 때문이다.

예측 가능성의 중요한 두 가지 측면은 책임성과 믿음성(reliability)이다(Hargrave, 2000). 책임성의 기본개념은 개인이 자신이 취해야할 제공과 관련된 행위나 행동을 스스로 알고 있거나 인정한다는 사실이다. 사람들은 자신이 관계에서 제공해야 할 의무가 있는 것에 대해 관심을 두기보다는 자신이 필요로 하고 원하는 것에 관심을 기울이는 자연적인 경향이 있다. 예를 들어 결혼 생활 상황에서 보면 배우자는 상대 배우자로부터 자신이 원하고 받고 싶은 육체적, 정서적 돌봄을 알아보려고 한다. 그러나 만일 이 배우자가 책임성이 있는 사람이라면 이 사람은 상대 배우자를 보조하고 육체적으로나 정서적으로 돌보는 것에 대해서도 익히 알고 있어야 한다. 책임성은 상호관계를 맺고 있는 파트너가 관계의 이익을 위해서 제공해야 할 필요성이 있는 것들을 확실히 인정하도록 만든다(Hargrave & Pfitzer, 2003).

파트너가 무책임하면 질문이 제기된다. 관계의 상대가 필요로 하는 지원 및 제공을 책임져야 할 사람은 누구인가? 대부분의 경우, 무책임한 파트너와 상호관계를 맺고 있는 개인은 자신의 필요충족에 대하여 절망을 느껴 고립되거나, 필요충족의 노력에 대한 과잉 책임의식을 갖게 된다. 무책임한 부모 밑에서 자라면서 부모의 보살핌과 양육의 충족을 얻어내기 위해 과도하게 자신의 책임을 다하려는 아이와 같은 것이다. 안타깝게도 아이는 어른과 같은 방식으로 자신을 돌볼 수 있는 능력을 아직은 갖고 있지 못하다. 그리하여, 성인인 한 파트너가 상대 파트너로부터 받기로 되어 있는 돌봄을, 자기 자신으로부터 받을 수 없는 것보다도 훨씬 더 많이 어린아이는 자기 자신으로 부터 그런 돌봄을 받을 수가 없게 된다(Hargrave & Pfitzer, 2003). 아이는 상대로부터 받아야 할 제공을 자신으로부터도 채울 수가 없는 것이다. 책임성은 상호관계를 맺고 있는 당사자 모두에게 올바른 방법으로 제공을 배정하여 상대가 필요로 하며 받을 자격이 있는 것을 제공하도록 만든다. 본질적으로 책임성이란 당연히 자신이 져야 하는 의무를 지고, 그 의무를 실제로 실행하는 것을 말한다(Hargrave & Pfitzer, 2003). 결국 책임을 지는 태도가 인간관계 속에서 예측 가능성을 만들어 내는 것이다.

예측 가능성의 확립을 위해서 책임성이 매우 중요하고 필요한 것이 사실이지만, 신뢰를 형성하기 위해서 책임성만으로는 불충분하다. 믿음성, 즉 개인이 *믿을 만한*(reliable) 방식으로 책임을 다하는 것이 또한 중요하다. 다시 말해서, 책임지는 행위는 오직 믿음성의 맥락에서 제공이 반복적으로 이루어질 때만 중요성을 가지게 된다. 실제적인 제공과 행동으로 이어지지 않는 책임의식은 인간관계에서 쓸모가 없는 것이며, 예측 가능성과 일관성을 약화시킬 뿐이다(Hargrave, 2000). 믿음성은 책임성이 행동에서 의미를 찾도록 만드는 훈련이다. 믿을 만하지 못할 때 예측 가능성과 신뢰는 불가능하다(Hargrave & Pfitzer, 2003).

그런데 인간은 불완전하며 온전히 믿을 만한 존재가 아니다. 가장 훌륭한 인간관계에서, 가장 선량한 의도일지라도 관계를 맺고 있는 파트너들이 상대를 완전하게 예측할 수 있는 것은 아니다. 예측 가능성과 신뢰가 실제로 작동하기 전에 파트너들은 얼마나 많은 불신을 서로에게 참아 낼 수 있겠는가? 그 비율을 확인하기는 어렵다. 다만, 임상적인 관점에서 볼 때 상호관계를 맺고 있는 파트너들이 약 85%에서 90%에 이르는 일관성의 비율을 요구하고 있음을 알 수 있다. 예측 가능성이 완벽할 수는 없으나 제공과 관계가 일관성을 가질 것이라는 강력한 증거를 요구한다. 이런 믿음성이 부족할 때, 상호관계를 형성한 파트너들은 안전감과 신뢰에 대한 의문의 상태에 빠지게 된다(Hargrave, 2000).

균형 또는 정의

맥락적 가족 치료에서 균형과 정의(justice)는 관계 윤리 차원의 본질적인 측면이다. 우리는 이러한 개념을 서로 다른 관계유형 속에 존재하는 관계적 원장(ledger)을 드러내고 결과적으로 어떻게 균형과 정의를 성취할 수 있는 지에 대한 방법을 제시함으로써 가장 잘 설명할 수 있다고 믿는다.

이런 개념의 본질에 대한 확인은 부부사이에 존재하는 관계적 평등성(equals)에서 찾아 볼 수 있다. 모든 관계는 균형을 요구하므로, 부부사이에 주고-받기에 대한 평등성이 있어야 한다. 이런 관계는 그림 1.1에서 보는 바와 같이 관계적 원장을 작성함으로써 쉽게 설명할 수 있다. 원장의 왼쪽 부분에는 배우자가 상대로부터 얻는 장점(merit)이나 받기(take)를 기대하는 것들이 적혀 있다. 즉 배우자는 존중, 돌봄, 친밀감 등을 받거나 얻을 수 있는 자격 및 권리가 있다. 원장의 오른쪽 부분에는 관계에서 상대 배우자에게 줄 의무가 있는 것들이 적혀 있다. 모든 대칭적 관계가 그러하듯이, 부부는 받을 자격 및 권리와 주어야 할 의무 사이에 균형이 있기를 기대한다. 이런 균형은 실제로 원장의 왼쪽에 적혀있는 받는 것과 비슷하거나 동일한 내용의 것을 주는 것과의 균형을 유지하는 것을 의미한다(Hargrave, 2000).

장점 또는 받는 것 (개인이 받을 수 있는 자격을 가지는 것)	의무 또는 주는 것 (개인이 주어야할 의무를 가지는 것)
1. 존　중 2. 돌　봄 3. 친밀감	1. 존　중 2. 돌　봄 3. 친밀감

그림 1.1 균형적인 부부의 원장

맥락적 가족 치료에서는 그림 1.1에서 설명한 관계의 형태를 수평적 관계(horizontal relationship)라고 부른다(Boszormenyi-Nagy & Krasner, 1986). 이런 형태의 관계가 지닌 뚜렷한 특징은 대칭적인 '주고-받기(give-and-take)'이다. 그 이유는 이런 관계가 배우자, 친구 또는 동료 등과같이 동등한 위치에 있는 사람들 사이에 형성되기 때문이다(Hargrave & Anderson, 1992). 여기 실린 예시는 부부들 사이에 주고-받는 것에 관한 내용의 일부만 제시하고 있다. 특정 사항에 관해서는 원장의 내용이 달라질 수도 있다. 예를 들어 전통적인 결혼 형태에서 남편은 가족을 위해 일을 해서 가계 수입을 보장해야 한다. 반면에, 부인은 가사와 자녀 양육에 더 많은 주의를 기울여야 한다. 그러나 세부적으로 주는 것과 그에 상응해서 받는 내용이 똑같지 않은 경우에도 수평적 관계에서는 주고-받기 사이의 균형을 기대하게 된다(Hargrave & Anderson, 1992). 만일 관계를 유지하고 있는 개인들이 주는 것과 받는 것에 균형이 있다고 느낀다면, 그 관계가 공평하다고 느낄 것이며 주고-받는 것에 대한 정의(justice)가 존재한다고 느낄 것이다. 이 균형이 오랜 기간 유지될 때 부부는 각자가 보여주는 신뢰를 경험하게 되고 주고 - 받는 일에 균형이 유지되면서 관계에 대한 신뢰가 점차 늘어나게 된다(Hargrave, 2000). 결과적으로 관계 속에서 균형과 정의를 바탕으로 형성된 신뢰는 배우자 각자가 자유롭게 상대 배우자를 지원할 수 있게 한다(Boszormenyi-Nagy & Ulrich, 1981). 자신이 필요로 하는 것을 배우자가 줄 것이라고 신뢰하기 때문에 그들은 자신의 받을 자격 및 권리를 빼앗길 것이라는 걱정은 하지 않는다. 두려움이 사라지고 이 정의가 제공한 안전에 대한 확신감이 생긴 배우자는 마음껏 서로에게 주는 것에 집중할 수가 있다(Hargrave, 2000).

그러나 관계 원장에 불균형이 생기면, 빠르게 신뢰에 대한 변질과 부정의(injustice)가 발생한다. 예를 들어 그림 1.2는 개인이 부부관계에서 필요로 하는 것을 주고 있지만 그에 상응한 권리를 부여받지 못하고 있는 것을 기록한 원장이다. 이런 형태의 부정의를 경험한 개인은 화가 나고 억울하고 이용당하고 있다는 느낌을 갖게 된다. 이런 배우자는 결과적으로 어떤 행동을 하게 될까? 앞에서 언급한 바와 같이, 이런 상황에 있는 배우자는 상대 배우자로부터 자신이 원하는 것을 받기 위해서 위협, 조종, 또는 철회 등을 통해 파괴적 권리행사라는 유혹에 빠져들기 쉽다(Hargrave & Anderson, 1992). 불균형에 의해 신뢰가 깨어지면, 분노한 배우자가 상대방에게 보복적인 행동을 취하면서 주고-받는 관계를 중단하기 쉽다.

한편, 개인이 배우자로부터 존중, 돌봄, 친밀감을 받으면서도 아무것도 되돌려주지 못하는 상황이 되면 그 개인은 죄책감을 느끼게 될 것이다. 그 이유는 자신에게 베푸는 배우자로부터 불공평하게 일방적으로 이익을 취하고 있기 때문이다. 그림 1.3은 이런 상황을 설명해 주는 상호관계의 원장이다. 이런 죄책감의 느낌은 결국 어떤 결과를 초래하게 되는가? 그림 1.2에서 보는 바와 같이 관계에 균형 또는 정의가 없는 경우 주로 개인은 위협, 조종, 또는 철회의 형태로 자신의 파괴적 권리를 행사하는 것을 지속하게 된다. 아내와의 관계에서 아무런 기여도 하지 못하면서 오직 그녀로부터 존중, 돌봄, 친밀감 등의 이익만을 추구하는 남편은 결국 죄책감에 의해서 유발된 정서적 또는 육체적인 아내 학대를 하게 되는 것이다. 남편은 아내가 두 사람의 좋은 관계를 위해 자신에게 무언가를 하도록 기대하는 것은 도리어 불합리한 것이며, 무언가를 해야 하는 것은 모두 아내의 몫이라고 믿게 하기 위해 아내를 조종하게 될지도 모른다. 또한 그는 자신이 노력을 포기하고 관계를 떠나야 할 시점에서는 죄책감으로 인한 쓰라린 고통을 느끼게 될 것이다. 그런 행동들이 너무 많이 주고도 받은 것이 없어 분노에 의해 유발되었든지, 혹은 준 것이 없는데도 과도한 혜택을 받은 죄책감에 의해 유발되었든지 간에, 위의 결과들이 발생할 가능성이 있는 것이다. 전혀 주지 못했건 또는 받지 못했건, 또는 죄책감 또는 분노는 파괴적 권리행사를 유발하고 신뢰를 깨뜨린다(Hargrave, 2000).

그렇지만 어떤 특정한 시기에는 수평적 관계에서 서로 주고-받는 식의 균형이 반드시 정확할 필요는 없다. 부부들은 자신들의 관계에서 적절하게 상호작용하는 경향이 있으며, 한쪽 배우자가 자신이 받

장점 또는 받는 것 (개인이 받을 수 있는 자격을 가지는 것)	**의무 또는 주는 것** (개인이 주어야할 의무를 가지는 것)
아무 것도 받지 못함 분노와 억울함이 야기	1. 존 중 2. 돌 봄 3. 친밀감

그림 1.2 불균형적인 부부의 원장

장점 또는 받는 것 (개인이 받을 수 있는 자격을 가지는 것)	**의무 또는 주는 것** (개인이 주어야할 의무를 가지는 것)
1. 존 중 2. 돌 봄 3. 친밀감	아무 것도 주지 못함 죄책감이 야기

그림 1.3 불균형적 부부 원장의 또 다른 예

는 것보다 덜 줄 때가 있고, 또한 자신이 주는 것보다 더 많이 받을 때도 있다. 배우자 사이에 이처럼 시간에 따른 변화가 적절하게 이루어져 두 사람 모두 상당한 기간을 통해서 균형 있는 방식으로 주고-받게 되면 이로써 신뢰가 형성되는 것이다. 고공 줄타기 곡예사가 단단히 매어 놓은 줄을 타고 나아 갈 때 여러 번 앞과 뒤로 균형을 이동시키면서 전체적인 균형을 맞추는 것과 같은 이치다. 이와 같은 방식으로 일정 기간 동안에는 한쪽이 더 많이 줄 때도 있고 더 많이 받을 때가 흔하게 발생하는 법이다. 인간관계를 위한 기본 사항은 장기적인 균형을 유지하는 것이다(Hargrave & Pfitzer, 2003).

수평적 관계 이외에 또 다른 형태의 관계가 존재하는데 그것은 연속적인 세대 사이에서 발생하는 것으로 비대칭적인 관계이다(Boszormenyi-Nagy & Krasner, 1986). 이 관계에서는 전형적으로 부모와 자녀사이에서 부모는 되돌려 받는 보상의 권리 없이 주게 되는 것을 의미한다(Hargrave, 1994a). 그림 1.4는 아이가 부모로부터 신체적 또는 물질적 공급, 보호, 양육, 사랑, 훈육 등을 받을 자격 및 권리가 있으며 부모는 그러한 것들을 아이에게 제공할 의무가 있다는 것을 보여 주고 있다. 그러나 아이는 수평적인 관계

장점 또는 받는 것 (개인이 받을 수 있는 자격을 가지는 것)	의무 또는 주는 것 (개인이 주어야할 의무를 가지는 것)
1. 신체적 공급 2. 보　　호 3. 양　　육 4. 사　　랑 5. 훈　　육	아이는 아무것도 줄 의무가 없다

그림 1.4 균형적인 부모/자녀의 원장

에서 처럼 동등하게 부모를 돌봐주어야 하는 의무는 없다. 부모가 주는 것으로부터 이익을 얻는 것은 아이 당사자이지 아이가 주는 것으로부터 이익을 얻는 것이 부모는 아닌 것이다. 우리가 많은 세미나에서 이에 대한 질문으로 자주 "이것은 균형적인가?"라고 참석자들에게 물으면 대체로 대답은 "아니다."이다. 그러나 "그것이 공평(fair)한가?"라는 질문에 대해서는 보통 "그렇다."라고 대답한다. 어떻게 이런 불균형적인 것이 공평하고 정당한가를 이해하려면, 관계 윤리의 범주와 행동의 '세대 간 전수'를 이해하는 것이 도움이 된다. 많은 사람들은 아이가 자신이 세상에 태어나기를 요청한 것이 아니므로 '아이는 부모의 책임'이기에 공평한 것이라고 말할 것이다. 다시 말해서 아이는 자신을 돌볼 수가 없고 부모에게 의존되어 있다는 것이다. 그러나 우리는 영아가 스스로 자신을 돌볼 수 있는 정도 이상으로, 부모가 영아를 돌볼 수 있는 준비가 되어있지 않은 경우도 있다는 것을 지적한다(Hargrave, 1994a). 또 누군가는 그것은 시간의 문제라고 말할 것이다. 즉, 부모가 늙게 되면 그때 성인이 된 아이는 부모를 돌봄으로써 관계적 원장을 균형 잡히게 만들 수 있다는 것이다. 그러나 이 또한 아이가 성인이 되어 부모가 자신을 목욕시키고 옷을 갈아입히고 음식을 먹이고 했던 것과 같은 비슷한 방식으로 부모를 돌본다 하여도 부모가 자신에게 했던 것만큼은 결코 제공할 수가 없다. 오로지 부모나 원양육자만이 정체감과 관계에서의 미래 행동을 형성시키는 사랑과 신뢰에 대하여 책임이 있는 것이다(Hargrave, 2001). 간단히 말해서, 아이는 결코 관계성에 존재하는 정체감과 안전감의 두 실감개를 두루는 실(근본적 요소)을 제공할 수 없다는 것이다.

그렇다면 어째서 그것은 불균형의 공평인가? 부모에게서 받은 것을 부모에게 되돌려 주지는 않지만 받은 것을 미래의 공적으로 또는 장점(이점)으로 보유하고 있다는 면에서 공평한 것이다. 아이가 성장해 부모가 되면서 이제 자신의 차례가 되어 신체적 공급, 보호, 양육, 사랑, 훈육 등을 다음 세대에 주게 되는 것이다. 결과적으로 한 세대에서 다음 세대로 전달되는 관계적 균형인 것이다. 아이였을 때 받았던 돌봄과 양육을 자신이 부모가 되어 다음 세대에 주게 될 때까지 다시 되돌려 주어야만 하는 것이 아니다. 수평적 관계에서의 균형은 개인 대 개인이지만, 이러한 수직적 관계에서의 균형은 세대 간이 된다(Hargrave & Pfitzer, 2003). 신뢰가 세대 간 사이에서 다음 세대에 주는 것(giving)에 대한 균형과 정의를 통해서 영속되어지는 것이다.

만일 '아이가 부모로부터 이러한 형태의 제공을 받지 못하고 있다면 어떤 일이 발생할까?' 우리는 이 질문에 대한 답을 위해서 다시 맥락적 가족치료의 관점으로부터 인간행동을 이해하는 것이 매우 중요하다. 대부분 발생되는 일은 부모가 아이에게 빚지게 되는 그 어떤 측면들을, 부모는 아이로 하여금 부모 자신을 충족시키도록 기대한다. 부모 자신이 주고 있지 않은 어떤 것을 역으로 아이에게 기대하는 것이다. 그림 1.5에서 보는 바와 같이 부모는 아이에게 어떤 형태의 신체적 공급과 훈육을 제공하기도 하지만, 부모는 아이가 돌봄, 안정, 사랑을 제공하기를 기대한다. 이것은 정서적으로 불안정하거나 관계에 대한 불확실성을 가지고 있는 부모들에게는 이상한 일이 아니다. 아이는 아이에 불과함으로 부모와의 관계에서 정서적 유대감을 얻기 위해서 결사적으로 부모를 기분 좋게 하려고 이러한 성인이 해야 할 역할을 실행하려고 노력 할 것이다. 그러나 이렇게 되면 적어도 두 가지의 불행한 일이 벌어진다. 첫째는 아이는 어른이 아니므로 부모가 원하는 정서적 사랑과 양육을 제공할 수가 없다. 그래서 부모는 아이의 노력으로 즐거워지는 대신에 오히려 아이를 비난하고, 조종하고, 거부하며 결국 아이의 기분을 상하게 만든다. 심지어, 정서적으로 불안정한 부모는 아이에게 신체적인 폭력과 학대를 하기도 한다(Hargrave & Anderson, 1992).

두 번째의 불행은 그러한 행동의 세대 간 결과물이다. 자녀는 부모의 정서적 사랑과 양육을 받을 자격이 있다. 타고난 정의에 대한 감각으로 자녀는 자신의 그러한 권리가 착취당했다는 것을 알게 된다. 결국 관계적 원장의 불균형은 파괴적 권리를 생산하게 되고 그

장점 또는 받는 것 (개인이 받을 수 있는 자격을 가지는 것)	**의무 또는 주는 것** (개인이 주어야할 의무를 가지는 것)
1. 신체적 공급 2. 보　　호 3. 훈　　육	1. 부모는 아이에게 양육을 요구한다 2. 부모는 아이에게 사랑을 요구한다

그림 1.5 불균형적인 부모/자녀의 원장

것은 위협, 조종, 철회와 같은 행동에서 분명하게 나타난다. 자녀는 이와 같은 불균형과 그릇됨의 느낌을 결코 잊지 않을 것이다. 나이가 들면 다른 원천에서 그 권리를 구하게 될 것이다. 대부분 이러한 사랑과 양육의 보상에 대한 원천의 대상은 미래 자신의 배우자나 자녀가 되는데 이들은 무고한 사람들인 것이다(Boszormenyi-Nagy & Krasner, 1986). 부모가 자녀를 돌볼 때 보게 되는 신뢰의 회전판(revolving slate)이 존재하는 원장 대신에 각각의 부모 세대가 연속적으로 무고한 자녀에게 자신이 받지 못한 사랑과 양육을 보상하도록 하는 잘못된 유산을 만들게 되는 것이다. 결국 부모가 자녀에게 이러한 사실을 부인할 때 부모는 아이의 미성숙으로 자신의 갈망을 채울 수 없게 된다. 또한 아이가 착취당하고 이용되는 단계에 들어서게 하여 아이로 하여금 차세대에 똑같은 잘못을 하게 만든다(Boszormenyi-Nagy & Spark, 1984). 이것은 세대 간 신뢰에 대해서 심각하게 악화되는 순환고리여서 차세대는 차세대를 대항해서 파괴적 권리를 좀 더 저지를 가능성이 많아지게 된다. 여러모로 이것이 가족관계에서 정리되어져야 할 가장 깊은 상처의 형태이고 정의롭지 못한 것이다(Hargrave & Pfitzer, 2003). 간단히 말해서 파괴적 권리를 가진 불공평한 부모의 무고한 희생자인 자녀는 파괴적 권리를 가진 부모로 자라나게 되는 것이다. 악화, 불균형의 '장단(beat)'과 불신은 계속된다.

정의의 결핍은 그러한 파괴적 행위와 세대에 대한 불균형을 생산해 낸다. 반면에, 세대 간 혈통을 통한 균형과 정의는 막대한 정의와 신뢰를 생산해 낼 수 있다. 세대가 서로 균형과 신뢰의 삶을 살 때 그들은 서로에게 충실하게 된다. 이러한 정의에 대한 감각과 자녀가 필요로 하는 것을 제공받아서 타당하게 자격이 주어지면 자녀는 안

정성(security)의 감각을 학습하게 된다. 이것은 애착의 문헌에서는 *안정애착*(i.e., Ainsworth & Bowlby, 1991; Johnson, 2004)이라고 불리는 것과 대동소이한 개념으로써 우리는 정의에서 발견되는 이 신뢰에 대한 맥락적 의미가 가장 중요한 개념이라고 믿고 있다. 그것은 부모가 자녀에게 현존하고 반응적일 뿐만 아니라 자녀가 원하는 것을 공급하고 단지 부모 자신이 원하는 것을 얻기 위해서 자녀와 교류하지 않는 것을 포함한다. 부모가 자녀에게 타당하게 자격 및 권리(entitlement)를 부여하고 제공한다면, 자녀는 부모에게 애착되어 질뿐만 아니라 그 관계에서 안정성에 대한 감각이 형성될 것이다. 그러면 이 안정성은 자녀가 미래의 다른 관계에서 주기와 참여하기를 할 수 있는 능력감을 성취하는데 주요한 요소가 된다. 이 능력감은 상대가 필요로 하는 것을 제공할 수 있다는 *희망참*(hopefulness)의 감각을 확립한다. 균형과 정의는 *안정성과 희망참*의 모태인 것이다.

개방성

우리는 '탐색(search)과 발견'이 너무 많이 범람하는 사회 속에 살고 있어 때로 낙담을 하게 된다. 대부분 우리는 정치가, 연예인, 스포츠 전문가 등을 좋아하는 경향이 있는데, 그것은 그들의 재능뿐만 아니라 그들의 개인적 삶에 대해서도 많은 관심을 가지고 있기 때문이다. 그러나 때로 우리가 영웅으로 높이 평가했던 이러한 사람들의 개인적 삶에 대해서 불미스런 일들이 백일하에 드러나 그들의 진짜 모습을 알게 되면 너무도 실망한 나머지 모든 사람들에게까지 의

구심을 갖게 된다. '이 세상에 정말로 진실한 사람 또는 진정 자신을 있는 그대로 나타내는 사람이 있을까?'와 같은 질문이 생긴다. 이것은 좋은 질문이다. 왜냐하면 이 질문은 일반적으로 한 인간의 내부와 관계 안에 내포되어 있는 충실성을 반영하는 질문이기 때문이다.

개방성이 신뢰에 대한 질문에 미치고 있는 근본적인 영향력을 파악하기 위해 이 질문을 두 부분으로 나누어 볼 수가 있다. 질문의 첫째 부분은 '누군들 완벽하겠는가?' 라는 생각에 관련된 것이다. 물론 우리는 단지 인간일 뿐이다. 아무리 많은 재능을 가지고 있고 노련하고 완벽해 보여도 인간은 실수할 수 있는 결함(flaw)과 개인각자의 결점(shortcommings)을 가지고 있다. 이것은 두 번째 부분의 질문을 야기한다. '이 개인은 자신을 있는 그대로 투영하고 있는가?' 이 질문은 우리가 개인을 정말로 알고 있는지를 평가하려고 할 때 더욱더 중요해진다. 개인이 오로지 자신이 완벽하지 않고 결함을 가지고 있으며 실수를 한다는 사실을 받아들일 때 개인은 투영된 그대로의 자신이 될 것이다. 다시 말해서 자신이 가지고 있는 결함과 불완전함을 개방하여 정직하게 다룰 수 있을 때, 인간은 진실한 인간이 되는 것이고 타인으로부터 흠모와 존중을 받는 대상이 되는 것이다.

개방성은 이러한 불완전함의 요소들을 건설적으로 다루기 때문에 관계에서 신뢰의 필수적인 요소가 된다. 만일 개인이 자신의 인격을 실행하는 과정에서 자신이 불완전하고 믿을만하지 못한 점이 있고, 관계에서 정의에 대한 책임이 다소 미비하다는 사실을 진실로 인정한다면, 다른 사람들도 자신과 같은 문제를 감당하고 대처해 나가고 있다는 것을 자신의 마음 속 깊은 곳에서 깨닫게 될 것이다. 개인이 이러한 결함을 개방할 때 자신의 결핍(deficiency)의 영역을 공공연히 인정하게 된다. 이렇게 되면 개인은 자신의 결점을 교정하고 성장 할 기회를 가지게 될 것이다. 관계에서 결점에 대한 개방 없이 결함에 대한 개방만은 불행하다. 왜냐하면 그것은 관계의 상대가 단지 그 결함에 적응하고 마치 그것은 교정될 수 없는 것이며 문제가 되지 않는 것처럼 여기고 그대로 살도록 요구하게 되기 때문이다. 우리는 관계에 있어서 수용은 중요한 것(Jacobson & Christensen, 1998)이라는 점에 동의한다. 그러나 우리는 신뢰할 수 없고 애정이 없는 행동은 수용될 수 없다고 생각한다. 한 사람은 자유롭고 상대는 보수적이고, 한 사람은 조직적이고 상대는 비조직적인 것과 같이 성격들이 서로 매우 다른 것들은 다름에 대한 타당한 영역이다. 이러한 것들은 사랑과 신뢰의 지위에는 많은 영향력을 끼치지 않게 되므로 수용을 위한 기회가 된다. 그러나 심지어 약간의 친절함이라도 그 친절함에서의 극과 극의 다름은 종국적으로는 책임 없고 믿을 수 없으며 애정이 없는 행동을 나타낸다. 개방성은 "이것이 바로 나다. 나와 관계를 한다는 것은 바로 이런 나를 있는 그대로 수용한다는 것을 의미한다."라고 말하는 것이 아니다. "이것이 나 자신에 대해서 내가 보는 나의 모습이다. 나는 내가 더 나아질 수 있다고 믿는다." 와 같은 말과 관련이 있는 것이다. 개방성이 우리의 성장을 향해 나아갈 때 관계적 파트너의 불완전함이나 결함은 실제적인 친밀한 결속으로 더 가까이 함께 가도록 만들 것이다.

물론 개방성은 결함이나 결점에 관한 정보뿐만 아니라 사고와 감정에 관한 자신의 취약성(vulnerability)을 드러내는 것도 포함한다. 관계에서 어떠한 취약성(연약성)이라도 친밀감의 기회가 될 수 있다. 왜냐하면 그것은 하나의 주는(giving) 행위에 해당하기 때문이다. 개인이 상대방에 대해서 자신이 어떻게 생각하고 느끼고 있는

지를 말할 때 개인은 상대방에게 자신에 대해서도 상대방이 어떻게 생각하고 느끼고 있는지를 말하라는 기회를 주고 있는 것이다. 이러한 개방과 정직이 관계에 존재할 때 그것은 관계 안의 상호 증여로 인해서 관계를 더욱 깊은 수준까지 결속시킨다. 우리의 사고와 감정은 여러 면에서 우리에게 가장 중요한 부분들이다. 우리가 그것들의 취약성까지도 관계에서 개방적으로 상대방에게 보이고 나눌 때 우리의 가장 깊은 부분을 주고 있는 셈이다.

정직의 결핍은 개방성을 파괴하고 신뢰의 악화를 가져온다. 사람들이 관계에서 자신을 개방하지 않는 방식에는 본질적으로 두 가지가 있다. 그 하나는 거짓말이나 와전(misrepresentation)이다. 개인이 의도적으로 관계에서 부정직할 때 그에 대한 발견은 두 가지 이유로 상대에게 고통이 된다. 첫째는 알려진 사고, 느낌, 사람, 현실이 모두 거짓이 되어 버리는 결과가 된다는 것이다. 이것은 관계적 증여(relational giving)의 모든 것들이 정말 진짜인지 가짜인지에 대한 의문점을 낳게 된다. 거짓말이 고통스런 두 번째 이유는 거짓말에 반응하여 자신이 보여준 취약성, 개방, 행위는 결국 아무것도 받지 못하고 있는 상태로 상대에게 자신을 드러낸 것을 의미하기 때문이다. 간단히 말해서 그러한 관계에서 진실한 사람은 자신의 취약성이 노출된 느낌을 느끼게 되고, 아무것도 받지 못한 상태에서 자신의 깊은 수준을 상대에게 준 것에 대해 매우 당황스럽고 바보스럽게 느껴질 것이다. 여기에서 주는 행위는 상호적이 아니었으므로 관계에 놓인 상대방은 거짓 친밀성을 믿은 것이다.

관계에서 사람들이 자신을 개방하지 않는 두 번째 방식은 단순히 거리를 두거나 비밀로 하고 있는 것이다. 이러한 개방성의 부족이 거짓이나 와전보다는 덜 해로운 경우도 있겠지만 그것은 확실히 신뢰를 파괴할 수 있다. 관계에서 취약성이 존재하지 않는다면, 깊이 주는 것도 없게 되고, 진정한 친밀감도 없으며, 관계적 성장을 할 기회도 없게 되는 것이다. 거리를 두는 것과 비밀로 하고 있는 행동은 단순히 친밀감이 정지되는 결과를 가져와 상호교류나 관계가 적어지면서 서로가 격리되어 점점 더 고립화로 표류해 나가게 할 것이다. 서로가 서로에게 예측한 대로 반응하고 균형적으로 공평하고 꽤나 좋아하는 방식으로 반응을 한다고 하더라도, 만일 둘 사이에 친밀감이나 취약성이 존재하지 않는다면 서로 안전감이나 신뢰감을 경험할 수는 없을 것이다. 개방성은 취약성을 드러내게 하여 깊은 상호증여를 낳고, 깊은 상호증여는 *정직과 친밀감*을 낳는다.

사랑, 신뢰, 일차적 감정

우리는 사랑과 신뢰가 관계의 상호작용 속에서 인간이 필요로 하는 건강한 개인의 정체감과 안전감을 위한 본질적인 구조라는 것과 또한 관계에 대한 두 기둥으로써 인간에게는 *천성적*인 것임을 언급해 왔다. 다시 말해서 인간 모두는 어느 날, 이 세계 안으로 들어와 이 조건을 구하고 있다는 것이다. 이러한 사실은 신경과학에 대한 발견과 우리 뇌의 구조가 성장하고 발달해가는 과정 속에서 찾아볼 수 있다.

중뇌(midbrain) 또는 변연계의 행위는 정서와 기억에 대한 프로세싱에 대해 아주 많이 관여되어 있다(Aggleton, 1992). 그래서 일차적 감정(primary emotion) 또는 가장 기본적(basic)인 감정에 대한 맥락과 생성을 살펴보려 할 때 이 영역의 뇌를 들여다봐야 이해가 된다. 우리 자신의 감정에 대한 감각(sensation), 양육자에 대한 애착, 가장 중요한 관계 및 우리가 누구인가의 토대가 되는 기억들, 타인의 행위에 대한 의미와 이해 등과 같은 정서적 반응들, 이 모든 것들은 거의 직접적으로 변연계 영역에 관련되어 있다(Siegel, 2007). 정서의 언어화, 행위의 해석, 결정, 조직화, 계획, 복합적인 운동반응이 뇌의 피질(cortex)에서 정보처리 되고 영향을 받고 있다는 것이 확실하다. 그러나 이 피질은 출생 시에는 발달되지 않아서 활성화되지 않는다(Siegel, 2007). 가장 기본적인 형태의 정서, 애착, 감각, 양육자에 대한 기억들은 보다 더 기본적인 변연계에서 생성된다. 이것들이 보다 더 진보된 뇌 피질의 사고 부분에서 발견되는 초기(initial) 인지 프로세싱으로부터 떨어져 있고 분리되어져 있다는 것을 깨닫는 것은 매우 중요하다(LeDoux, 1996).

뇌에 대한 이러한 정보에 입각하여 사랑을 중심으로 형성되는 정체감과 신뢰를 중심으로 형성되는 안전감에 대한 의미는 보다 높은 고등차원의 뇌의 기능이 아닌 것이다. 이것은 변연계에서 발견되는 보다 더 기본적이고 천성적인 프로세스라는 것을 제시하는 것이 타당하다. 아이가 양육자의 사랑과 신뢰에 접촉될 때 사랑과 신뢰에 관련된 기본감정이 자극될 것이다. 정체감의 면에서 본다면 아이는 가치성, 고유성, 자신이 혼자가 아닌 가깝게 애착되어 있는 존재로서의 정체감에 해당하는 사랑받음을 느낄 것이다. 더불어 아이는 관계와 환경이 견고하고, 안정적이고, 친밀한 감각에 해당하는 안전감을 느낄 것이다. 간단히 말해서 아이의 정서는 평온과 쉼의 상태에 있게 될 것이다. 뇌를 공격하는 두려움과 위협에 대한 감각이 없을 것이고 아이는 일관된 정체감과 안전에 대한 감각을 발달할 능력을 가지게 될 것이다(Olds, 1958).

그러나 물론, 가장 좋은 환경일지라도 아이는 항상 완전한 사랑과 신뢰의 환경에 노출되지는 않는다. 최악의 경우 아이는 양육자로부터 미움과 학대적인 행동을 경험하게 될 지도 모른다. 조사 연구는 이러한 형태의 공격이 변연계의 편도체 영역을 크게 자극한다는 것을 명확히 하고 있다(LeDoux, 1996). 편도체는 특히 두려움과 분노에 대한 정서적 반응을 쉽게 하는 경향이 있어 결국 *도전-도주*(fight-flight)의 반응에 밀접히 결부 된다(LeDoux, 1996). 다시 말해서 영아나 아이가 자신이 구하는 사랑과 신뢰를 받지 못할 때 그것은 영아나 아이의 스트레스나 고통이 되어 도전-도주의 반응을 하게 되는 정서적 반응을 생성한다.

이러한 개념들을 하나로 통합해 볼 때 일차적 감정이 확실히 존재한다는 것을 강력하게 제안할 수가 있다. 우리의 추론에서 이러한 가장 기본적인 일차적 감정은 사랑받고 안전한 상태에 있는 것과 관련이 있다. 개인이 사랑과 신뢰를 느낄 때 개인은 정서적으로 고요하고 평온한 감각으로 반응하게 된다. 다시 말해서 개인은 자신이 누구인가를 알고 있고 안전의 감각을 가지게 되면 편안한 상태에 있게 되고 관계의 맥락에서 자유롭게 반응하게 된다. 그러나 정체감과 안전감이 결핍될 때 변연계는 활성화되고 정서적 고통의 자극이 있게 된다. 그러한 정서적 고통의 자극은 위협적인 상황에 대하여 힘을 사용하여 자신을 위해서 도전(싸움)하거나 또는 불안을 사용하여 도주(도피)하는 대처반응을 하도록 부추긴다.

이러한 일차적 감정이 영아나 아이들의 경우에서 더 잘 이해가 되기는 하지만 성인의 경우에도 그것은 마찬가지이다. 성인이 서로 잘 관계하고 있을 때 중뇌의 활동에 평온한 자극과 울림(resonance)이 있다(LeDoux, 2002). 피질이 일차적 감정의 조직화, 언어화, 정보처리 등을 가능하게 하더라도 변연계의 일차적 감정은 여전히 활성화 된다. 사랑받지 못하고 안전하지 못한 느낌에 대한 일차적 감정들이 영아나 유아에게서는 언어화될 수 없을지라도 아이가 애착되어 있지 않거나 성장에 실패하거나, 지속적인 고통에 있다는 것은 분명하다. 언어적으로 표현할 수 있든지 없든지 간에 중뇌의 활동의 결과인 이러한 일차적 감정은 존재한다. 성인의 경우 개인은 다음과 같은 여러 가지 용어로 사랑받지 못한 느낌에 관련된 일차적 감정을 표현한다: 사랑받지 못한, 쓸모없는, 중요치 않은, 혼자인, 무가치한(가치 없는), 평가절하 된, 결손된(흠이 있는) 부적합한, 거부당한, 수용될 수 없는, 환영받지 못한, 희망 없는, 버림받은, 인정 받지 못한(감사받지 못한) 낙담되는, 존중받지 못한 등. 또한 성인은 관계에서의 불안전한 느낌에 대한 일차적 감정을 다음과 같은 여러 다른 용어나 구절로 표현한다: 안전하지 않은, 불안정한, 불확실한, 이용당한, 죄스런, 두려운, 무력한(힘없는), 통제할 수 없는, 통제당한, 부서지기 쉬운(취약한), 격리된, 미지의(알 수 없는), 배신당한, 타당치 않은, 기대에 부응할 수 없는(기대에 못 미치는), 실패한 등. 우리는 이러한 형태의 용어나 구절들이 개인의 중뇌에서 비롯된 일차적 감정과 관련되어 있다고 보고 있다.

제2장

고통에 대한 대처

행동과 자기-반응성에 대한 이해

도입

다음은 자신의 삶을 증진하기 위해서 몸부림치는 26세의 남성에 관한 이야기다.

> 당신은 자신이 통제할 수 있는 그 어떤 것을 가지고 있다고 생각한다. 사실 당신은 교육을 받기 위해서 다시 학교로 돌아간다든지 좋은 직장을 구하러 다닌다든지 와 같은 일들을 당신 삶 속에서 만들 수 있다. 나 역시 이와 같은 좋은 일들이 내 삶속에서 일어나도록 만들 수 있다고 생각하는 순간이 있다. 그러나 그런 다음, 쾅! 나는 나를 벼랑 끝으로 내모는 어떤 것과 부딪치게 된다. 나에게 있어서 그것은 아주 작은 모욕을 당하는 순간들, 누군가 나를 알아주거나 인정하지 않는 그런 순간들, 또는 누군가 사소하게 나를 속였거나 내가 도움을 준 사람들이 충분히 감사해 하지 않거나 하는 그런 순간들이다. 학교 선생님과의 관계에서 그것은 내가 수업을 따라갈 수 없다고 생각하는 것처럼 보이는 가장 작은 어떤 표정이나 몸짓 같은 것이다. 여자들과의 관계에서는 처음에 내가 약속하지도 않은

> 것 이상으로 나에 대해서 그 어떤 것을 기대하기 시작하는 그런 순간들이다. 그것이 무엇이든지 간에 나의 스위치가 한번 눌러지면 나는 자동적으로 격분하게 된다. 고함치고 비명을 지르고 위협하고, 심지어는 매우 폭력적이 된다. 그렇게 스위치가 켜지면 순식간에 돌아버리고 아주 다른 사람이 되어버리는 것이다. 그것은 자동적인데 나는 그것이 언제 어디서 일어날지 도대체 알 수가 없다. 그러나 이러한 일이 발생하면 나는 여지없이 벼랑 끝에 서있게 되고, 나의 분노는 대개 나를 엄청난 곤란에 빠지게 만든다.

제1장(章)에서 논의한 바와 같이, 일차적(primary) 감정이 위반되면 자신이 누구인지 또는 관계에서 자신이 안전한지 확신할 수 없게 되어 인간의 뇌는 괴로움이나 고통에 빠지게 된다. 다시 말해서 개인의 정체감과 안전감이 위협을 받게 되는 것이다. 결과적으로 이런 상황에 처한 사람은 그 괴로움에 대처하기 위해 '도전-도주' 반응을 보이게 된다. 다른 도전-도주 반응과 마찬가지로 이런 상황에서 나타나는 반응 역시 안정감이나 안전감에 대한 위협을 제거하기 위한 노력에 그 근거를 두고 있다. 이러한 행동들이 비록 극단적으로 (서두에서 언급한 젊은이의 분노 반응처럼) 보일지라도 일차적 감정과 괴로움의 맥락에서 보면 불합리하지만은 않다. 만일 일차적 감정이라는 맥락 안에서 이런 행동을 보게 되면, 우리가 근거가 없고 비이성적이라고 판단하는 이 행동과 반응들이 사실은 예측 가능하며 이해가 가능한 것들인 것이다.

본 장(章)에서는 사랑과 신뢰에 대한 일차적 감정과 그러한 감정에 대처할 수 있는 예측 가능한 방법을 이해하는데 초점을 두고 있다. 복원치료 모델에서 우리는 치료사가 사랑과 신뢰와 관련된 개인의 감정과 그 감정에 대한 대처행동 양식을 이해하면, 치료사는 괴로움을 지닌 개인의 문제를 명확히 사정(assessment)하여 치료 목표의 설정과 개입의 과정에 대한 방향을 잡을 수 있다고 판단한다.

권력, 행위, 인력

권력(power)은 특이한 현상으로 입증되고 있다. 체계적 치료에서는 대부분 권력(힘)을 어떤 상황이나 관계에 의사소통을 수행하는 행위(action) 또는 행동(behavior)이라고 보고 있다(Haley, 1987). 이런 관점에서 보면 권력은 우리가 제1장에서 논의한 바 있는 인간의 경험이 지니는 의미(meaning)나 시맨틱스(semantics)가 수반된 행위나 폴리틱스(politics)로 명확히 설명될 수 있다. 다시 말해서 행위나 인간은 관계의 맥락 속에서 두 가지 기본적인 일을 실행할 수 있는 능력을 가지고 있다. 즉, 자신에 대한 의미 부여와 관계 속에서 어떻게 처신하고 행동할 것인가를 결정하는 것이다. 이때 권력은 인간관계에서 행위와 행동이며 인간 존재 안에 있는 또 다른 필연적 '실감개'를 나타낸다. 그리고 인력(agency)은 유익하고 안전한 방식으로 권력을 확장하거나 사용하는 것을 의미한다.

앞에서 논의한 바와 같이 권력(행위/폴리틱스)과 의미(시맨틱스)는 항상 서로 영향을 미치고 있다. 문장 속의 명사와 동사가 그 사물이 무엇인지, 그리고 무슨 일을 하는지에 관해서 서로에게 영향을 미치는 것처럼 권력은 우리가 어떤 상황으로부터 이끌어 내고 해석한 의미에 영향을 미친다. 그리고 우리가 이끌어낸 의미는 우리가 우리의 행위에 가하는 권력에 영향을 미친다. 예를 들어 어떤 사람이 당신의 물건을 훔치거나 당신을 학대한다면, 그런 행위로부터 그 사람이 당신을 사랑하지 않으며 관계에서도 안전하지 않다는 의미를 이끌어낸다. 이런 의미가 만들어지면 그 의미에 상응하는 특정한 방식으로 자신의 권력을 사용하겠다는 결정을 내리게 된다. 보복하거나, 보호를 위해 타협하거나, 철회(withdraw)하는 등의 방식으로 권력을 사용할 수 있다. 당신의 입장에서 취하는 행위는 결국 물건을 훔치거나 학대를 한 사람에게 당신의 의미를 전달하고, 더 나아가서 당신 자신과 안전에 대한 의미를 전달하게 되는 것이다. 우리는 권력 또는 행위의 이러한 영향력이 우리 주변의 상황이나 관계에 영향을 미치며, 새롭게 나타나는 상호작용의 방식으로 우리에게 영향을 미친다는 반두라(Bandura, 1989)의 주장에 동의한다. 간단히 말해서 행위와 권력의 사용은 타인, 자신, 인간관계에 영향을 미친다는 것이다.

대체로 권력의 행사는 우리 행위에 대해서 적어도 네 가지 측면을 알려주고 있다. 첫째로, 권력의 사용은 주어진 상황에서 얼마나 많은 *통제력*(control)을 행사할 지를 결정하게 한다. 사람들은 모든 인간관계와 상황에서 역동적이고 강요적이며 지배적인 방식으로 행위를 취하고 상호작용을 할 수 있는 능력을 가지고 있다. 또는 그 반대로 정적이고 회피적이며 수동적인 자세를 취할 수 있는 능력(capability)도 가지고 있다. 개인이 관계나 상호작용에서 통제력을 행사하든지 안 하든지 간에 행동은 자신의 안전을 위해서 준비해야 하는 인식된 능력감에 상당한 영향을 미치게 된다. 개인이 인간관계나 상황의 안전은 보장할 수 없다 할지라도, 개인이 기꺼이 행사하려고 마음먹은 통제력과 권력의 크기는 자신의 안전에 대한 인식에 상당한 차이를 만들게 될 것이다. 이런 통제력은 인격의 강함 또는 바람직함, 강요, 협박, 압력, 혹은 위협 등에 의해서 행사되어 질 수 있다.

둘째로, 권력의 사용은 인간관계나 상황에 자리 잡고 있는 *구조나 위계질서*에 상당한 영향을 미친다. 물론 구조나 위계질서의 개념은 통제력과 밀접한 관계를 가지고 있다. 한 개인이 통제력을 행사할 때, 그 개인은 관계에 대한 규칙이나 관행을 만들 수 있고 상호작용하는 사람들 사이에 신념을 형성시킬 수 있으며 또한 인간관계에서 엄격하거나 침투성이 있는 명확한 경계선(Minuchin & Fishman, 1981)을 형성하는데 가장 큰 영향력을 미칠 수 있는 사람이라고 인식되기 쉽다. 그러나 통제력에 의해 구조와 위계질서가 자리를 잡거나 유지되는 동안에, 이런 조직은 일정 기간 동안 제도 관행을 유지함에 의해서 인간관계에 권력을 행사하게 된다.

예를 들어 부모가 자녀들에게 정기적으로 지시를 내리고 충고하며 보호하고 규칙을 만들게 되면 아이들은 부모가 형성한 구조와 위계질서가 책임 있고 강력하다는 것을 학습하게 된다. 그리하여 아이들은 그런 구조에 적응하면서 위계질서에 도전하지 않게 된다. 이런 방식으로 구조나 위계질서, 또는 양자 모두와 관련된 행위는 가정 내에서 신념, 또는 *사물의 이치*(the way things are)를 구축하는데 강력한 영향을 미친다(Keeney & Ross, 1985). 반면에 부모가 어떤 지시도 하지 않고 충고도 해주지 않으며 자녀들을 위한 규칙도 없고 보호도 없다면, 아이들은 이러한 체계 안에 구조나 위계질서 및 경계선이 약하다고 느끼게 될 것이다. 결과적으로 자녀들의 일상적인 행동과 반응에 대해 가족의 구조가 거의 영향력을 행사하지 못하게 될 것이다. 통제력과 마찬가지로 인간관계에서 구조와 위계질서는 개개인에게 안전에 대한 능력(ability)과 믿음성에 관한 정보를 제공한다.

셋째로, 권력의 사용은 우리 자신의 능력, 심리적 강함, 재능을 인식하는 방식에 대해 많은 것을 말해주고 있다. 이와 같은 권력의 요소는 대부분 자아감(sense of self)에 관해 우리가 도출하는 의미에 의해 형성된다. 자기-효능감에 관련된 문헌에서는 만일 우리가 고유하고 가치 있고 심리적으로 강하고 재능을 가지고 있으며 누군가 우리를 필요로 하고 있다고 여기는 경우, 자신을 보다 강력한 존재로 인식하게 된다는 사실을 확인하였다(반두라; Bandura, 1989). 간단히 말해서 우리가 우리자신을 믿을 때 인간관계나 상황에서 보다 효과적이고 더욱 강력해질 수 있는 권력을 가지게 된다는 것이다.

마지막으로, 권력의 사용은 우리 개인의 삶을 다스리는 권위(authority)를 실행하는 과정에서 역동성을 띠게 된다. 다시 말해서 이 많은, '개인은 누구에게 자기 자신의 정체감에 대한 의미와 방향을 형성하는데 권위를 주는가?'이다. 만일 어느 한 개인이 타인들이나 관계의 구조가 자신의 정체감이나 행위에 대한 방향을 제시할 만한 권위가 있다고 간주할 경우, 이 사람은 인간관계에서 의존적인 방식으로 반응할 가능성이 높다. 그러나 자신에게 그러한 권위가 있다고 믿으면 이 사람은 자신의 정체감을 선택하는 과정에서 보다 독립적으로 행동할 것이다. 물론 통제력, 구조, 능력과 권위 등은 권력 또는 행위의 서로 다른 측면들이며, 동시에 중복되는 구성들이다. 그러나 그러한 구성들, 즉 복합개념들을 이러한 방식으로 구분하는 것은 권력이 우리에게 개인이 자신의 능력과 권위를 통해 자아에 관해서 이끌어내는 의미나 결론뿐만 아니라 통제력과 구조를 통해 인간관계에서 개인 자신이 취한 행위에 어떤 영향을 미칠 수 있는가를 볼 수 있게 하기 때문이다. 즉, 개인은 권력을 가지고 있는데 이 권력은 인간관계에서 자신이 취하는 행위를 형성할 수 있을(통제력과 구조) 뿐만 아니라 또한 자아에 대한 의미를 형성할 수 있다(능력과 권위)는 것이다.

물론 개인의 정체감 또는 인간관계에 긍정 및 부정적 영향을 미친다는 관점에서 모든 권력의 사용이 동일한 수준에 있는 것은 아니다. 권력의 개념이 어떤 방식으로 가장 유익하게 적용될 수 있는가를 이해하기 위해서는 그런 차이를 반드시 구분해야 한다. 우리가 권력의 사용에 관련해서 주목해야 할 첫 번째 개념은 인력(human agency)이다. 인력(Bandura, 1989)이라는 이 개념에는 인간은 자신을 위한 보상뿐만 아니라 타인 또는 다음 세대의 유익을 위해서 긍정적이고 효과적인 결과물을 생성하는 행위와 권력을 사용한다는 생각이 수반되어 있다. 인력은 인간이 타인이나 자신의 정체감을 수립하는 과정에서 능동적이고 긍정적이다. 또한 타인과 안정적으로 친밀한 접촉을 하며 균형 있고, 공평하고, 정의롭게 '주고-받는' 인간관계를 맺으려는 그런 행위에서 잘 설명될 수 있다.

맥락적인 관점에서 이 인력이 작동하는 방식은 개인이 관계에서 애정과 신뢰를 바탕으로 행동할 때, 이 사람은 긍정적이고 올바른 관계를 지속하고 있다는 감각을 경험하게 된다는 것이다. 즉, 이런 사람은 관계에서 가장 유용한 일을 하고 있기 때문에 자신에 대해 좋은 느낌을 가진다는 것이다. 이것이 바로 우리가 인간관계에서 '올바름(rightness)의 리듬'이라고 부르는 개념이다(Hargrave, 2000). 개인이 자신의 권력을 다스리기 위해서 자신의 인력을 사용할 때, 이 사람과 관계를 맺고 있는 대부분의 사람들은 긍정적으로 반응하고 적절한 사랑과 신뢰를 줄 것이다. 이처럼 상호 간에 주고-받는 사랑과 신뢰는 상호관계에서 긍정적인 상승효과를 발생시킨다

(Boszormenyi-Nagy et al., 1991). 개인이 사랑과 신뢰를 향해서 인력을 실행할 때 자신의 자격(entitlement)과 자신이 '올바른 자아'라는 감각이 형성된다. 더 나아가 이 사람은 자신과 관계를 맺고 있는 모든 사람들과 자신의 뒤를 이을 혈통을 위해서 가장 선하고 긍정적이며 유익한 결과를 이끌어낸다. 또한 개인이 인력을 위해서 권력을 사용하면 다른 사람들로부터 이와 같은 형태의 사랑과 신뢰를 받을 가능성이 높아진다. 이를 통해 개인은 자신의 자아감이 향상되며 안전한 환경 속에서 자신의 신뢰감이 높아지게 된다.

몇 년 전에 나의 동료 중 한 사람인 샌드라 퍼킨스(Sandra Perkins)는 우리가 치료사로서 사랑과 신뢰의 영역에서 사람들에게 어떤 문제가 일어나고 있는가에 많은 시간을 할애하는 반면, 인력에서 나오는 강함(strengths)에 관해서는 관심을 두지 않았다는 사실을 발견하고 매우 당혹스러워 했다. 우리는 즉시 그가 제시하고 있는 그러한 문제가 사실이라는 점을 깨달았다. 그 이유는 어느 개인이 아무리 피해를 입었건 또는 남에게 파괴적인 행위를 하고 있건 간에, 그가 생존하고 있다는 사실이 증거하고 있듯이 그 사람 역시 사랑과 신뢰의 한 결과물이기 때문이다(Hargrave, 1994a). 본 장(章)에서 논의한 바와 같이 어느 한 개인이 사랑과 신뢰라는 관점에서 관계를 형성할 때, 이 사람의 뇌는 스트레스나 괴로움을 겪지 않고 평온을 유지하게 된다. 이런 정서적 평온의 결과로써 이 사람은 인력을 향해 행동하거나 권력을 사용할 수 있다. 그림 2.1에서 보는 것처럼 개인은 인간관계에 반응하도록 강요되는 것은 아니다. 다만 자신에게 유익한 동시에 타인들에게도 유익한 방식으로 행동하는 것을 선택할 수 있다. 사랑과 신뢰를 향한 이 인력의 결과들은 개인의 정체감을 향상 시킨다. 더 나아가 개인은 균형 잡힌 방식으로 서로 주

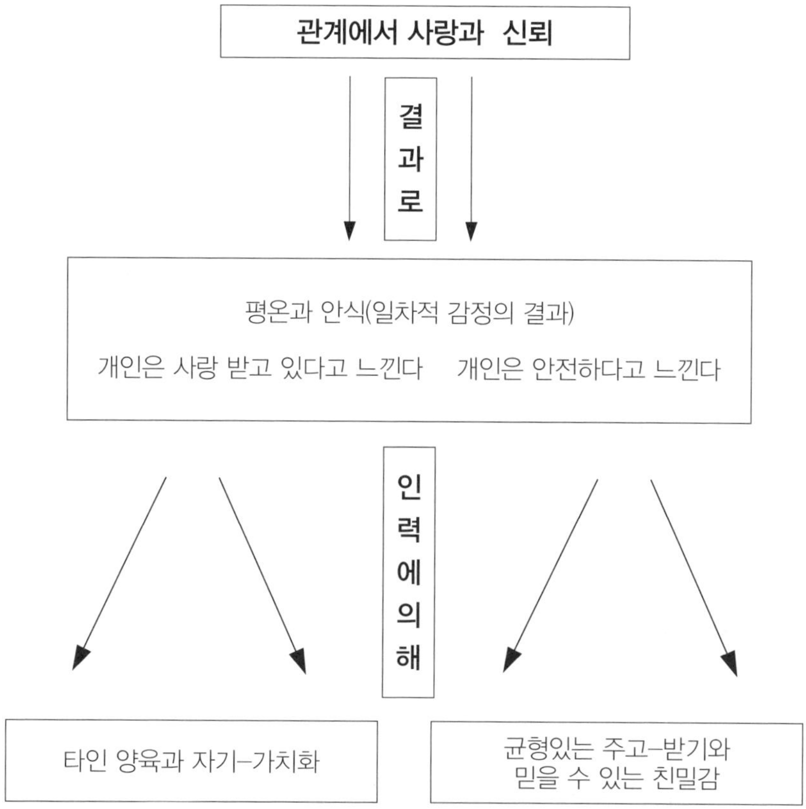

그림 2.1 사랑과 신뢰는 인력을 생성

고-받는 인간관계에 참여하면서 타인과 책임 있고 친밀한 관계를 맺을 수 있다. 그림 2.1에서 설명하듯이 우리는 주는 행위가 바로 인력을 위해 자신의 권력을 사용하는 통로인 동시에 방향이라고 믿고 있다. 이런 행위는 자신에게 이로울 뿐만 아니라 현재와 미래의 인간관계에도 좋은 영향을 미친다. 그러므로 권력은 자아와 인간애를 위한 사랑과 신뢰를 생성할 수 있는 인력의 한 방법이 되는 것이다(Tillich, 1954).

반응성과 파괴적 대처

치료사를 찾아오는 사람들은 대부분 사랑과 신뢰 관계의 폭넓은 경험을 갖고 있지 못하다. 오히려 그들은 사랑과 신뢰에 대한 위반(violations)을 경험한 사람들이다. 이런 위반이 매우 심각하고 충격적이거나 다소 덜 심각할 수도 있는데 두 경우 모두 개인의 정체감과 안전감에 여전히 손상을 입힌다. 이런 상황에서 기본적인 감정의 스트레스와 고통은 역동적인 방식으로 작용하기도 한다. 그것은 마치 상처받은 상황에 처한 개인이 "나는 왜 사랑 받지 못하는 것일까? 안전하지 못한 세상에서 나는 어떻게 살아야 하나?"라고 한탄하는 것과 같다. 바로 이런 상황에서 개인은 인력을 통해 행동하는 대신 자기-반응성(self-reactivity)에 매달리게 되는 것이다. *자기-반응성*이란 인간이 사랑 받지 못하고 신뢰할 수 없는 상황에서 그에 대한 보상으로써, 또는 비록 파괴적일지라도 자신의 정체감과 안전감에 대한 결핍을 채우기 위해 재빨리 대처하는 행위를 설명하기 위해 도입된 용어이다. 이것은 제1장(章)에서 논의한 *파괴적 권리* (Boszormenyi-Nagy & Krasner, 1986)라는 개념에 가깝다. 그것과의 차이점은 개인이 사랑받지 못하고 신뢰할 수 없는 인간관계나 상황에 대처해서 취하는 파괴적 행위가 그와 같은 관계대상에게만 국한되는 것이 아니라 본인 자신에게도 겨냥되어 있다는 것이다. 우리는 여기서 사랑받지 못하고 신뢰할 수 없는 것에 기인한 파괴력이 개인의 정체감과 관계에서 선택된 행동 모두에 영향을 미칠 때 그런 파괴력에 대처해야 하는 개인의 상황을 설명하기 위한 넓은 의미의 용어로써 자기-반응성이라는 용어를 제안하고자 한다. 파괴적 권리란 개인이 정당하게 받을 수 있다고 느끼는 것을 성취하거나 얻기 위해 공식화한 자기 정당화 행위를 설명하기 위해 제안된 보다 특정화된 용어이다(Hargrave & Pfitzer, 2003). 이 두 가지 개념 모두 인간관계에서 개인들이 상처를 입었을 때의 권력과 행위를 이해하는데 유용하다.

자신에게 행해진 파괴적 행동에 반응해서 파괴적인 방식으로 자신의 권력을 행사하게 만드는 것은 무엇일까? 어린 시절에 학대 받은 사람, 즉 학대의 고통과 영향력을 알았던 사람이 타인을 학대하는 것을 거부하고 대신에 인력을 위한 권력을 사용하는 것이 이치에 맞지 않을까? 비록 합리적인 사고방식에서는 그렇게 하는 것이 타당한 것이지만, 사랑과 신뢰에 관련된 과정은 합리적으로 이루어지지 않는다는 사실을 이해하는 것이 매우 중요하다. 제1장(章)에서 제시한 바와 같이, 이런 요소에 반응하는 뇌의 일부는 피질에 위치하여 합리적 사고(思考)를 담당하는 뇌가 아니다. 그것은 중뇌에 위치하여 정서적이며 관계적인 기능을 담당하는 변연계이다.

우리가 감정을 근거로 자기-반응성을 사용하기 쉬운 첫 번째 이유는 이성이 적용되는 뇌의 부분은 감정의 발생과 관련이 없으며 타인의 위반 및 공격으로 감정이 상하게 되면 자신을 보호하거나 대처하기 위해서 자동적으로 도전하거나(싸우거나) 도주하는 방식으로 반응(LeDoux, 1996)하게 되기 때문이다. 이와 같은 반응들은 신중한 자기 성찰에서 나오는 것이 아니다. 이것들은 개인이 자아감과 안전감을 지켜내는 방식으로 정서적 고통을 파악하기 위해 애쓰는 처지에서 자기-반응성의 결과로 나타나는 것들이다. 자기-반응성에 기인하는 행동들은 대부분 언제나 파괴적 성격을 띠고 있다.

우리가 자기-반응성을 사용하기 쉬운 두 번째 이유는 자기-반응성의 대부분이, 그것 이외에 다른 어떤 것을 할 수 없는 시절에 형성되기 때문이다. 아이가 어리거나 영아일 때에는 자신의 정체감을 형성하고 환경을 변화시켜 더 많은 사랑과 신뢰를 받기 위해 상대를 사랑하고 신뢰하는 복잡한 상황의 연속적 사건들에 이성적 판단을 적용할 수 있는 방법이 아주 적거나 아예 없다. 이런 아이는 인지적인 측면에서 상호작용할 수 있는 능력이 없다. 또한 신체적인 면에서도 돌보고, 보호하며, 안정감을 주는데 필요한 행동을 취할 수 있는 능력도 없다. 다시 말해서 어린 아이는 스스로 상황을 선택할 능력이 없고 단지 자기-반응성만을 활용할 수밖에 없다. 이는 오직 그것만이 가능하기 때문이다. 사랑 받지 못하고 신뢰할 수 없는 환경에서 영아들은 울며 저항하거나(도전) 혹은 수동적이고 무심한 태도(도주)를 통해 반응한다. 아이가 점점 성장해 가면서 의미나 보호에 대한 감각을 성취하도록 고안되어 있는 대처 전략을 점점 더 많이 사용하게 될지는 모르지만 이러한 전략은 여전히 자신의 보호를 목표로 하고 있다. 아이는 단지 고통의 일차적 감정을 느껴, 생존을 위한 대처전략을 사용하고 있을 뿐인 것이다. 아동은 이런 전략을 사용하면서 점점 더 이 전략이 잘 먹히고 있다는 것을 발견하게 될 것이다. 그리하여 아동이 자기-반응성과 대처전략을 많이 사용하면 할수록, 아동은 자동적으로 이런 행동을 하면서 그 습관이 몸에 배게 되는 것이다(Hargrave & Pfitzer, 2003). 아동이 어른으로 성장해 가는 과정에서 자기-반응성 및 고통에 대처하는 방식은 더욱더 익숙한 삶의 방식이 되어 버린다. 그러므로 파괴적인 대처전략은 심사숙고한 것이라기보다는 단순히 자신의 정체감과 안전감의 결핍에 대처하는 권력의 반응이라는 것이다(Hargrave & Pfitzer, 2003).

사랑과 신뢰가 완전히 전혀 없는 환경에서 자라온 사람은 없을 것이다. 또한 사랑과 신뢰가 완벽하게 충만한 환경에서 자라온 사람도 없을 것이다. 그러므로 모든 인간은 자기-반응성과 생존의 목적을 위해서 자신의 권력의 사용에 대한 문제를 다루어야 한다. 그것은 단순히 중뇌(中腦)의 '도전-도주' 반응으로 고통에 대처하는 아동의 문제와 같은 것이다. 그러나 분명한 것은 어떤 사람들은 남들에 비해 더 큰 손상, 피해, 그리고 위반(침해)을 경험하여 자기-반응성

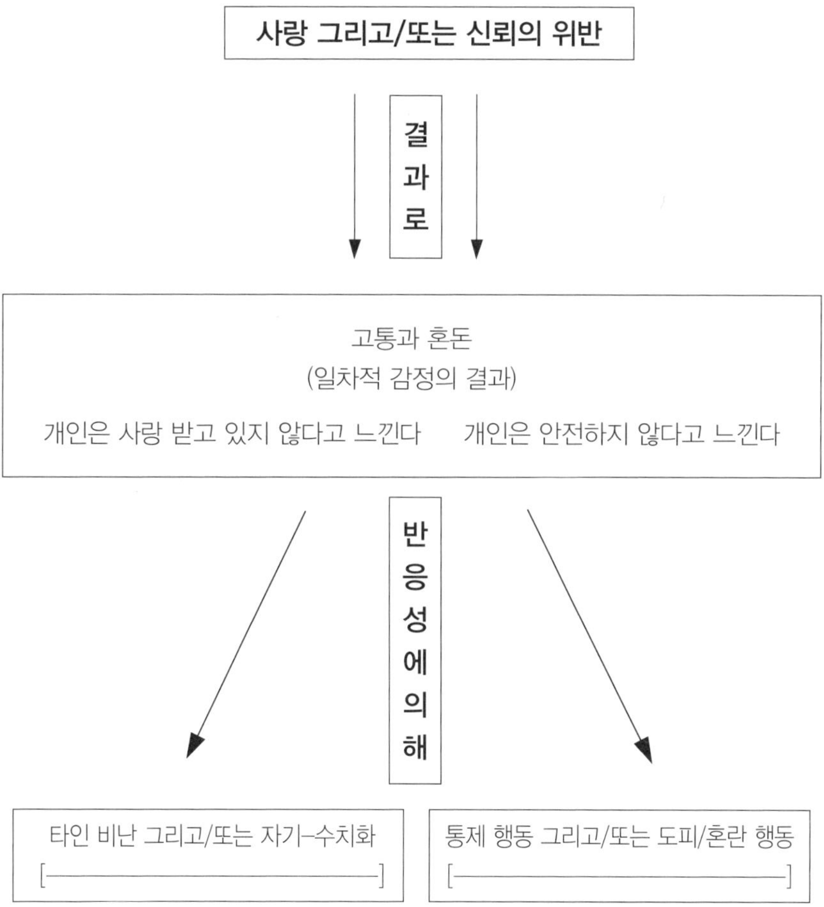

그림 2.2 사랑과 신뢰의 결핍은 자기-반응성을 생성

도 더 심각하다. 동시에 이들에게는 사랑과 신뢰로부터 얻을 수 있는 잠재적 자원 역시 더 드문 것이 사실이다. 어느 경우라도 아이가 유년기와 청소년기를 거쳐 성장하는 동안 인지 능력이 관여하는 부분이 점차 커질지라도 위반에 대한 기본 반응은 없어지는 것이 아니다. 대처 및 자기-반응성에서 자신이 선호하는 방법에도 변화가 생기지 않는다(Hargrave & Pfitzer, 2003).

그러므로 개인이 자기-반응성에 대한 자신의 권력을 사용하여 어떻게 이러한 아픔에 대처하는지를 이해하는 것이 참으로 중요하다. 하그레이브와 셀즈(Hargrave & Sells, 1997)가 채택한 초기 이론적 체계가 그림 2.2에 제시되어 있다. 이 그림을 통해 우리는 개인들이 사랑과 신뢰의 위반을 경험하면 정체감과 안전감의 결핍으로 인한 고통이나 스트레스를 느낀다는 것을 알 수 있다. 이런 일차적 감정의 괴로움에 대응하여 개인은 극단적인 '도전-도주' 반응을 보이게 된다. 사랑의 결핍이나 정체감의 상실에 대응하여 개인은 공격적인 분노의 행동을 표출하면서 극단적인 비난 및 격노를 보일 수 있다. 또한 개인은 자신의 정체감에 대한 깊은 수치심을 증폭시켜 다른 극단적인 대처방식을 취할 수도 있다. 신뢰와 안전감의 부족 및 결핍에 대응하여 개인은 남에게 전혀 의존하지 않는 정도까지 모든 상황에서 자신이 스스로 통제해야 한다는 강박감을 느끼게 될 수도 있다. 신뢰와 안전감의 결핍에 대응하여 나타나는 또 다른 극단적 상황에서, 개인은 자신의 안전을 보장하는 것이 불가능하다는 결론을 내린 후 무책임하거나 무감각하게 하는 행동을 통해 인간관계의 고통에서 도피의 행동양식을 취할 수도 있다.

우리는 자기-반응성에 기인하는 행동들이 개인뿐만 아니라 인간관계에 대해 여러 가지 역기능적이고, 파괴적이며 부적응적인 행동의 근거를 형성한다고 믿고 있다. 그러므로 이런 자기-반응성 대처 행동들을 보다 면밀히 조사하여 사랑과 신뢰의 위반 및 손상을 어떻게 정확히 사정할 수 있는가에 대한 이해를 높이고, 개인이 자신 또는 타인에게 어떤 방식으로 손상을 입히고 있는가를 사정할 수 있는 통찰력을 얻는 것은 매우 중요한 일이 될 것이다.

파괴적 행동에 대한 탐색

임상적인 관점에서 볼 때, 우리가 치료하는 대부분의 환자/내담자들은 실제로는 자기-반응성으로 인한 자신의 행동을 싫어한다. 이러한 사실은 성적(性的)으로 자신의 딸을 학대한 한 남자의 다음과 같은 진술을 통해서 알 수 있다. 격노나 폭력적인 행동, 오래 지속되는 부정적 성격이나 우울증, 과도한 통제나 불안한 행동, 그리고 중독성이나 무책임한 반응 등이 초래하는 혼란이나 파괴는 스스로 떨쳐버리기가 매우 어렵다.

> 내 자신이 딸에게 그런 행동을 하곤 했다는 사실이 정말 믿어지지 않아요. 내가 아이의 인생을 망치고 있다는 사실을 너무나도 잘 알고 있으면서도 그런 행동을 했어요. 딸아이가 학교에서 겪고 있던 모든 문제가 내 탓에 기인 한 것이고 또한 아이의 두려움, 공포, 불안한 감정들, 그리고 그러한 감정들과 연관된 모든 부정적 행동들, 역시 모두 나 때문이라는 것을 충분히 알고 있었지요. 그런데도 나는 그 애를 학대하곤 했어요. 솔직히 말해서 왜 지금까지 그런 행동을 계속하고 있는지 말씀드릴 수가 없어요. 나는 내가 병들고 끔직한

사람이라는 것도 잘 인식하고 있어요. 그런데, 지금도 나는 틀림없이 내 딸에게 그런 일을 또 하게 될 것 같아요. 그러면서 내가 한 짓 때문에 내 자신이 정말로 못 견디게 미워요. 그런 행동을 하고 있는 그 순간에도 내 자신이 미웠어요.

환자/내담자들은 이러한 반응성을 선택하는 것이 아니다. 다만, 그들은 이런 반응성에 나날이 익숙해져 가면서 이제 그것은 그들에게 정상적인 대처 방식의 일부처럼 되어버리는 것이다. 자신의 반응 행동에 뇌가 익숙해지는 정도까지 실행이 이루어지며 우리 자신이 싫어하는 행동에 습관이라고 부를 만큼 익숙해지는 것이다. 우리가 이런 행동을 바꾸는 것은 쉬운 일이 아니다. 특히 우리를 찾아오는 환자/내담자들에게는 자신이 변한다는 것이 매우 어려운 것이다. 그러므로 그들을 정확히 사정하고자 할 때 우리는 항상 그들이 사랑과 안전의 결핍으로 인해 느끼는 고통과 혼돈(confusion)으로 돌아가서 시작해야 한다. 우리가 이런 온정의 입장을 취할 때 더 많은 것을 이해할 수 있을 뿐만 아니라 인간으로서 환자/내담자들을 평가하는 과정에서 실제적으로 보다 정밀한 작업을 하게 될 것이다.

사랑의 결핍과 반응성에 대한 세부적 관찰

만일 우리가 사랑에 대한 위반을 보다 면밀하게 들여다보고, 사람들이 그들의 정체감 결핍의 결과로써 어떻게 느끼고 반응하게 되는가를 살펴보려면, 그림 2.2의 중간과 아래 부분의 왼편에 있는 내용에 주의를 기울이기를 바란다. 또한 그림 2.3에서는 그 내용을 좀

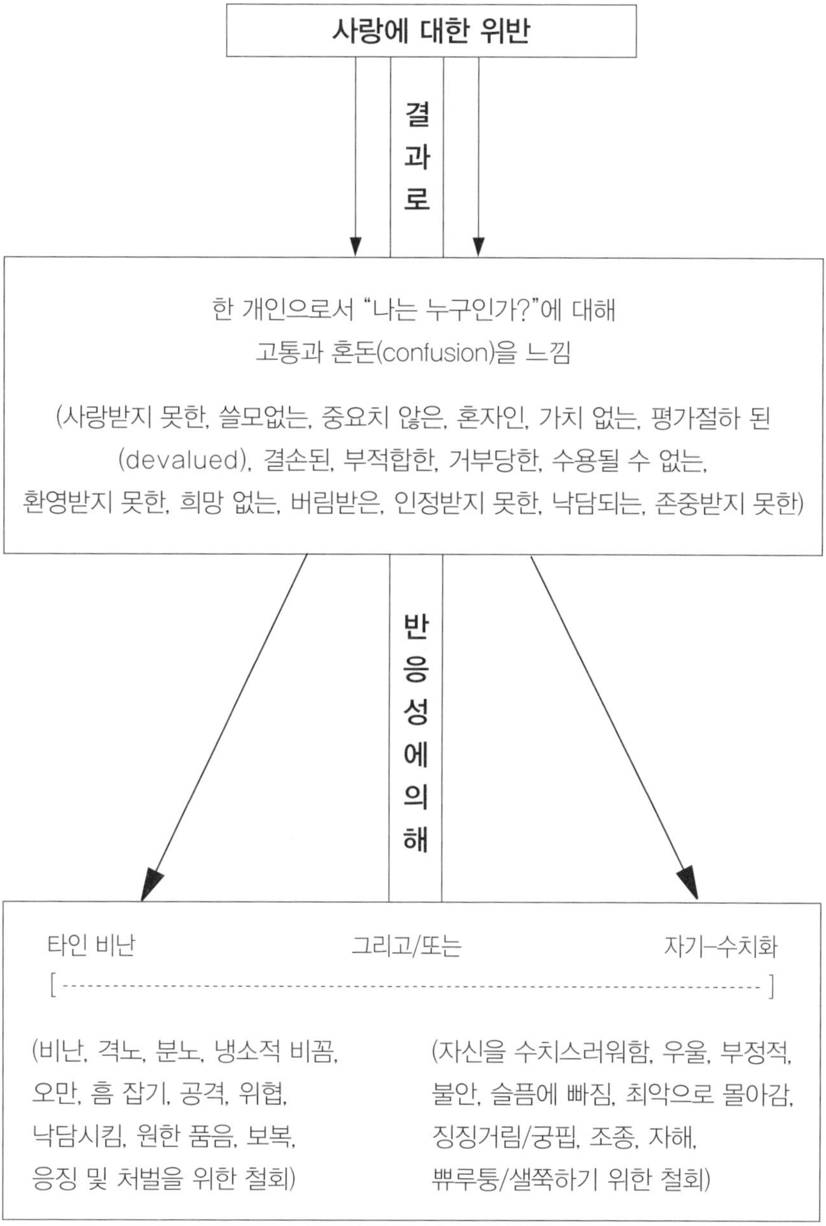

그림 2.3 사랑에 대한 위반과 반응성

더 탐색한 것이다. 여기서 우리는 사랑의 위반이 생겼을 때 사람들이 자신들의 정체감에 대한 고통과 혼돈의 일차적 감정을 묘사하기 위해서 사용하는 특정 용어들을 볼 수 있다.

타인 비난

개인이 사랑과 신뢰에 대한 결핍으로 고통을 느낄 때, 자신이 느끼는 고통을 이유로 상대를 비난하거나(타인 비난), 자신을 부끄럽게 하는(자기-수치화) 양극의 극단적인 행동을 취한다. 혹은 두 가지 극단적 행동 모두를 향해 움직이는 주기적 형태를 취하기도 한다. 타인 비난(blaming others)으로 자기-반응을 하는 사람은 자신이 깊이 사랑 받을 권리가 있다고 느끼면서 받지 못한 사랑에 대하여 타인을 비난하는 방식으로 위반의 대처 행동을 하고 있는 것이다. 우리는 개인이 정체감의 결핍을 느낄 때, 자신에게 "왜 나는 사랑 받지 못했을까?"라고 자문하는 모습을 쉽게 상상해 볼 수 있다. 타인 비난과 같은 도전(fight) 반응의 원동력은 자신이 스스로 사랑 받지 못했음을 느끼고 있다는 점을 보여주고 있다. 개인은 자신이 사랑 받지 못한 이유가 관계를 맺고 있는 상대가 악하고, 무능하고, 자기중심적이거나 단순히 상대가 자신에게 주기로 되어있는 것에 무지하기 때문이라고 생각할 수 있다. 자신의 정체감 결핍으로 인해 타인을 비난하는 사람은 자주 상대의 흠을 잡거나 비하하여 자신의 정체감을 확보하고 만족스러운 자아감을 얻고자 한다. 간단히 말해서, 이들은 자신들에 대해 만족스럽게 느끼지 않아 다른 사람들이 자신을 만족하게 느끼도록 해주지 않으면 그들을 응징 및 처벌하려 드는 사람들이다. 예를 들어 다음의 아내의 말에서 우리는 그녀의 마음속에서 자신은 언제나 혼자이고 평가절하 되고 환영받지 못하는(필요치 않은) 사람이라고 느끼기 때문에 남편을 비난하고 있는 것을 볼 수 있다.

> 당신은 괴물 같은 인간이야. 감정이 없는 조각상이고, 내가 필요로 하는것은 어떤 것에도 반응이 없어. 나를 사랑한다고 말만 하지 말고, 증거를 보여 줘. 내게 말도 걸지 않고, 내가 해달라는 것은 아무것도 하지 않아. 그리고 나하고 같이 있기를 원한 적이 한 번도 없잖아. 성관계를 할 때도 마지못해 하고, 내가 만족하는 경우가 거의 없어. 당신은 남편으로서는 한심스러운 작자야. 내 생각엔 당신이 나를 행복하게 해줄 능력은 거의 없어.

남편이 자신의 행동과 부족함에 관해서 아내가 맹렬히 질책하고 있는 것을 듣고 있는 모습을 상상해 보자. 이 남편은 아내로부터 받는 극단적인 자신의 정체감에 대한 공격에서 오는 고통으로, 아내에게서 도망을 가 다른 곳에서 지내고 싶다는 생각 외에 아무것도 할 수 없게 될 것이다. 다음 장(章)에서 배우자 사이에서 발생하는 주기적 관계의 형태를 논의하기로 하고, 지금은 이 여성의 말에 초점을 맞추도록 한다. 비록 이 여성이 남편으로부터 자신이 원하는 것을 받지 못하고 있는 것이 사실일지라도, 이처럼 극단적인 비난 행위는 그녀가 자신이 원하는 그런 대우를 받을 가능성을 낮춘다. 이에 더해서, 남편에 대한 비난이 이 여성 자신의 정체감을 더 만족스럽게 해 줄 가능성은 결코 없다. 대신에 얼마 안 가서 자신이 통제할 수 없을 정도로 정말 화가 나있고 공격적인 여성이라는 사실만을 받아들여야 할 것이다.

타인 비난으로 자기-반응하는 사람들은 대개 자기도취적인 증세를 보이는 오만한 태도를 가지고 있다. 우리는 대체로 이런 행태를 타인에 대한 공격으로 간주하게 되는데, 사실 이것은 개인이 상처받았다고 느끼는 정체감을 보완하려는 행위이다. 즉, 남을 비난하는 사람은 자신이 관계를 맺고 있는 상대방을 무시하면서 자신이 무언가 특별한 존재라고 느끼게 되는 것이다. 이런 종류의 오만은 단지 가짜 정체감을 형성할 뿐이다. 비난하는 사람은 남을 깎아 내리는 것으로 자신을 높이는 것이다. 다음은 52세의 남자가 자신의 직업에 관해 한 이야기이다.

> 나는 전체 시스템에서 무슨 일이 일어나고 업무가 어떻게 처리되어야 하는지 알고 있는 유일한 사람이죠. 다른 직원들은 모두(문자 그대로 모든 사람들) 작업을 개시하는 방법도 모르는 멍텅구리들이고……. 내가 없으면 작업이 어떻게 지속될지 상상도 못합니다. 사실, 나랑 같이 일하는 인간들은 내게는 정말 그 어느 것에도 도움이 되지 않는 인간들이에요. 아시겠지만, 난 조각품을 만들기 위해 고철로 작업하는 예술가 같은 존재죠. 내가 이런 형편없는 인간들을 멋지게 보이게 만들어 주고 있는 셈인 거예요.

이 지독한 비난가(blamer)는 주변 사람들이 하는 모든 일은 초라하고 보잘 것 없으며, 업무나 자신과의 유대감에도 도움이 안 된다고 느끼고 있는 것이다. 그는 주변 사람들 자체를 싫어하고, 그들이 하는 일도 좋아하지 않는 것이다.

이 사람은 자신만이 정확하게 업무를 수행하는 사람이라고 생각하고 자신만이 대단한 사람인 것처럼 행동함으로써 자신을 가리고 있다. 그러나 그가 다른 사람들에 관해 한 말은 자아 정체감이 결핍된 자신의 문제를 타인에 대한 비난으로 해결하면서 만족을 얻었다는 점을 시사한다. 물론 이런 행동은 그가 사랑과 유대감을 경험할 수 있도록 만들어 주는 근본적인 인간관계를 부정하게 한다. 그리고 그가 표출한 오만과 그릇된 자아감은 현실 속에서 그가 누구인지를 정의하는데 아무런 도움을 주지 못한다. 앞에서 언급한 요구적이면서 남을 비하하는 여성과 마찬가지로 이 남성도 자신을 만족시킬 수 없다. 또한 그의 행동은 어떤 종류의 인간관계에서도 효과를 발휘할 수 없을 것이다.

그러나 훨씬 더 파괴적인 형태의 비난은 흔히 보복, 응징 및 처벌, 격노, 폭력의 형태로 나타나는 공격적이며 위협적인 행동이다. 개인이 느끼는 위반(침해)에 대한 감각이 이 정도의 수준에 이르게 되면, 파괴적 권리가 위험한 수준까지 가게 되어, 다른 사람들을 자신이 원하는 대로 행동하게 만들 수 있는 권리와 필요성까지 있다고 느끼기 시작한다. 자기-반응성에 의해 개인의 분노가 이 정도 수준까지 이르게 되면, 이 사람은 요구, 비하, 그리고 오만함을 바탕으로 하는 행동을 통해 타인에게 감정적 상처를 주는데 온 힘을 집중하게 된다. 우리 사회는 이런 형태로 남을 비난하는 사람들을 악랄한 존재로 인식하고 있다. 흔히 사법체계, 상호관계의 구성원, 그리고 심지어는 치료 공동체까지도 이들을 완강히 처벌하기를 원한다. 그러나 우리는 이런 파괴적 행동의 뿌리에는 자아감과 사랑의 결핍에서 비롯된 심리적 상처가 있다는 점을 지적하고자 한다. 다음은 자신의 아내를 신체적으로 학대하는 28세 된 남성의 진술이다.

> 나는 내가 하고 있는 모든 일이 바로 붕괴 직전에 있는 것과 같은 긴장감을 느낍니다. 마치 무너지기 직전에 있는 집이나 카드 쌓기 같

은 거지요. 나도 아내가 괜찮고 좋은 사람이라는 것을 잘 알고 있습니다. 그런데도 언제나 그러한 긴장감을 느끼고 있어요. 내 입장에서는 그녀가 해야할 일이란 나를 더 기분 좋게 만들어 주거나, 최소한 나를 간섭하지 않는것이라고 느껴져요. 그러면 더 많은 긴장감을 느낄 필요가 없으니까요. 쓰레기를 갖다 버리라는 작은 요구에서부터 좀 더 큰 문제에 이르기까지 순간적으로 저를 폭발하게 만들어요. 말로, 주먹으로 아내에게 상처를 입히고 있지요. 가끔 혼자 조용히 있을 때 내가 한 행동들을 되돌아보면 내가 조금이라도 상처를 받으면 아내에게 그 상처를 되갚아 주려고 하고 있구나 하는 생각이 들어요.

다른 모든 비난의 종류와 마찬가지로 이런 비난의 과정에서는 그 어느 것도 좋아질 수 없다. 다만, 격노, 위협, 폭력등과 같은 가장 공격적인 형태의 심각한 위반이 인간관계에서 지속될 것이다. 어떤 사람들이 이처럼 비난을 일삼는 사람을 사랑한다 하더라도, 그들 역시 그 관계를 신뢰할 수는 없다. 그리고 비난자가 갑자기 화를 내지 않도록 환경을 조성하기 위해 노력하면서 항상 긴장할 수밖에 없는 것이다. 불행하게도 이런 비난자는 결국 홀로 지내게 되며 자신이 사랑 받지 못하고 있다는 느낌은 점점 더 복잡한 형태를 띠게 된다. 또한 비난자 자신의 정체감과 관련된 행동 역시 자신의 그러한 느낌과 거의 동등한 수준으로 다른 사람들이 느끼도록 해를 준다. 자신이 아무 잘못도 없는 사람들에게 해를 끼치고 있으며 실제로 그런 죄를 짓고 있는 자신을 발견한다는 것은 슬픈 일이다. 그리고 이런 행동에 대해 자신을 미워하지 않으려면 끊임없이 자신의 행위를 부인해야만 하는 것이다.

자기-수치화

스스로 수치심을 느끼도록 행동하는 사람들은 앞서 언급한 타인을 비난하는 사람이 느끼는 것과 동일한 정체감의 혼돈에 의한 일차적 감정을 다루고 있는 사람들이다. 근본적인 차이는 "왜 나는 사랑받지 못했을까?"라는 자문(自問)에 다른 답을 가지고 있다. 자기-수치화(shaming self)로 자기-반응성을 하는 사람들은 타인을 비난하거나, 자신의 느낌이 변하도록 만드는 책임이 타인에게 있다고 믿는 대신, 자신이 사랑 받지 못하는 이유는 스스로 사랑받을 자격이 없기 때문이라는 결론을 내리는 사람들이다. 다시 말해서, 이 사람들은 중요한 인간관계 속에서 원양육자나 다른 중요한 사람들이 자신을 사랑받지 못할 인물로 취급하는 것이 당연한 일이라고 믿고 있다. 이는 자신에게 고유하고, 가치 있고, 친밀감을 느낄 만한 장점이 없다고 느끼기 때문이다. 결과적으로 이 사람은 자주 자신을 수치화하고 자신을 미워하며 자기혐오에 빠지게 된다. 예를 들어 한 청소년 여자아이가 거울을 들여다보면서 자신에 대한 느낌을 다음과 같이 말하고 있다.

> 나는 거울 앞에 서서 내 모습을 볼 수 없어요. 거울 속에는 얼굴에서 부터 몸매까지 내 모습이 고스란히 나타나거든요. 나는 한 군데도 매력적인 데가 없어요. 그런데 내 눈을 들여다 볼 때마다, 나는 그 안에서 무언가를 발견해요. 그 누구도 관심을 가져 주거나 사랑받지 못하는 한 인간으로서 몹시도 초라하고 쓸모없고 보잘 것 없는 모습……. 그것이 바로 나에 대한 정확한 표현이죠. 나는 나의 외면적 모습이나 내면적인 모습 모두 다 너무나 싫어요.

어떤 사람이 자신의 자아감에 관해 이러한 느낌을 가지고 있을 때 대개 부정적인 성향과 우울감을 가지고 있다는 사실은 우리가 쉽게 이해할 수 있다. 수치자(shamer)의 입장에서는 자신이 도달할 수 없고, 결코 변화를 일으킬 수도 없는 의식 세계가 있다. 수치자(수치심을 느끼는 자)들은 스스로 선천적인 결함을 가지고 있다고 느끼며, 자신들이 없으면 세상이 더 좋아질 것이라고 생각한다. 결과적으로 이들은 자신의 정체감에 대해 슬픔을 가누지 못하는 경우가 많다. 신뢰할 수 있는 스무 명의 사람들이 자기 비하에 빠진 이 사람에게 차례로 다가와 진심으로 이 사람의 인간미에 대해 올바른 평가를 해준다 해도, 이 사람은 단 한 마디도 수긍하지 않을 것이다. 자신을 수치스럽게 느끼는 사람이 끝까지 자신은 사랑 받을 자격이 없다고 믿고 있는 한, 그는 다른 어떤 누구의 사랑도 거부하게 된다.

수치심을 느끼는 사람들은 대개 비관적이고, 부정적이며 인간관계에 대한 절망적인 태도를 가지고 있다. 이런 특성으로 인해 인간관계에서 이중구속(double bind)을 형성한다(Madanes, 1981). 즉 누군가 자신을 사랑해주기 바라면서도 막상 관계가 이루어지면 상대를 믿고 신뢰하는 것을 거부하는 것이다. 예를 들어 다음 이야기의 주인공인 51세의 여성은 다른 사람이 자신을 긍정적인 수준의 관계로 이끌 때 수치심으로 인해 앞으로 나서지 못한다.

> 사람들이 내가 지닌 긍정적인 측면에 관해 말하곤 하지만, 난 믿지 않아요. 나는 내가 어떤 사람인지 잘 알고 있기 때문이죠. 만일 그들이 진짜 내 모습에 대해 더 알게 되면, 내 곁에 더 있으려 하지 않을 거에요. 누구든지 나랑 중요한 시간을 보냈던 사람은 모두 떠났어요. 그것이 과거의 모든 관계에서 일어난 공통분모지요. 그게 바로

나에요. 나도 외롭게 지내는 것이 싫어요. 그러나 나는 앞으로 내게 일어날 일들에 대해서 현실적인 희망이 전혀 보이지 않습니다.

이 이야기는 이런 이중구속을 유발하는 수치심에 찬 사람들의 중요한 특성 중의 하나를 반영하고 있다. 그들은 누군가 자신을 욕구의 대상으로 만들어 주고, 또한 사랑해주기를 바란다. 결과적으로 보면, 그들은 관계에 갈증을 느끼고 있는 듯이 행동하고, 남을 위해 기여할 수 있는 능력에 있어서는 자신감이 부족하나 남들이 자신에게 기여하는 행동을 해주기를 원한다는 것을 분명히 한다. 그러나 막상 다른 사람이 주도권을 잡고 관계형성에 정력을 기울이면, 수치심을 느끼는 사람은 그러한 노력을 믿거나 신뢰할 수 없는 것으로 간주한다. 이는 바로 누구를 믿는다는 것이 이 사람의 정체감과 맞지 않기 때문이다. 결국 이런 관계는 대체로 수치심을 느끼는 사람의 부정적 성향이나 절망에 주목할 만한 변화를 일으키지 못한다. 또한, 관계를 맺은 상대는 그 관계 속에서 사랑의 교류가 없다는 사실에 좌절하고 실망하여 흔히 떠나버린다. 타인 비난자나 수치자는 정체감과 사랑의 결핍을 느끼고, 결국 모든 관계는 이 사람들의 반응성에 의한 위반의 행동에 지배를 받기 마련이다. 즉, 그런 관계는 모두 그들 자신의 문제와 고통에 의해 좌우된다. 결과적으로 관계를 맺은 상대방은 이런 반응성과 의도적인 관계 조종(manipulation)으로 인해 더 이상 그와 같은 관계 속에 머무르기를 원치 않게 되는 것이다.

알려진 바와 같이 자기 자신을 수치스럽게 느끼는 반응성을 가진 사람들은 이례적으로 우울, 부정적 성향과 절망감을 가지는 경향이 더 많다. 극단적인 상황에서는 이런 형태의 반응성이 자해(自害)로 이어질 수 있다. 자해는 여러 가지 행동 형태로 나타날 수 있는데, 여기서 우리는 자기혐오로 인해 자신에게 상처를 입히려는 욕구와 관련된 문제를 구체적으로 다루고자 한다. 보통 사람은 자신의 취약점에 대해 통제력을 갖기 위해서 다른 사람과의 관계에 거리를 두고 싶어 한다. 그러나 스스로 수치심을 느끼는 사람은 다른 어느 누구도 자신에 관해 유용하고 바람직한 점을 찾을 수 없을 것이라는 믿음 때문에 스스로 소외된다. 보통 사람은 감정의 고통을 덜고 현실에서 도피하기 위해 음주 또는 마약을 택할 수 있다. 그러나 수치자는 대개 자신에게 상처를 입히려는 분명한 목적으로 지나치게 음주와 마약에 빠져든다. 극단적인 철회, 자기 절단(mutilation), 자살성 사고, 그리고 자살 기도 등이 수치심을 느끼는 사람들의 자기혐오에 기인하는 자해의 형태를 반영한다. 다음은 39세의 한 남성이 자살 기도까지 이르게 한 자기혐오에 대한 이야기이다.

> 나의 자살 기도는 누군가에게 도움을 요청하거나 절망을 표현하기 위한 외침이 아니었습니다. 내게는 그 이상을 의미하는 것으로 나 자신을 무참히 벌하기 위한 것이었죠. 나 자신이 아무런 가치가 없는 인간이라는 느낌의 고통을 경험하려는 처참한 몸부림이었습니다. 나는 내 자신이 얼마나 쓸모없는 존재인가라고 느끼는 수준에 맞춰 내 인생을 끝낼 수 있는 최악의 방법을 찾고 있었던 것입니다.

물론 이처럼 극단적인 수치심은 매우 위험하다. 따라서 치료사는 그러한 고통을 가진 사람을 치료할 때 항상 주의를 요한다. 수치심을 느끼는 사람들은 타인 비난자가 악마적인 인간이 아니듯이 단지 자신을 불쌍히 여기며 자신에 대해서 한탄하고 있는 그런 사람들이 아니다. 그들은 나약하고 측은하지(pitiful) 않다. 그들은 실제로 심각한 손상으로 인해 아픔과 고통을 겪고 있는 사람들이며, 극도의 파괴적인 것에 대처하기 위해서 자기-반응성과 권력을 실행한 사람들인 것이다.

신뢰의 결핍과 반응성에 대한 세부적 관찰

신뢰의 위반과 사람들이 인간관계에서 안전함을 느끼지 못한 결과로써 어떻게 느끼고 반응하게 되는가를 관찰해 보려면, 우리는 그림 2.2의 중간과 아래 부분의 오른쪽에 있는 내용을 살펴볼 수 있다. 그림 2.4에서는 신뢰의 위반에 대한 내용을 더 좀 더 자세히 탐색하고 있다. 여기서 우리는 인간관계에서 신뢰의 위반이 생겼을 때 사람들이 안전의 고통과 혼돈에 대한 자신들의 일차적 감정을 묘사하기 위해서 사용하는 특정 용어들을 볼 수 있다.

통제 행동

사랑과 신뢰의 위반에 기인하는 반응성을 관찰하려고 할 때, 우리가 다시 한 번 더 기억해야 할 중요한 점은 개인이 그러한 반응성을 그 자체로 선택하는 것이 아니라는 것이다. 다만, '도전-도주'반응의 반복에서 자연스럽게 그 반응성에 적응해 나간다는 사실이다. 애착 문제들이 미래 인간관계에서 상호작용의 발판을 마련하는 것과 동일한 방식으로(Johnson, 2004), 반응성과 관련된 대부분의 대처 행동과 권력(힘)의 사용은, 개인의 성격에서 나오는 것이라기보다는 정체감과 안전감의 확보에 대한 필요성으로부터 나오는 것이다. 신

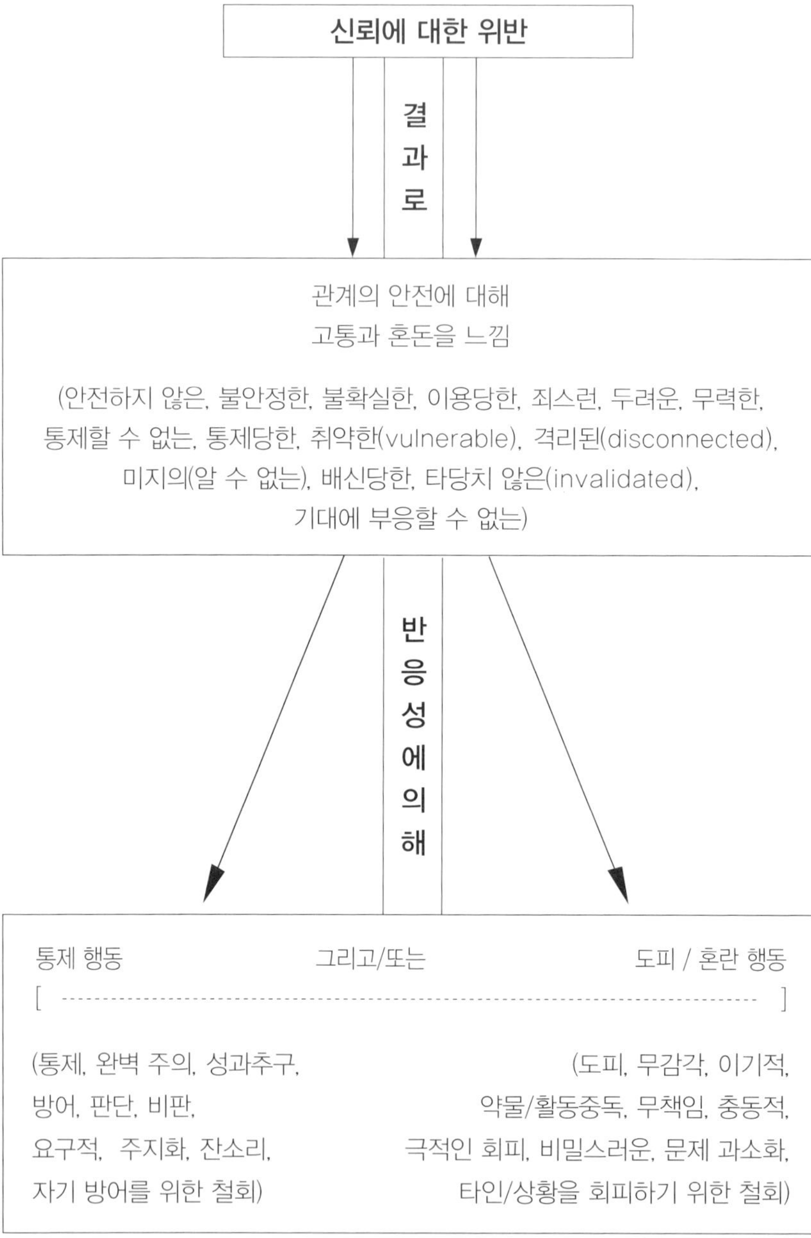

그림 2.4 신뢰에 대한 위반과 반응성

뢰의 영역에서 결핍이나 위반(침해)에 관해 논의하는 것은 마치 “내가 안전하지 못하다는 것을 알고 있는 이 관계에서 내가 할 수 있는 일은 무언가?”라는 개인의 질문에 답하는 것과 같다. 스트레스와 고통에 대한 ‘도전’ 반응에 의해 도출된 통제 행동(control behaviors)에서, 통제자(controller: 상황의 지배자)는 자신은 어느 누구에게도 의존하지 않는다는 것을 확실히 한다. 안전을 확보하기 위해 통제 행동에 의존하는 통제자들의 특징 중에 하나는 실제로 그들이 타인에 의해 요지부동하고(invulnerable), 아무도 그들을 해칠 수 없는 위치에 자신들을 가져다 놓는다는 것이다. 그들은 인간관계에서 그 어느 누구에게도 의존하지 않는다. 다음에 제시하는 26세의 미혼 여성인 대학원생의 사례는 이런 특징의 전형적인 증거가 될 수 있다.

> 내 인생에서 배운 것이 하나 있다면, 그것은 나 자신 외에는 아무에게도 의존할 수 없다는 것입니다. 물론 나도 가족을 가지고 싶고, 언젠가는 결혼하고 싶어요. 그러나 나는 분명히 어느 누구에게도 의존하지 않을 겁니다. 나의 부모님이 이혼한 그 순간부터, 나는 내 곁에 누군가가 있다고 사람들이 어떤 감언이설을 해도, 기본적으로 그 말은 사실이 아니라는 것을 알고 있어요. 당신은 홀로 서야 합니다. 그리고 남에게 의지하면 결국 마음의 고통과 실망만을 경험하게 된다는 사실을 하루라도 빨리 받아들이는 것이 좋을 겁니다.

어떤 개인이 이런 형태의 통제 행동을 취하기로 결정한다면, 그것은 마치 그 개인이 사람들이 필요로 하는 인간관계, 친밀감, 그리고 건강한 의존까지도 너무나 위험해서 결국은 고통으로 막이 내릴 것이라고 말하는 것과 다를 바가 없다. 결과적으로 통제자는 자기 자신에게만 의존하고 있으며, 다른 사람에게 의존하거나 또는 타인에게 자신을 개방하여 투명한 관계를 형성하도록 만들 수 있는 어떤 행위도 하려 하지 않는다. 통제자가 관여하는 모든 형태의 관계는 대개 보호되고 있는 관계이고, 앞으로 성취될 과제와 친밀성 수준 등은 통제자가 지시하는 방식대로 성취되어야 하는 그런 관계이다. 철저한 자기 방어와 인간관계에 의존하지 않는 습성은 통제자가 자신의 삶에 대해 과도한 책임의식을 느끼게 하는 동시에 완벽주의를 지향하게 만든다. 흔히 통제자는 이런 행동에 대한 긍정적인 피드백을 활용하는데, 특히 학교와 직업의 영역에서 이런 현상을 볼 수 있다. 특히, 통제자는 인간관계에서 자신을 취약하게 만들지 않을 뿐만 아니라, 재정 문제 또는 평가 등과 같은 위협적인 상황에서도 신경이 자극되지 않으며 흔들리지 않는다. 이 점을 고려하면 이런 현상을 다 쉽게 이해할 수 있다. 통제자의 행동 중에 가장 흔히 볼 수 있는 것은 그들이 철저하게 계산서 지불에 대해 책임지거나 재정적인 안전을 유지한다는 것이다. 그들은 행동 면에서 다른 사람들이 자신에게 기대하는 것이 무엇인지를 정확히 알아내는 재주가 있다. 그리고 그들은 모든 부정적인 피드백으로부터 자신을 보호하기 위한 기준 이상의 능력을 가지고 있다. 그들이 이런 행동을 위해서 긍정적으로 강화되어 갈 때, 이들은 자신의 삶과 안전을 지키는 방법으로써 통제 상태에 점점 더 기대고 의존하게 된다.

전체로서의 사회가 이런 통제자에게 긍정적인 피드백을 제공해 줄 수는 있다. 그러나 이런 반응성을 가진 이들과 아주 가깝게 함께 일하거나 인간관계를 맺어야 하는 사람들은 그런 태도를 인내하기 어렵다. 통제자가 안전감 결핍으로 인한 문제로부터 자신을 보호하는데 사용하는 철저한 자기방어와 완벽주의는 주로 남을 판단하고,

비판하며, 많은 것을 요구하면서 잔소리하는 태도와 행동으로 발전하기 마련이다. 통제 행동을 사용하는 사람은 자신이 지각한 안전의 결핍으로부터 자신을 보호 하고 있을 뿐이다. 이런 사람이 자신을 보호하는 방법은 감지된 위협의 수준을 초과하는 기준을 적용하여 혼자서 매사를 처리하는 것이다. 통제자는 자기 자신만이 타인이 의존할만한 사람이라고 생각하기 때문에 당연히 타인이 자신의 기준에 맞게 과제를 잘 수행할 수 없다고 간주한다. 결과적으로 통제자와 함께 일하거나 관계를 맺고 있는 사람은 언제나 철저한 검토 및 평가의 대상이 되고 있다. 이는 이 사람이 통제자에게 잠재적인 위협이 되기 때문이다. 이러한 사례는 다음의 자녀가 없는 39세의 기혼 남성의 이야기에서 찾아 볼 수 있다.

> 나는 어느 누구에게도 의존하고 싶지 않아요. 그 이유는 남에게 의존하면 너무 많은 걱정거리가 생기고, 결국 힘들어지게 되기 때문입니다. 만일 집사람이 요금 고지서를 지불하면 그 사람이 제대로 된 금액을 확인하고 돈을 지불했는지가 걱정이 되고, 우리 집의 재정적 정보를 노출한 것은 아닌지 걱정이 돼요. 직장에서 부하 직원에게 일거리를 줄 때도 그들이 제대로 일하고 있는지, 혹은 내 기준에 맞게 하고 있는지 항상 걱정하게 됩니다. 결국 항상 점검하고, 또 언제나 잘못된 점을 발견하거나, 적어도 내 입장에서는 다른 방식으로 처리해주기 바라는 점들을 찾게 됩니다. 나도 직장 동료들이나 내 아내가 나를 결코 만족을 모르는 소심한 관리자라고 인식하고 있다는 것을 잘 압니다. 아마도 그건 사실이겠지요. 진행 중인 일의 상황을 정확히 모르면서 걱정하는 일이 무의미 하다는 것은 나도 잘 압니다. 나도 아이들은 잘못을 저지를 수밖에 없다는 것을 알고 있

지만, 내가 아버지가 되었을 때 과연 내가 아버지로서 정말 관용을 베풀 수 있을지는 확신이 안가요. 누군가 잘못을 저지르고 있는 것을 보고 있는 것은 정말 너무도 힘이 듭니다.

이런 사례에서 보듯이, 통제자가 자신의 안전에 관련된 안도감을 얻기 위해 부단히 노력한다는 사실을 기억해 두는 것이 중요하다. 통제자는 모든 인간관계를 자신의 안전유지에 대한 위협으로 판단한다. 그러므로 그는 끊임없이 자신이 처해 있는 환경에 대한 통제력의 크기에 근거해서 자신을 안심시키기 위해 노력한다. 앞에서 논의한 바와 같이 통제력(control)은 일반적으로 인력과 권력의 긍정적인 사용에서 긍정적인 속성을 가지고 있다. 이는 통제력이 서로 상호작용하고 환경을 바꿀 수 있는 개인의 능력을 입증해 주기 때문이다. 그러나 자기-반응성으로써의 통제 행동은 본질적으로 권력을 주어진 모든 상황에서 완전히 강력해지기 위해서 사용한다. 그것은 어떤 상호작용이나 상호의존의 관계없이 권력을 사용하는 것을 의미한다. 여기서 통제력은 타인의 통제력, 권력 그리고 효능을 존중하지 않고 자신의 안전만을 도모하는 것이 되고 만다. 개인이 능동적이고, 조직적이며, 주체적으로 통제력과 권력을 사용하면 좋은 결과를 가져온다. 하지만 그와 같은 통제력과 권력을 다른 사람으로부터 빼앗아 오면 해로운 결과를 가져온다. 대부분의 경우 자기-반응성에 대응하는 통제자는 그러한 일들이 자신만의 방식으로 자신의 기준에 맞춰 이루어 질 것을 요구하게 될 것이다. 만일 어떤 행위가 자신의 기준에 맞지 않게 이루어질 때 이들이 흔히 보이는 반응은 관계를 단절(철회)하는 것이다. 다음에 제시한 25세 학생의 진술에서 그러한 특성이 잘 나타나고 있다.

나는 그 누구와도 그룹 프로젝트에서 함께 일하는 것을 좋아한 적이 없어요. 내 자신이 다른 사람들의 일을 챙기게 되니까 능률이 떨어집니다. 다른 사람들의 실수도 점검해야 하고 그들의 과제도 잘 되어 가고 있는지 확인해야 하니까 혼자 일하는 것이 편하지요. 나는 인간관계도 그런 방식으로 해요. 만일 당신이 내가 일하는 방식을 좋아하지 않는다면, 당신이 내 삶에서 떠나는 것이 좋은 거지요. 그러면 내가 변해야 할 필요도 없잖아요. 그런 방법이 내게 편하기 때문에 나는 일을 그렇게 처리해요.

통제 행동을 통해, 인간관계에서 인식된 안전감 결핍의 문제로부터 자신을 보호하기 위해 사람들이 사용하는 또 다른 방법은 바로 성과추구이다. 성과추구 행동의 전형적인 모습은 안전성의 측면에서 취약한 점이 없다는 것을 누군가 절대적으로 보장해주기를 바라는 모습에서 볼 수 있다. 예를 들어, 만일 통제자가 자신의 저축 구좌에 10,000달러가 예금되면 안전할 거라고 판단한다면, 그는 그 목표를 위해 일할 것이다. 그러나 그 목표가 이루어진 후에 그는 아직도 재정적 취약성이 있다고 생각할 것이다. 그러면 그는 아마 금액을 두 배로 올려 20,000달러를 저축하겠다는 욕구를 느끼게 된다. 물론 이 통제자가 아무리 많은 돈을 저축한다 할지라도, 그는 여전히 부족하다고 느낄 것이다. 다시 말해서, 돈에 관련된 성과의 각 단계는 더 복잡한 높은 단계의 성과 수준을 위한 새로운 국면을 만들어 낼 것이다. 통제자는 종종 재정, 목표달성, 교육, 신분과 경력 등에서 두 배의 성과를 목표로 하며 자신이 투쟁해서 성취하려는 몇 가지의 영역을 선정한다. 성취와 관련된 새로운 단계마다 통제자는 여전히 이전의 단계보다 덜 안전하다는 느낌을 가지게 된다. 그러나 이전으로 되돌아가거나 성과를 추구하는 것이 소용없는 짓이라고 생각하지 않는다. 대신, 그는 다음 단계에서는 안전할 것이며 걱정도 줄어들 것이라는 기대감을 가지고 더 높은 성과를 향해 밀고 나갈 것이다.

흔히 성과중심의 행동양식을 가진 사람들은 자신의 안전을 추구할 뿐만 아니라 정체감 결핍으로 생기는 자신에 대한 수치심으로 인해 성과를 추구하게 된다. 이런 역동성에서 개인들은 어떤 형태의 인정을 가져올 수 있는 수준까지 과제를 수행함으로써 자신의 정체감을 수립할 수 있다고 믿고 있다. 예를 들어, 다음은 두 명의 청소년 자녀를 둔 55세 여성의 이야기인데, 그녀는 성과만을 추구하는 전형적인 통제자이다.

> 나는 항상 내 자신에게 참담함을 느껴요. 나는 언제나 내 자신을 새로운 존재로 만들 수 있고, 그러면 더 행복해 질 거라고 생각해 왔어요. 제일 먼저 한 일은 결혼이었지요. 내가 결혼만 하면 사랑 받는 존재가 될 수 있을 거라는 자신이 있었어요. 그런데 애 보는 일 뿐이었어요. 다음 내가 아들 녀석들을 사랑하고 잘 양육하기만 하면, 내 인생에 무언가 의미가 있을 거라고 생각했지요. 그런데 그 일은 교육 시스템이 맡았어요. 그래서 나는 내가 학위만 따면 괜찮아 질 거라고 생각했지요. 그래서 석사학위를 따는데 전념했어요. 이제 직업을 찾는 문제가 남았어요. 나는 여태까지 내 자신에 대한 불만족감에서 벗어나기 위한 과제를 부단히 수행하면서 내 인생을 보냈어요.

이 여성의 이야기를 통해 볼 수 있듯이, 성과추구의 행동은 정체감을 위한 노력을 만족시키지 못할 뿐만 아니라 안전의 욕구를 충족시켜 줄 수 있는 목표도 달성하지 못한다. 결국 통제자는 임무 수행이나 목표 달성은 양적으로 늘어나는 관점에서는 결코 독립적인 가치가 없으며 마음의 평화도 주지 못한다는 사실을 배우게 된다. 본질적인 측면에서 볼 때, 개인이 자신의 성과를 통해 안전감이나 정체감을 찾으려고 노력한다면, 그는 겨우 자신 자체가 마지막으로 이룬 성과나 성취와 비슷해진 것일 뿐이다. 통제 행동은 안전감 및 안정성의 결핍에 관한 불안에서 출발한다. 그래서 통제자의 이러한 행동은 그 자체로써 만족을 줄 수도 없고 주지도 못한다. 인간관계와 환경은 전혀 안전하지 못하며, 통제자는 자신의 성과 또는 목표 달성을 통해 그것들을 안전하게 만들 수 없다. 인력과 통제력 및 권력의 적절한 사용만으로 전체적인 안전과 보장된 결과를 이끌어 내는 것은 아니다. 오히려 이러한 요소들은 개인 간에 서로 주고받으며 친밀한 방식으로 개방되고 노출되어서 예측 가능한 환경을 제공하려는데 목적이 있다. 간단히 말해서, 그것은 단지 성취해야 할 결과에 관한 것이 아니라 개인이 다른 사람과 함께 하는 방식인 것이다.

흔히 통제자는 군림하고, 무정하며 인정 없는 사람으로 보인다. 비록 그들이 종종 불안한 모습을 보일 지라도, 통제자들은 자신의 감정에 의한 영향을 받지 않는다고 보일 정도로 상호작용을 지적으로 분석하는 경향도 있다. 우리가 경험한 바로는, 이런 주지화(intellectualization)의 형태는 대개 친밀함 또는 개방의 표현이 가지는 취약성으로부터 자신을 보호하려는 행동의 결과일 뿐이다. 다시 말해서, 주지화는 종종 통제자가 친밀감을 감추고 자신의 자아감을 비밀로 유지하기 위한 방법이 되고 있다. 그러나 통제 행동 그 자체가 요지부동(invulnerability), 판단, 비판, 성과추구, 또는 주지화 등의 행동으로 드러나든지 않든지, 통제자는 고통과 관련된 내면의 일차적 감정에 대처하기 위해 부단히 노력하고 있을 뿐이다. 이런 개인들은 외면적으로는 강하면서 보호 받고 있는 것처럼 보인다. 그러나 실제로는 이들도 신뢰에 대한 위반으로 인해 고통 받는 다른 사람들이 가지고 있는 취약성, 고통, 불안정, 무력감, 격리된 느낌, 그리고 실패감 등을 경험하고 있다.

도피/혼란 행동

통제자들은 관계가 안전하지 않은 이 상황에서 내가 할 수 있는 것이 무엇인가라는 의문의 답으로 기본적으로 다른 누구에게도 의존하지 않는 것으로 자신들을 안전하게 만들려고 한다. 도피/혼란 행동(escape/chaos behavior)을 하는 사람들은 기본적으로 뇌에서 일어나는 '도주' 반응에 의해 도출되는 서로 다른 결론에 도달한다. 그들이 내린 결론은 자신의 안전을 위한 인간관계나 환경을 만들 수 있는 성공적인 방법은 없다는 것이다. 이로 인해 이들은 환경 또는 인간관계에서 도피할 방법을 찾는다. 혹은 성공을 위한 노력이나 친밀해지기 위한 노력에 실패할 수밖에 없는 무기력함에 빠진다. 그것은 마치 도피/혼란 행동을 하는 사람이 "이런 환경에서 내가 영향을 미칠 수 있는 방법은 없다. 그리고 그런 행동은 내게 고통을 줄 뿐이며, 내가 할 수 있는 최고의 행동은 도피하거나 또는 고통에 무감각해지는 것이다."라고 말하는 것과 같다. 결과적으로, 도피/혼란 행동의 주요 특징 중 하나는 인간관계나 환경으로부터의 철회이다. 환경이나 인간관계에 참여할 수 있는 능력, 재능 또는 재주 등을 가지고 있다고 생각하는 것은 불가능하고 까마득해만 보인다. 즉, 이런 종류의 사람들은 아주 쉽게 포기하고 노력하지 않는다. 이런 태도는 자신의 정체감을 위한 모든 기회를 빼앗길 뿐만 아니라, 인간관계에서 친밀감을 형성하는 것을 불가능하게 만든다. 다음은 16세 된 남자 청소년이 다른 사람들이 자신에게 학교성적에 관해 말을 걸면 자신이 어떻게 반응하는 가에 대한 말이다.

> 아빠, 엄마, 선생님, 또는 그 누구든 간에 말을 시작해서 첫 문장이 끝날 즈음에는 그 분들이 하는 말은 모두 나에게 별 의미가 없어요. 그래서 그 말을 무시하고 그저 '예' 혹은 '아니오'라고만 답하지요. 그래서 대화가 끊겨요. 말하는 상대가 그 누구이든 간에 내가 기쁘게 해 줄 수가 없다는 것을 잘 알고 있으니, 단지 그런 자리에서 빨리 벗어나기만 바랄 뿐이죠.

물론 이런 형태의 철회를 통해 도피/혼란 행동을 하는 사람이 상당히 무책임하다는 것을 알 수 있다. 이 무책임한 특성은 무엇보다도 도피/혼란 행동 반응성의 선택을 다스리기 어렵고 혼돈스럽게 만든다. 이것은 이 사람이 능력, 재주 또는 재능이 없어서가 아니다. 그저 자신은 안전하고 성공적인 인간관계를 형성할 수 없다고 확신하고 필요한 노력을 하지 않거나 매우 낮은 수준으로 노력하기 때문이다. 도피/혼란 행동의 반응성을 가진 사람들과 관계를 유지하는 사람들(치료사들까지도 포함하여)은, 결국 이들에게 매우 당황하게 된다. 그래서 이들을 무신경하고, 비협조적이며, 게으르고, 다루기 힘들며, 희망이 없는 자들로 간주해 버리기까지 한다. 심리적 안전감 결핍의 상황에서 도피/혼란 행동의 반응성에 의존하는 사람들은, 인간관계에서 어떤 형태의 안전이나 의미 있는 수준의 친밀감을 형성하는 경우가 거의 없다.

이들은 자신이 직접 고통을 다루지 않기 때문에, 자신이 느끼는 감정적 고통에서 도피하거나 감각을 마비시키는 경향이 있다. 이러한 소극적인 대처 방식의 몇 가지 예를 들어 보면, 잠을 자거나, 쇼핑하거나, 혹은 과식 등과 같은 도피 행동들이다. 이들은 그러한 행동을 함으로써 자신들의 불쾌감을 줄이려고 노력한다. 보다 심각한 도피 행동의 수준에 있는 사람은 기본적으로 고통스러운 감정으로부터 벗어나기 위해 술, 마약, 도박, 포르노 등에 빠지는 행동을 할 수도 있다. 가장 심각한 도피 행동의 수준에 있는 사람은 본격적인 중독행동, 통제 불능의 충동적 행동 또는 정신 분열에 이르게 된다. 앞에서 제시한 모든 대처 반응에서 중독행동이 나타날 수 있지만, 특히 도피/혼란 행동을 하는 사람들은 약물에 쉽게 중독되는 행동에 빠져드는 경향이 있다. 다음의 이야기에서 5명의 성인 자녀를 두고 있는 63세의 여성이 도피/혼란 행동으로 이어진 자신의 인생경험을 말해 주고 있다.

> 단 한번이라도 나 혼자의 힘으로 맞설 수 있었던 상황이 있었는지, 내 기억에는 전혀 없어요. 내 인생 전체가 모두 힘겹고 고통스러웠습니다. 술을 좀 마시거나 다른 무언가를 할 때만 다소 고통이 줄어드는 것 같았지요. 마음을 고쳐먹은 후 얼마 안돼서 어떤 문제가 생기기라도 하면 곧 술과 마약을 점점 더 하게 됐어요. 그런 문제에는 직업문제와 같이 큰 것도 있고 우리 애 중 하나가 학교에서 작은 말썽을 피운다든지 하는 작은 문제도 있었지요. 어느 날 정신을 차리고 나서 내가 술과 마약을 이용하는 것이 아니라 그것들이 나를 지배하고 있다는 것을 깨달으면, 내 자신이 술과 마약에 노예가 되어 있다는 것을 발견하게 되는 거죠. 낭비해버린 모든 시간이 이제 와서 나의 인생을 더욱 더 낭비하게 될 거라는 깨달음을 전해 주고

있을 뿐이죠.

이런 대처 방식과 반응성을 지닌 사람들은 대개 충동적이고 비밀스러운 특성을 가지고 있다. 도피/혼란 행동을 하는 사람들은 종종 자신들이 왜 그런 일을 하고 있는지, 또는 그런 선택의 배경이 되는 논리적 근거를 알지 못하고 있다. 이런 현상은 그들이 자신을 보호하기 위해 뇌의 자연스러운 도주 반응에 따라 반응한다는 견해와 일관성을 띠고 있다. 그들은 결과 또는 장기적인 효과라는 관점에서 상황을 분석하지 않는다. 이는 분석 그 자체가 고통과 불안을 불러오고, 안전의 부재 및 결핍이라는 생각을 상기시키기 때문이다. 그러므로 이들은 종종 충동적인 결정을 내린다. 일정 기간 치료를 받은 후에도 술을 마시기로 결정한 59세 된 한 남성의 사례에서, 이런 현상을 잘 설명해 주고 있다.

나는 그런 일들에 대해 정말 생각하고 싶지 않아요. 나의 과거에 관해서나 내 문제에 대해서 말하는 것도 싫어요. 심각한 문제에 관해 대화할 때면 언제나 내가 생각할 수 있는 모든 것은 "술에 취해 모든 것을 잊고 싶다."라는 생각, 그것뿐입니다.

실제로 치료기간이 끝나자마자 이 내담자는 다시 술을 마셨고, 다음 치료 시간이 되면 치료사에게 단지 왜 자신이 술을 마셨는지에 대해서만 말해 주곤 하였다. 도피/혼란의 반응자에 있어서는 그러한 반응성의 충동성이 발동한 결과나 장기적 효과에 대한 반영의 부재가 그런 비밀성을 더욱 충동질하게 된다. 이 사람이 자신에 대해 아무것도 모르고 있다거나, 단지 다른 사람과 자신의 비밀을 공유하지 않으려는 것이 아니다. 다만, 이 사람은 자신을 이해하기 위해서 충분히 긴 시간을 자기 반영에 투자하지 않는다. 대부분 이런 사람이, 자신은 누구인가 또는 자신이 무슨 행동을 하고 있나와 관련된 반영을 하는 것은 강력한 일차적 감정을 일으키는 계기가 된다. 그리고 이 사람을 즉각적으로 도피/혼란 행동으로 옮기게 한다. 통제자는 일반적으로 자신의 방어수단으로 인간관계에서 자신을 개방하고 드러내는 것을 꺼리면서 비밀스러운 태도를 보인다. 그러나 도피/혼란 행동을 하는 사람은 자신의 느낌과 인간관계 자체를 모두 회피하기 원하므로 비밀스러워지는 경향이 있다. 이들은 잠재적인 고통의 가능성을 애초에 피하려고 한다.

이러한 반응 행동은 매우 자기 파괴적인 모습으로 나타나기 때문에 이런 방식으로 대응하지 않는 사람들에게는 이해가 잘 안될 수도 있다. 도피/혼란 행동을 하는 사람은 인간관계에서 통제 행동을 하는 통제자 못지않게 파괴적이다. 통제자보다 도피/혼란 행동을 하는 사람들이 사회적으로 더욱더 용납될 수 없는 결과물을 만들어 내는 것은 사실일지도 모른다. 하지만 두 가지 형태의 자기-반응성 모두 자연스럽게 주고-받는 관계에서 친밀감, 균형, 개방성 등을 만들어 내지 못한다. 이 두 형태의 자기-반응성 모두 고통과 감정적 안전감의 결핍에서 출발하는 것이다. 통제자는 단지 좀 더 많은 것을 요구하고 남들이 자신의 대처 행동에 맞추어 주기를 요구하는 방식으로 체계화할 뿐이다. 이에 반해 도피/혼란 행동을 하는 사람들은 남에게 기대하는 바가 거의 없고, 다만 자신의 무책임한 행동을 보상하기 위해 남들이 시간과 노력을 기울여야 하는 혼란을 가져온다는 것이다.

철회의 양상

맥락적 치료에서 볼 때, 사랑과 신뢰의 위반 또는 불균형에 대한 공통적 반응은 위협(threats), 조종(manipulation), 그리고 철회(withdrawal)이다(i.e., Boszormenyi-Nagy et al., 1991; Boszormenyi-Nagy & Krasner, 1986). 복원치료 입장에서 위협이란 대개 타인 비난이나 통제 행동을 반영하는 것이고, 조종은 자기-수치화 또는 도피/혼란 행동으로 표현될 수 있다 (Hargrave & Pfitzer, 2003). 그러나 위의 네 가지 자기-반응성 형태들 모두에 공통적으로 적용되는 행동이 하나 있는데 그것은 바로 철회이다. 대부분의 치료사들은 철회는 언제나 개인의 자기 보호와 관련된다고 생각해 왔다. 그러나 우리는 서로 다른 반응성 형태에서 발견되는 행동의 다양성을 포괄하기에는 그런 생각이 너무나 광범위하다는 점을 발견했다.

철회의 의도는 대처 방식에 따라 달라진다. 예를 들어, 우리가 임상적 측면에서 자기-반응성으로 타인 비난을 하는 사람의 철회를 분석해보자. 아주 흔하게도 그런 행동은 상대를 벌하기 위한 의도에서 이루어진다는 사실을 알게 된다. 다시 말해서 철회 그 자체는 개인이 자신의 고통에 대처하기 위해 사용하는 공격적이고, 위협적이며, 보복을 위한 행동 형태의 일부를 이루는 것이다. 다음의 69세의 남성이 이런 사례를 보여 주고 있는데, 그는 자신의 철회 과정을 다음과 같이 설명하고 있다.

> 내 자식들은 내가 더 많이 자기들과 손자들 문제에 관여해 주기를 바라죠. 그런데 내가 할 말은 손뼉도 마주쳐야 소리가 난다는 거예요. 난 그 애들이 나를 원하는 만큼 그 애들이 필요치 않아요. 그

> 애들하고 대화할 필요도 없고 그 애들 없어도 잘 지낼 수 있어요. 그 애들은 내 도움을 받으려면 좀 더 많이 정기적으로 나와 연락을 하며 지내야 한다는 것을 알아야 할 겁니다. 나는 끝까지 그 애들이 내 뜻을 알아먹을 때까지 연락을 안 할 것이고 또 나는 얼마든지 나 혼자 잘 지낼 수 있어요.

반면에, 자기-반응성으로 자기-수치화를 하는 사람들은 대개 상대를 벌하기 위해 철회하는 것이 아니다. 그들은 자신의 정서적 불만족으로 인해 샐쭉하거나 뿌루퉁해하기 위해 철회하는 것이다. 그것은 마치 누군가가 또는 어떤 상황에서 자신이 얼마나 심한 상처를 입었는지 알아주기를 바라며, 그 아픔을 발견한 사람이 자신의 기분이 나아지도록 하는 것을 보장해 주거나 나아지도록 노력해 주기를 바라는 것과 같다. 자기-수치화의 사람들은 대개 누군가가 벌을 받기를 원치는 않는다. 하지만 누군가가 책임을 지고 자신이 기분이 좋아지도록 만들어 주기를 바란다. 자신을 수치화하는 사람과 관계를 하고 있는 사람들은 대개 그 수치자가 철회의 행동을 할 때 그것이 조종적이고, 나약하고, 가련하게 보인다고 말한다.

통제 행동으로써의 자기-반응성인 철회는 대개 자신을 방어하기 위한 노력으로 이루어지고 있다. 통제자는 위험을 최소화할 수 있고 주어진 상황에서 가장 큰 권력을 발휘할 수 있는 방법으로 자신의 약점을 관리하여 안전감 결핍의 심리적 고통에 대처하려고 한다. 많은 경우, 통제자가 자신의 위험을 관리할 수 없거나 권력을 유지할 수 없다고 느끼면 자신을 보호하기 위해 심리적 관계를 철회한다. 다음 58세 된 남성이 자신의 아내에 대해 하고 있는 말에 이런 현상이 잘 반영되고 있다.

우리 마누라는 자신이 하고 싶은 말은 그게 무엇이든지 다합니다. 나는 그냥 내버려 두지요. 그리고 끝에 가서, 어찌 됐든 나는 내가 하고 싶은 일을 합니다. 아내와 사소한 문제로 다투어 봤자 소용이 없어요. 그녀가 나를 바꾸어 놓는 일은 결코 없을 거예요. 그리고 나도 아내의 태도를 바꿀 생각이 전혀 없어요. 같이 있어도 내가 아내의 말을 들어 주는 일은 별로 없을 겁니다.

타인 비난, 자기-수치화, 통제 행동의 반응성들에서는 철회가 문자 그대로의 의미를 담고 있다. 또한 이런 반응성들은 침묵 또는 무관심, 무시행동(ignoring behavior) 등과 같은 정서의 철회를 나타낼 수도 있다. 도피/혼란 행동에서는 그 의도가 인간관계나 상황에서 도피하기 위한 것이므로 철회는, 언제나 신체적인 형태로 표현된다. 도피 행동을 하는 사람은 환경으로부터 오는 정서적 고통 또는 혹독함으로부터 벗어나려는 욕망이 커지면서 단지 그러한 환경 또는 인간관계에서 회피하는 것을 원할 뿐이다. 그러나 만일 개인이 자신의 감정적 관여로 인한 고통을 최소화하기 위해 철회라는 방법을 사용하고 있고, 관계에 참여하거나 관여하지 않는다면 친밀감, 책임, 유대감, 그리고 개방 등이라는 개념은 불가능한 것이 될 것이다.

도전, 도주 또는 양자 모두

환자/내담자를 정확하게 이해하고 사정하기 원하는 치료사는, 필수적으로 대부분의 환자/내담자가 사랑과 신뢰 모두에서 위반의 경험을 가지고 있는 것이 드문 일이 아니라는 사실을 이해해야 한다. 더 나아가, 환자/내담자들은 서로 다른 환경 속에서 도전-도주 반응 두 가지를 모두 포함하는 행동 주기를 가지고 있다는 점을 주지해야 한다. 예를 들어, 정체감의 부족 및 결핍을 느끼는 사람들은 자신에 대한 수치심을 느끼다가 다른 사람을 비난하는 반응성으로 인간관계에 대처하는 것을 흔히 볼 수 있다. 우리는 이런 현상을 *회전문 현상*(turnstiling), (Hargrave & Pfitzer, 2003)이라고 명명했다. 그 이유는 환자/내담자가 다른 사람을 격렬하게 비난하다가 다시 자신을 향해 돌아서서 자신을 수치스럽게 느끼면서, 남에게는 그 어떠한 책임도 지우려 하지 않는 틀에 박힌 방식의 과정을 지속하기 때문이다. 대개 이런 주기적 행동 양식은 예측이 가능하며 극에서 극으로 오고 가는 것을 볼 수 있다(Hargrave & Pfitzer, 2003). 이런 '회전문 현상'은 다음에 제시하는 한 아이의 아버지인 30세 된 남성의 사례에서 분명히 입증된다.

> 나는 내가 너무 변덕스러워 내가 무엇을 어떻게 느끼고 있는지 잘 모르겠어요. 때로 내가 화가 나서 하는 일들을 나도 믿기가 힘들어요. 나 자신도 내가 결코 좋은 사람이 아니라는 것을 잘 알고 있죠. 나는 결함이 많고 뭔가 대단히 잘못된 사람이죠. 그런데 내 자녀가 나의 결점에 대해서 말하며 나를 무시하거나, 직장에서 무언가 불공평한 일이 생기면 너무 화가 나서 폭발해버리죠. 고함치고 괴성을 지르며 상대를 위협합니다. 그러면서 내가 나를 망치고 있는 거죠. 그런 다음엔 바로 후회하게 되고, 도대체 난 누구이며 내가 저지른 일이 무엇인 가에 대해 깊이 탄식하게 됩니다. 내가 분노하고 있는 건지, 아니면 나 자신을 수치스럽게 느끼고 있는 건지, 또는 죄의식을 느끼고 있는 건지 도무지 알 수가 없어 혼란스러워요.

이 남성의 이야기에 대해 생각해 볼 때, 그가 정말로 비난과 수치심이라는 두 가지의 자기-반응성 양식 모두를 사용하여 대처하고 있다는 것을 관찰하는 것이 중요하다. 그는 자신의 행동을 자기-수치화와 자신의 정체감에 가져다주는 모든 죄의식과 부정성(negativity)으로부터, 규탄, 위협, 그리고 공격적 행동을 통한 타인 비난 행동으로 재빨리 회전시킨다. 이러한 현상과 관련해서 그는 자신이 분노, 수치심 및 죄의식의 감정을 *느끼고* 있는 것이라고 확신하게 될 것이다. 그러나 복원치료의 모델에서 이 사람이 자신이 느끼는 것에 대해 혼란으로 규정한 이러한 것들이 사실은 느낌에 근거를 두고 있지 않다는 것을 보게 된다. 오히려 분노, 수치심, 그리고 죄의식은 이 사람이 자신의 정체감에 관해 불분명하고(사랑받지 못하고 있다는) 안전하지 않다는(신뢰할 수 있는 상황에 있지 못하다는) 일차적 감정과 관련된 위협에 대한 반응성인 것이다. 위의 남성이 말한 내용을 유심히 살펴보면, 그는 자신에게 그런 행동을 하도록 만든 것은, 자신을 무시하는 아이 또는 직장에서 일어나는 불공평한 처사라고 주장하고 있다. 아이로부터의 무시는 그가 아이로부터 사랑받지 못하고 있다는 느낌과 자신의 정체감을 곤경에 빠지게 만든다는 점을 나타내고 있다. 그리고 직장에서의 불공평한 처사는 상황이 그를 위협하거나 불안전하다고 느끼게 만든다는 것을 암시한다. 간단히 말해서, 이 사람의 일차적인 감정은 자신이 사랑 받지 못하고 불안전하다는 것이다. 이러한 느낌이 자기-반응성에 빠져들게 하고, 그 결과로써 타인을 비난하면서도 자기-수치화를 하게 되는 것이다. 이 남성이 자신이 '느낀다'고 생각하는 바로 분노, 수치심, 죄의식 등은 실제로 권력의 사용에서 스스로 어떻게 반응하고 행동할 것인가와 긴밀한 관계를 맺고 있다.

많은 치료사들이 이와 동일한 혼란 상태를 보고하는 점을 고려한다면, 이 남성이 자신이 느끼는 것에 대해 혼란스러워 하는 것은 놀라운 일이 아니다. 그러나 실제로 복원치료의 기본적 구조는 사랑받지 못하고 불안전하다는 느낌에 대해 그가 가진 자기-반응성을 이해하는데 도움을 줄 뿐만 아니라, 그가 느꼈던 일차적인 감정도 쉽게 찾을 수 있게 해준다. 물론 사람들은 단순히 자신을 수치스러워 하거나 또는 타인을 비난하는 둘 중의 한 행동을 통해 상황에 대처하고 반응하는 경향을 가지고 있다. 그러나 이 두 종류의 행동을 병행하는 '회전문 현상'도 흔하게 발생한다. 신뢰에 대한 위반에 반응하는 또 다른 축(軸)에는 통제행동이나 도피/혼란 행동을 통해 회전문 현상이 일어날 수 있다. 하지만 이 현상은 다소 적게 발생하는 것으로 보인다. 다만 여기서 회전문 현상이 일어나는 경우, 사람들은 대개 자신들이 정신을 차리는 것을 느끼기도 하지만, 곧 낙담과 권력의 상실을 느끼게 된다고 말한다. 삶의 방향을 잃은 것을 고심하던 35세의 여성의 사례를 통해 이를 잘 설명할 수 있다.

> 정말로 정신을 차리고 내 삶의 궤도에 다시 오를 때가 종종 있어요. 정신이 올바른 사람들과 어울리기 시작하고, 학업을 마치기 위해 학교에 등록하고, 운동을 시작하고 올바른 식습관을 가져요. 때로는 한 번에 몇 달씩이나 이런 행동을 지속하는 경우도 있어요. 그러다가 무언가 일이 생기면 곧 낙담으로 내 마음을 닫아버리게 됩니다. 내가 무슨 일을 하고 있든지, 혹은 무슨 일을 해 놓았든지 간에 내 스스로 자신을 조롱하면서 내 인생에 아무것도 성공하지 못할 거라는 생각을 해요. 내 주변을 잘 정리하는 일이 너무나도 크게 느껴져서, 난 모든 것을 팽개쳐 버립니다. 내 스스로 고립되고 사람들로부

터 숨어 버리고 과음하면서 모든 일을 그만 둡니다. 몇 주 동안이나 무감각하게 지내는데, 때로는 몇 달이 되기도 합니다. 그러다가 다시 정신을 차리고 또다시 올바른 삶을 시도해 봅니다. 그렇게 심신을 단련할 때는 아주 잘하기도 해요. 그렇지 않을 때에는 내 인생을 망치고 있지요. 그럴 때에는 내가 해야 할 일의 절반도 못합니다.

일반적인 치료사의 관점에서 보면, 이 여성은 건강하고 책임 있는 태도로 행동하면서 자신의 인생에서 좋은 시간을 보내는 부분도 있다고 단언할 수도 있다. 그러나 복원치료의 입장에서 본다면, 이 여성은 통제와 도피/혼란 행동 사이에서 '회전문 현상 행동(turnstiling behavior)'을 하고 있다고 보게 될 것이다. 그녀가 책임감을 가지고 학교에 등록할 때에도, 그녀 스스로 안전하다고 느끼고 자신과 타인을 위한 인력을 위해 자신의 권력을 사용하는 것은 아닌 것이다. 오히려 그녀는 자신의 삶이 안전하지 않다는 두려움에 대해 반응하고 있는 것이다. 그녀는 자신을 보호할 수 있는 유일한 방법은 무언가를 잘 수행하고 보다 더 많은 능력을 갖추어야 하는 것으로 보고 있다. 사실 그녀는 인간관계를 발전시키고 친밀한 관계에 참여하기 위한 권력을 사용하는 대신, 자신이 관계에서 흔들리지 않고 요지부동(invulnerable)이 되도록 노력하고 있는 것이다. 그러다가 그녀가 좌절하거나 현실에 압도당할 때, 그녀는 자신이 지닌 통제 행동의 대처 방식이 인생의 어려움을 다루는데 부적절한 것으로 판단해 버린다. 그래서 그녀는 도피/혼란 행동을 기반으로 하는 다른 극단적인 대처방식과 반응성으로 급히 회전한 것이다.

복원치료사는 그녀의 통제 행동 또는 도피/혼란 행동 모두 특별히 건강한 대처 기제라고 보지 않을 것이다. 또한 두 가지 반응 모두 자기-반응성에서 유래한다고 본다. 이 여성의 행동을 정확히 이해하기 위해서 치료사는 반드시 그녀의 삶과 관계에서 안전하지도 신뢰할 수도 없다고 느끼는 그녀의 일차적 감정들을 이해해야만 한다. 환자/내담자의 감정에 대한 추적과 사정은 치료사가 통제 행동은 기능적이며 '좋은' 것이고, 반면에 도피/혼란 행동은 역기능적이며 '나쁜' 것으로 인식하는 오류에서 벗어나게 해준다.

앞에서 언급한 바와 같이, 사랑과 신뢰는 항상 서로 소통하는 능력을 가지고 있다. 다시 말해서, 자신과 자신의 정체감에 대해 느끼는 감정은 자신이 관계를 어떻게 인식하고 있는가에 관한 정보를 제공해 준다. 동시에 자신이 인간관계에서 얻은 상호작용은 자신의 정체감에 관한 정보를 제공해 준다. 이런 상호작용의 결과로써, 개인은 사랑 혹은 신뢰에 대한 결핍의 느낌에 대응하여 대처와 반응성 행동을 혼합하고 일치시킬(match) 것이다. 자신의 정체감 또는 안전감에 관한 질문에 시달리는 사람은 대처 및 반응성 행동들 중에 하나를 사용하거나 두 개 또는 세 개, 혹은 네 개 모두를 사용하여 대처할 수 있을 것이다. 예를 들어, 자기-수치화로 사랑의 결핍에 대처하는 사람이 정체감을 충분히 수립하기 위해 수행을 잘하려고(성과추구) 노력하는 것은 흔한 일이다. 실제로 이 사람은 처음에는 수치심 반응, 그리고 그 다음에는 통제 행동을 사용하여 대처하려 할 것이다. 이 사람이 지니고 있는 위반이 사랑받지 못한 느낌에서 비롯되었다 할지라도, 사랑받는 느낌을 충족시키거나 자신도 사랑스런 존재라는 것을 증명할 수 있다는 희망에서 미래의 인간관계를 다룰 수 있는 통제 행동에 의존하는 것이다. 복원치료의 관점에서 작업하는 치료사에게는, 환자/내담자의 일차적 대처 방식이나 반응성뿐만 아니라 치료적 이해를 온전히 얻기 위해 이차적 또는 체계적 대처 방식을 정밀하게 사정하는 일이 매우 중요하다.

사정에 대한 주의와 최종 언급

보스조르메니-나쥐와 크래스너(Boszormenyi-Nagy & Krasner, 1986)는 맥락적 치료를 사실들, 개인 심리, 체계적 상호작용, 그리고 관계 윤리 등을 포함하는 치료법에 대한 다차원의 접근방법으로써 자세히 설명했다. 환자/내담자에 대한 사정을 할 때 중요한 점은 개인과 체계들이 다차원적인 특성을 지니고 있다는 사실을 언제나 명심해야 한다는 것이다. 다시 말해서 개인과 인간관계에 영향을 미치는 것에는 유전적, 문화적, 사회경제학적, 그리고 역사적 요소들이 존재한다. 우리는 치료사들이 사랑과 신뢰의 위반에 대한 관찰에만 집중하다 다른 차원을 무시하면 안 된다고 생각한다. 정체감과 안전감, 그리고 그에 수반된 행동에 대한 유전적, 그리고 어쩌면 화학적 영향력까지도 고려해야 한다. 또한 개인들은 사회의 관계망 및 문화 속에서 그들을 둘러싸고 있는 체계로부터 깊은 영향을 받는다. 우리는 개인의 심리 및 가족관계 윤리를 통해 개인에게 주어지는 주관적 영향력이, 사실적 구성과 체계적 상호작용을 통해 개인에게 주어지는 좀 더 객관적인 영향력에 대단히 크게 영향을 미치고 있다고 본다. 또한 그 반대도 마찬가지라고 보고 있다(Hargrave & Pfitzer, 2003). 치료에서는 이러한 차원과 상호영향을 충분히 고려해야 하며, 이처럼 서로 다른 양상 또는 차원을 어떻게 사정할 것인가에 대한 충분한 예들이 문헌 속에 나와 있다.

그러나 우리는 복원치료의 기본 틀이 가장 기본적인 인간의 욕구,

즉 사랑과 신뢰라는 관점에서 개인들이 경험하는 고통과 스트레스를 정확히 규명하고, 이해하고, 사정하기 위한 방법이 될 수 있다고 믿고 있다. 우리는 환자의 건강, 영향력, 그리고 배경을 완벽하게 사정하려는 치료사의 업무를 방해하는 사례를 만들려는 것이 아니다. 다만 환자/내담자에게 미치는 사랑과 신뢰의 역동적 영향력을 정확히 하는 사례를 만들려는 것이다. 이런 요소들이 환자/내담자에 대한 사정에서 가장 중요한 요소로 간주되고 있는 것은 사실이지만, 다차원적인 영향력에 주목하는 것 역시 반드시 필요하다고 믿고 있다.

제3장

패턴의 과정

도입

만약 당신이 지역 체육관에 가본다면 뚜렷하게 구별되는 단계의 과정들을 바쁘게 밟고 있는 다양한 사람들을 만날 수 있을 것이다. 그들이 하고 있는 활동들-역도, 유산소 운동, 요가, 런닝 또는 경기 형태의 스포츠 등-을 잘 관찰해보면, 그 활동들이 초보자, 중급자, 그리고 전문가의 과정으로 나뉘어져 있음을 알게 될 것이다. 그들이 비슷한 활동을 하고 있을지라도, 초보자와 전문가가 대조적으로 다르다는 것을 볼 수 있다. 전문가는 초보자에 비해서 훨씬 더 빨리 움직이고, 불필요한 활동이 없으며, 민첩할 것이다.

이것은 초보자가 그러한 신체적 활동에 재능이 없어서도 아니고 전문가가 특별히 그 활동에 천부적이어서도 아니다. 그러한 활동의 대부분은 학습(learning)과 연습에 기초를 둔다. 학습은 경험을 기본으로 하는 지식이나 행동 변화의 비교적 지속적인 형태를 말하는 폭 넓은 용어이다(Hockenbury & Hockenbury, 2000). 살펴본 바와 같이, 어떤 행위나 학습이 반복적으로 실시되면 그러한 행동과 행위는 자동적으로 또는 수월하게 뇌에서 처리된다(Siegel, 2007). 어느 운동에서 한 개인이 전문가가 된 이유는 그러한 운동에서 자신이 자동적이 될 때까지 많이 학습하고 연습했기 때문이다.

우리가 정체감과 안전감에 대한 핵심 감정과 관련된 행위에 대해서 얘기할 때에도 마찬가지이다. 이러한 개념의 의미는 체육관에서 학습하고 연습하는 동안 살펴본 과정과 비슷하다. 우리 뇌는 사고, 경험, 그리고 이미지를 생성하기 위해 일련의 뉴런점화(neuronal firings)를 사용한다. 예를 들어, 하나의 이미지는 실제 우리 마음에 존재하지 않는다. 일련의 뉴런점화가 마치 실제로 우리 마음에 이미지를 가지고 있는 것처럼 우리의 오감을 사용해 그 이미지에 관해 생각하고 경험할 수 있는 순서를 생성한다(Siegel, 2007). 뇌가 이미지들을 경험할 때, 그러한 이미지들을 우리의 장기 기억으로 옮긴다. 뇌가 더 많은 이미지와 경험을 축적해감에 따라, 뇌는 각각의 이미지와 경험을 친숙한 범주로 분류해서 우리가 미래에 우리 자신의 이해와 반응을 필요로 할 때 좀 더 빠르게 이것들에 접근할 수 있도록 한다(Kosslyn, 2005). 결과적으로 자기 자신과 관계의 안전에 관해 생각하도록 학습해온 방식은 숙련된 자동적 반응이 되고 만다. 관계 속에서 자신이 사랑 받지 못하고 안전하지 못하다고 느끼면, 사랑과 신뢰가 없는 환경을 나타내는 새로운 자극들을 겪을 때마다 자신의 경험으로부터 그런 이미지들을 손쉽게 기억한다. 게다가 한 번 자신의 정체감과 안전감에 영향을 미치는 이미지들을 갖게 되면, 고통과 스트레스는 반복적으로 실행한 반응 또는 대처(coping)를 이끌어낸다. 만일 우리의 삶 안에 사랑이나 신뢰에 대한 위반의 역사를 가지고 있다면 사랑받지 못하고 안전하지 못한 것에 대한 이미지들뿐만 아니라 비난, 수치심, 통제, 그리고 도피/혼란과 같은 자기-반응성을 어떻게 수행할 것 인지를 생각해내는데 숙련된 전문가가 될 것이다.

우리는 개인적 수준에서 일어나는 이런 이미지, 경험, 실습, 그리고 자동적 반응성을 믿고 있다. 또한, 이러한 과정과 패턴이 관계적 또는 체계적인 수준에서 발생한다는 것을 믿는다. 다시 말해서, 우리는 관계 안에서 우연히 또는 계획적으로 똑같은 학습패턴, 이미지, 그리고 숙련된 자동적 반응성을 가져오는 경험들을 발전시키는 경향이 있다는 것이다. 본 장의 목표는 이러한 개인적으로 일어나는 몇 가지 보편적(일반적)인 패턴의 과정을 정확히 서술하는 것과 더불어 관계 안에서 발견되는 몇몇의 잘 알려진 패턴과 그 패턴 뒤의 감정적 과정을 자세히 기술하는 것이다.

개인의 패턴과 과정

개인이 인력의 권력(power) 반응을 유발하는 사랑과 신뢰가 존재하는 관계에 있든지, 아니면 자기-반응성의 권력 반응을 유발하는 사랑과 신뢰가 없는 관계에 있든지, 각 경우의 공통적인 구성요소는 개인이 사랑과 신뢰에 대해 어떤 감정을 *느껴서*, 다음 어떤 의도를 가진 *행위를 하게 된다*는 것이다. 그림 3.1에서 보듯이, 개인은 자신이 사랑받지 못하고 중요하지 않으며 혼자라고 느낄 수 있다. 이러한 느낌에 대해 만약 개인이 그림 2.2의 구조의 틀에서 보는 타인비난자라면 그 자신은 아마도 분노하고, 보복적이며, 냉소적으로 비꼬고, 위협적이 될 것이다. 우리는 그림 3.1로부터 개인들이 고통의 일차적 감정을 다루는 바로 그 일들이, 그러한 형태의 일차적 감정이 다시 일어나도록 강화한다는 것을 볼 수 있다. 예를 들면 이 예시에서 개인이 더욱더 분노하고 냉소적인 비꼼과 위협하는 태도로 행

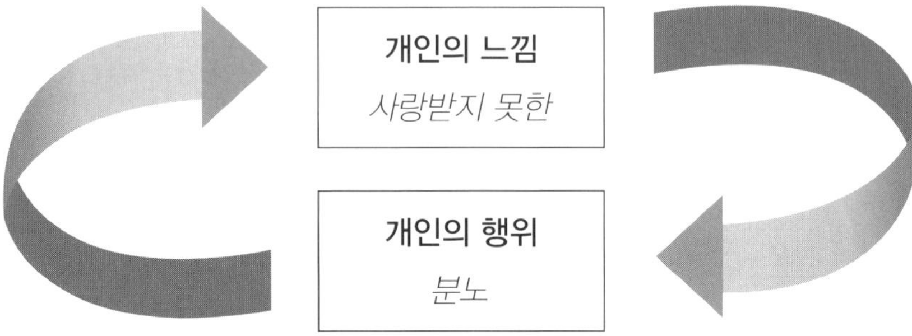

그림 3.1 개인의 느낌과 행동의 파괴적 순환주기 과정

동하면 개인은 관계가 부정적이라는 정보를 얻게 된다. 뿐만 아니라 자신의 행동이 정말 자신이 사랑받지 못하고 중요하지 않고 혼자라는 것을 확인해 줄 가능성이 높아질 거라는 것을 보여주고 있다. 이것은 단지 다른 사람으로부터 받은 피드백이 아니라 자신이 행한 행동으로부터 받은 자기화답인 것(Balswick, King, & Reimer, 2005)이다. 이것은 개인이 대처하려고 노력한 바로 그 감정을 강화하게 된다.

이러한 동일한 현상은 우리가 인간의 인력(human agency)에 대해서 말할 때, 그리고 그림 2.1에서 보듯이 개인이 사랑과 신뢰, 그리고 결과적으로 평온과 안식을 느끼게 될 때에도 똑같은 방식으로 일어난다. 예를 들어 그림 3.2는 개인이 자신이 사랑받고 있고 가치있고 수용된다는 감각을 느낄 때 무엇이 일어나는지 설명한다. 개인이 이러한 것들을 느낄 때, 인력과 일치되고 관계 안에서 양육하고 사랑하고 수용하는 방식으로 자유롭게 행동한다. 개인이 관계 안에서 양육하고 사랑하고 수용하는 방식의 행동을 더 많이 하면 할수록, 개인은 자신의 그러한 행동에 의해서 사랑받고 가치 있고 수용되는 느낌이 더욱더 강화 될 것이다. 복원 치료사가 심한 고통이나

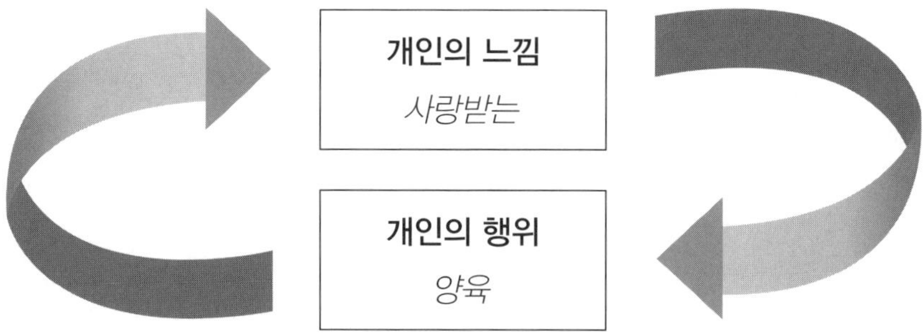

그림 3.2 개인의 느낌과 행동의 건설적 순환 주기 과정

평온 안에 있는 각 개인을 다룰 때 배우는 첫 체계적 교훈은, 개인이 행동하는 방식이 그 행동을 유발 및 촉발하는 바로 그 느낌을 강화한다는 것이다.

제2장(章)에서 말했듯이 사랑과 신뢰의 위반을 느낄 때 단 하나의 반응성이나 대처를 하는 사람도 있다. 하지만 한 개인이 비난, 수치심, 통제 또는 도피/혼란 등에서 둘 이상의 조합이나 더 복잡한 반응성을 갖는 것도 흔한 일이다. 개인이 사랑과 안전의 감각으로부터 이끌어 낸 의미는 또한 상호적으로 교류한다는 것을 명심하는 것이 매우 중요하다. 예를 들면 만약 개인이 사랑 받고, 양육 받고, 중요하고, 가치 있다고 느낀다면, 그러한 믿음은 개인이 사랑 받고, 양육 받고, 중요하고, 가치 있다는 것을 증진시킨다. 또한 관계에서 자신감, 권력, 그리고 성공에 대한 개인의 느낌에 영향을 줄 가능성을 높인다. 다시 말해서, 만약 그들이 사랑받는다고 느낀다면 그들은 관계에서 더 안전하다고 느낄 것이고 그 반대도 마찬가지가 될 것이다. 정체감과 안전감의 두 부분에서 도출한 이러한 의미들은 개인의 자기-효능감(self-efficacy)의 요인을 결정한다(Bandura, 1997).

또한 개인이 사랑받지 못하고, 환영받지 못하며, 중요하지 않고, 평가절하 된 느낌을 느낄 때에도 같은 방식이 적용된다. 자신을 이러한 의미들과 연관시키는 사람은 상대의 관계적 기대를 충족시킬 수 있을지에 대해서 의문할 가능성이 많다. 그리고 자신이 무기력하고, 안전하지 않고, 격리된 느낌을 느낄 수 있다. 사랑 또는 신뢰의 한 영역에 대한 위반은 서로 다른 영역(사랑은 신뢰, 신뢰는 사랑)에 대한 느낌이나 의문을 촉발할 가능성을 가진다(Hargrave & Pfitzer, 2003). 그 결과, 우리는 사랑 또는 신뢰에 대한 원초적인 위반을 경험한 개인들은 네 영역으로 자기-반응성이나 대처를 하는 것을 보게 되는 것이다. 그러므로 치료사는 개인들의 사랑과 신뢰의 위반들에 관한 과거사를 명백히 이해해야 한다. 또한 치료사는 개인들의 각 대처 및 반응적 행동과 이에 부합하는 일차적 감정에 대한 강화에 대해서도 정확하게 기술하도록 노력해야 한다. 우리는 이러한 기술을 위한 예시 방법으로 대처 및 반응성에 대한 몇 가지의 보편적 패턴과정들을 언급하려 한다.

자기-수치화/통제 행동

자기-수치화/통제 행동은 가장 보편적인 대처와 자기-반응성의 개인적 패턴으로 볼 수 있다. 보통, 환자/내담자는 자신이 수치심의 메커니즘을 사용하여 반응하도록 하는 사랑의 위반을 경험한다. 개인은 자신이 사랑받지 못하고 쓸모없고 무가치하며 결손된 느낌을 가질 때, 전형적으로 자기규탄 및 자기 비난으로 자신을 수치화한다. 더 나아가 다소 우울하고 부정적이고 슬픔을 가눌 수 없게 된다.

또한 이러한 개인은 그들의 정체감의 결핍과 고통을 통제하기 위해 고통의 깊은 감정을 관리하는 또 다른 단계의 반응적 메커니즘을 찾는다. 수치심을 경험한 사람들은 종종 그들 자신 스스로에게 다음과 같은 반응성의 말을 하게 된다: "만일 내가 완벽하거나 또는 충분히 일을 잘 수행한다면 사람들은 나를 사랑하고 받아줄 것이다. 그리고 나는 내 자신이 사랑스럽다고 믿을 수 있을 것이다." 결과적으로, 이러한 통제 행동의 반응적 메커니즘을 가지게 되는 사람들은 대체로 인정, 완벽함, 또는 업적 및 성과를 증가하기 위해서 그들 자신을 힘들게 한다.

비록 이러한 형태의 통제자가 타인의 성과를 판단하거나 비판하는 것과 같은 수치심이 낳은 특성을 완전히 지니지는 않더라도, 자신의 업적과 성과는 통제한다. 수치심을 다루기 위해 행사하는 통제와 같은 종류의 대처는 두 가지 문제를 가진다. 첫째, 가치가 업적이나 성과에 기초한다면, 사람은 오직 자신의 마지막 업적이나 성과로 가치가 매겨진다. 즉, 사랑받지 못하거나 환영받지 못한다고 느끼는 사람은 현실의 진짜 문제를 다루려 하지 않는다. 대신 문제를 감추거나 완벽함, 업적, 성과 등을 통제하는 것에 의해서 자기 자신을 확신시키려고 노력한다. 만일 이러한 것들이 실패로 느껴진다면, 그 사람은 정확히 똑같은 고통의 일차적 감정으로 돌아가게 된다는 것을 의미한다. 수치자/통제자들은 이러한 곤경을 잘 알고 있다. 그래서 그들은 대개 업적 및 성과와 완벽함의 증가를 더욱더 추구한다. 이것들을 통해 그들의 수치심을 다루려고 노력하는 사람들은 예외 없이 두 번째 문제에 봉착하게 된다. 그 문제는 바로 더 많이 해야 한다는 욕구가 거대한 양의 불안정감과 두려움을 낳는다는 것이다. 다시 말해서, 더 크고 더 나은 것을 항상 더 많이 해야 한다는 것에 대한 불안정감뿐만 아니라 다른 사람들로부터 '사기꾼으로 적발되는'것에 대한 깊은 두려움이 생기게 된다는 것이다. 그들은 자신들이 사랑받지 못하고, 가치 없고, 결손되어 있다고 믿고 있다. 그런데 업적 또는 성과는 정체감에 대한 부정적 감각의 변화를 줄일 수 없다. 그리고 개인이 느끼고 있는 불안정감과 두려움은 그들에게는 정말로 실제적인 것이다. 그들은 다른 사람들이 그들이 실제로는 사랑받을 수 없고 가치가 없다는 것을 발견하는 것은 시간문제라고 믿는다. 이러한 불안정감과 두려움은 더 나아가 관계는 안전하지 않고 믿을 만한 가치가 없다고 느끼게 하는 또 다른 일차적 감정의 충동을 일으키게 될 것이다. 그림 3.3은 이러한 연속성에 대한 가능한 개인의 패턴의 과정을 보여준다. 그림 3.3에서 개인의 행동과 감정

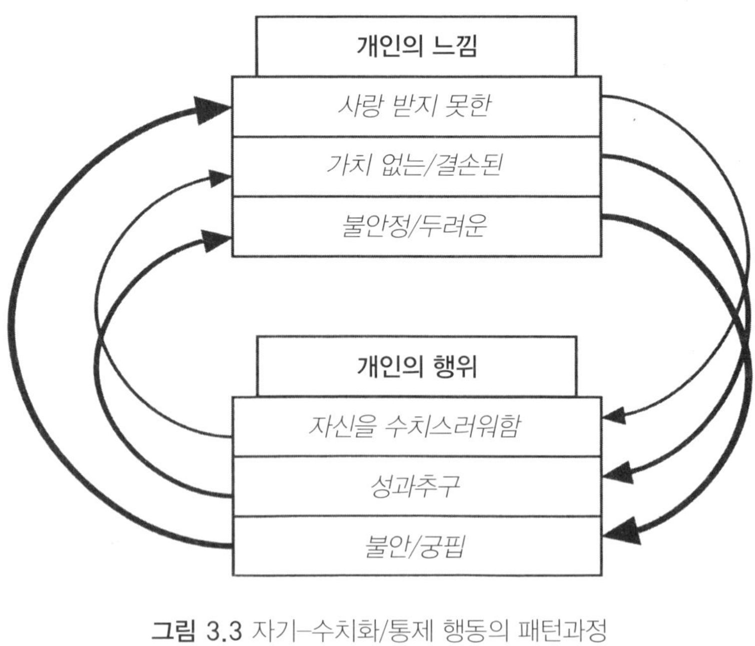

그림 3.3 자기-수치화/통제 행동의 패턴과정

들은 그것들이 심지어 이런 패턴 보다 더 복잡할 지라도 자기화답적인 면이 있다는 것을 보여준다. 즉, 개인은 자기-수치화와 통제 행동 및 감정을 사용해서 사랑받지 못한 느낌에 대처하려고 노력한다. 이러한 반응성과 대처의 조합을 사용하는 데 있어서 특정한 감정과 행동 형태에 다양성이 있을 것이다. 그러나 개인이 일차적 감정에서 자기-반응성의 특정한 대처 감정 및 행동으로 나아가는 과정과 순차적인 흐름(sequence)은 규명이 가능하다. 복원치료의 모델을 사용하는 치료사는 환자/내담자의 개인적인 패턴의 과정을 잘 따라갈 수 있도록 이러한 연속성의 순서들을 잘 이해하고 설명하는데 신중을 기울여야 할 것이다.

통제 행동/타인 비난

치료의 과정에서 종종 보는 또 하나의 패턴은 통제 행동/타인 비난이다. 이것은 관계에서 느끼는 불확실성과 정체감의 결핍에 대처하기 위한 개인의 또 다른 노력인 것이다. 그림 3.4는 이러한 형태의 패턴의 과정에 대한 예시이다. 이러한 대처를 사용하는 개인의 대부분은 관계적 신뢰에 대한 위반이나 배신의 깊은 감각으로부터 시작한다. 안전감의 결핍에 대한 일차적 감정에 대한 반응으로써 자신의 태도와 행동의 견지에서 통제적이고 완벽주의적인 방향으로 움직인다. 그러나 이러한 개인은 불가항력적이거나 또는 상대의 통제에 의해서 위협받는 그러한 환경이나 관계와 빠르게 만나게 된다. 이에 반응해서, 그들은 종종 매우 취약해지거나 통제력을 잃은 느낌을 보고한다. 그들은 자신의 권력(힘)에 한계가 있다고 알게 된 후에 보통

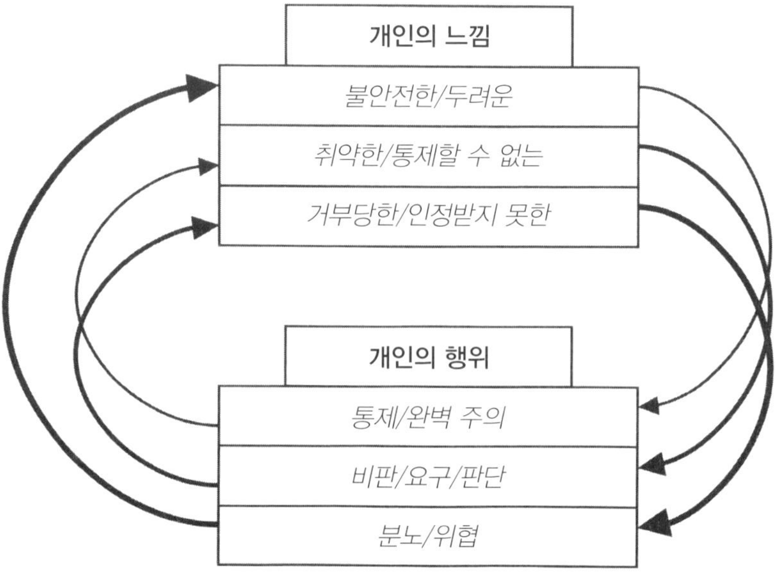

그림 3.4 통제 행동/타인 비난의 패턴과정

비판적이거나 요구적이 됨으로써 다른 사람을 통제하려 한다. 그리고 그것은 대개 판단적이고 성가신 잔소리를 하는 것으로 이어진다.

우리가 쉽게 상상할 수 있듯이, 이런 요구적이고 판단적인 행동은 직장 생활과 같은 상황이나 관계 속에 있는 사람들에게 정말 공평하지 못하다. 사람들은 자신들이 다소 부족하다는 상대방의 암시에 응답하지 않게 된다. 심지어 상대가 부정적으로 교정하려 드는 것에는 더욱더 응답하지 않게 된다. 이러한 무응답은 종종 통제자/비난자가 그림 3.4에서 보듯이 사랑의 결핍과 관련된 일차적 감정과 거부당하고 인정받지 못하고 있다는 감정들을 촉진한다. 많은 경우, 통제자/비난자들은 왜 사람들이 무응답으로 반응 하는지 이해할 수 없다며 그들은 단지 자신들의 의견을 말했을 뿐이며 또한 도움이 되고자 했다고 말한다. 그들은 보통 이러한 무응답의 행동에 대한 느낌을 자신들의 정체감에 대한 공격으로 경험한다. 바로 그 경험에서, 그들은 흔히 비난하는 행동을 하게 되고, 분노하고, 오만하고, 흠잡고, 공격적이고 위협적이 된다.

그러나 이런 비난하는 행동은 안전에 대한 일차적 감정의 위반을 아무것도 해결할 수 없다. 사실 이것은 사람들과 상황이 신뢰할 수 없고 위협적이고 안전하지 않다는 믿음을 더욱더 강화시킬 뿐이다. 그림 3.4는 이런 패턴이 개인 안에서 어떻게 구체화되는지에 대한 그림이다. 이러한 형태의 자기-반응성의 공통요소는 모든 상황을 통제하는 것이 불가능할 때 타인을 통제하는 것이고 종국적으로 타인을 비난하는 것이다.

자기-수치화/도피/혼란 행동

사랑과 신뢰의 두 경우, 모두에서 위반을 경험한 개인들에게서 우리가 보편적으로 볼 수 있는 패턴은 자기-수치화/도피/혼란 행동이다. 그 과정은 사랑받지 못하거나 안전하지 못하다는 느낌으로부터 시작되기 때문에, 느낌과 행동에 대한 연속성의 과정은 다소 호환가능하다. 그러나 자기-수치화/도피/혼란 행동에 대한 이 패턴은 종종 안정적이지 못하고 변덕스러우며, 위험한 행동으로 이어 질 수도 있다. 그림 3.5는 초기에 가치 없고 결손되어 있고 또는 수용될 수 없다고 느끼는 수치자/도피자에게서 일어나는 것을 설명해준다. 흔하게 일어나듯이, 개인은 부정적이고 우울로 표시되는 수치화 행동을 사용해 자기-반응성을 한다. 이러한 행동은 또한 무력감과 관계에서 상대의 기대에 부응할 수 없다는 무능력감을 자극시킨다. 여기

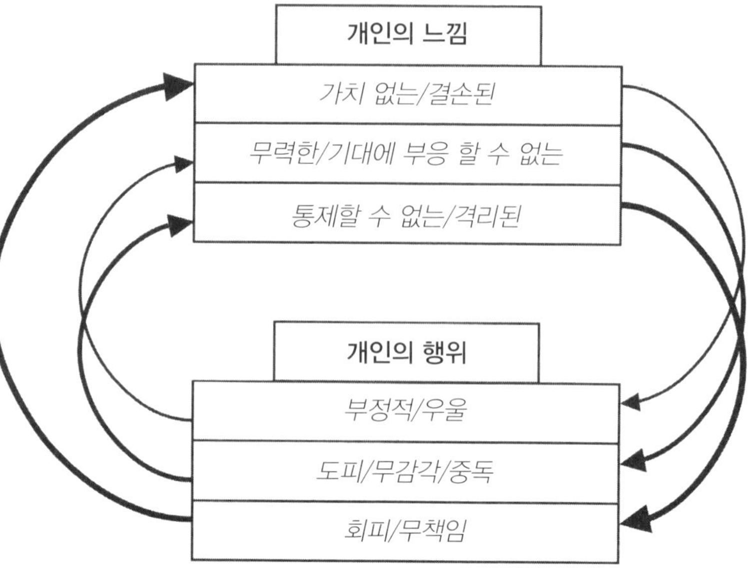

그림 3.5 자기-수치화/도피/혼란 행동의 패턴과정

서, 자기-반응성의 수치화 행동이 신뢰의 결핍에 대한 느낌과 관계에서 안전감이나 안정성에 대한 의문에 관련된 일차적 감정을 유발시키고 있다는 것을 주목하기 바란다. 수치자/도망자의 무기력감과 상대의 기대에 부응할 수 없고 상대를 충족시켜줄 수 없다는 무능력감 및 절망감의 일차적 감정은 종종 도피/혼란행동반응을 촉발하게 된다. 그림 3.5의 예시에서 보듯이, 개인은 감각을 무감각하게 하는 행동 또는 일종의 중독적인 행동(ex. 술, 약, 음란비디오 등)에 빠지면서 삶의 요구나 기대와 자신의 전반적인 "삶"으로부터 도피한다. 수치자/도피자는 현실의 문제를 다루는 것은 아니기에, 관계에서 책임이 없고 상황에서 불성실한 경향이 있다. 이것은 자신이 통제 불능이고 격리되어 단절되어 있다는 느낌을 자극한다. 그들은 자신들의 무책임을 직면하려는 대신에, 회피적(avoidant)이거나 철회의

행동을 하며, 관계에서는 더욱더 무책임하게 된다.

이러한 자기-반응성의 특별한 패턴은 두 가지의 잠재된 문제로, 빠르게 불안정으로 변하게 된다. 첫째, 행동과 물질을 사용해 자신의 감각을 무감각하게 하려는 사람은 그 행동과 물질의 중독에 놀랍도록 취약해진다. 중독은 신체적으로나 정신적으로나 개인을 집어삼키는 지독한 문제이다. 이러한 중독의 패턴과정에 대한 이슈가 성공적으로 짚어지기 이전에, 대개는 중독을 진정시키기 위한 특별한 치료가 요구된다. 둘째, 개인은 자기를 수치화하고 도피하려는 패턴 안에 있기에, 부정성과 우울감은 더욱 심각해질 수 있다. 모든 우울은 그 자체로 자신을 해치려는 가능성을 지니고 있다. 또한 수치자/도피자는 감정과 책임의 측면에서 나선형으로 하향하는 소용돌이의 악순환의 패턴을 지니고 있다. 자해(self-harm)하는 많은 수치자/도피자는 도피를 원할 뿐만 아니라 자신은 마땅히 처벌과 자해의 고통을 받을 만하다고 확신하고 있다.

자기-수치화/타인 비난/통제 행동/도피/혼란 행동

자기-수치화, 타인 비난, 통제 행동, 도피/혼란 자기-반응성 행동들은 치료사들이 환자/내담자들을 이해하고자 할 때 볼 수 있는 가장 보편적이고 흔한 패턴들이다. 그러나, 개인은 어떠한 자기-반응성과 대처행동의 조합이라도 가질 수 있다. 여기서 우리가 반드시 자세하게 이해해야만 하는 한 가지 패턴이 더 있다. 비록 그 패턴이 위에서 언급된 것들에 비해 덜 흔하긴 하지만, 이것은 치료사들이 파악하기에 특별히 혼란스럽고 어렵다. 이 패턴은 개인이 자기-

반응성의 모든 네 가지 유형에 연관되어있는 것이다. 그러한 패턴은 성적 혹은 신체적 학대, 범죄 행위의 피해자, 고의적인 상해 또는 방치와 같은 심각한 사랑과 신뢰의 위반을 겪었던 개인에게서 발견된다. 그림 3.6은 이러한 패턴의 과정에 대한 예시이다.

사랑과 신뢰에 대한 위반을 둘 다 경험한 개인 모두는 심각한 수준의 고통을 경험하게 된다. 개인이 사랑과 신뢰에 관련된 일차적 감정의 대부분의 영역에서 이러한 형태의 복잡한 고통을 느끼게 되어 모든 네 영역에서 자기-반응성을 사용해 대처를 해야 할 때, 그것은 진정 매우 압도적인 감정이 된다(Hargrave, 1994a). 이런 경우에는, 흔히 일차적 감정과 대처행동을 서로 구별하는 것이 거의 불가능해진다. 그리고 대부분 감정과 행동이 모순되고, 일정치 않은 것처럼 보인다. 그 결과, 이러한 광범위한 감정의 상처와 세 가지 혹은 네 가지 모두의 자기-반응성의 대처 행동을 경험한 개인을 종종 축 2(Axis Ⅱ)의 인격 장애로 진단하기도 한다.

그러나 이러한 형태의 감정과 행동을 경험한 사람들은 진단에 의해서 명명된 것이 곧 그들은 아닌 것이다. 그들은 심각한 양의 고통과 중요한 관계(대부분 주양육자) 속에서 심한 혼란을 겪은 사람들이다. 우리가 유기체적인 혹은 유전적인 인격 장애의 가능성을 배제할 수는 없다. 하지만 대부분의 임상결과는 이러한 장애가 사랑과 신뢰의 심각한 위반의 결과라는 것을 보여준다. 이러한 개인들은 참으로 혹독한 고통에 처한다. 치료사와 환자/내담자 모두가 이 위반을 이해하려고 노력하고 애써야 한다. 치료과정은 정체감과 안전감의 문제를 재조직하고, 권력의 안정적 사용을 위한 계획을 만들어내는 것을 시작해야하기 때문에 종종 느리고 힘들다.

다음의 사례에서 결혼을 두 번했던 23세의 싱글여성은 자신의 인

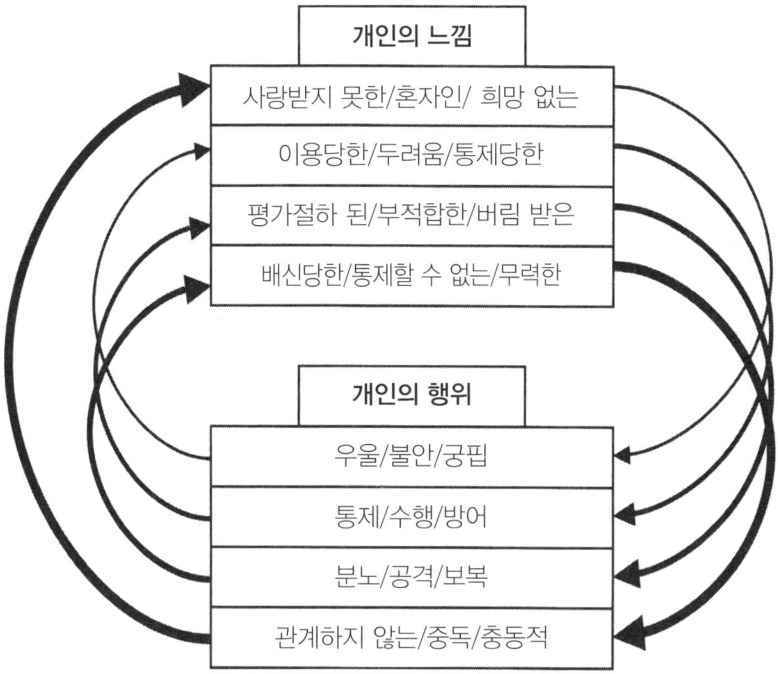

그림 3.6 네 가지 대처 행동의 패턴과정

생에 대하여 묘사하고 있다. 여기서 치료사는 그녀의 패턴과정의 세세한 부분을 볼 수 있을 것이다.

> 나는 지금 당신에게 말하면서 불안감에 압도되어 있어요. 당신은 나를 도울 수 있다고 생각하시나요? 그리고 나에 대한 희망이 조금이라도 보이시나요? 나는 셀 수 없을 만큼 여러 번 치료사들을 찾아다녔지만 치료는 항상 내게 도움이 안됐고, 그래서 그들은 저에 대한 치료를 끝냈죠. 제발, 제발, 당신은 무엇보다도 우선 내가 도움을 받을 수 있고, 그리고 당신이 나와의 치료를 끝까지 끝내지 않겠다고 말해주세요.

여기서 우리는 예전에 그녀가 치료과정에 대한 불안감과 두려움으로 치료사들과 상호작용을 했다는 것을 볼 수 있다. 그녀가 직접적으로 자신이 사랑받지 못하고, 혼자이고, 희망이 없다는 느낌을 말하고 있지는 않다. 하지만, 그녀가 치료사에게 지나치게 간절히 바라는(궁핍) 말 속에서, 그녀가 치료과정을 시작할 때 실제로 느꼈던 바로 그 감정들을 알아볼 수가 있다. 치료사가 즉시 그녀에게 다시 치료 작업을 할 수 있도록 충분히 안정된 환경을 만들어주겠다는 확신의 말을 건네자, 그녀의 감정적인 어조가 재빠르게 변했다.

> 내가 전에도 여러 번 그러한 말들을 들어봤다는 것을 당신이 아는 편이 나을 거예요. 부모, 친구, 남편, 치료사들까지 모두가 내게 나를 이해하고 내 옆에 있겠다고 말했었지요. 이제 나는 어떻게 내가 그들을 다시 믿을 수 있을지 모르겠어요. 당신만큼은 다르다는 것을 내가 믿도록 원한다면, 당신은 말로만이 아니라 당신의 행동으로 그걸 내게 보여주셔야 해요. 당신은 나의 이야기와 과거를 말하기 위해서 내가 당신을 믿을 수 있기를 원하지만, 당신이 먼저 나의 신뢰를 얻기 위해 노력해야 된다는 것을 아셔야 합니다.

치료사가 확신을 주는 말에, 이 여성이 어떻게 위협감과 불안전감을 느끼는지를 주목하라. 치료사의 말은 이 여성을 진정시키는 효과 대신에, 치료사가 너무 빨리 치료를 진행하여 그녀 자신을 통제하려 하고 있다는 느낌을 그녀가 느끼도록 했다. 이것은 그녀가 사랑받지 못했다는 감정에서 불안전을 느끼는 상황으로 초점을 이동하도록 하였다. 이러한 안전감의 결핍은 결국, 과거에 타인을 믿으면서 이용당하고 학대받았던 모든 감정들을 유발시킨다. 그녀의 반응성을 통해서 우리는 그녀가 치료사에게 자신의 이야기를 꺼내는 것을 시작하기 전에, 어떠한 기대를 가지고 있는지를 알아야 한다. 또한 치료사가 그녀에게 신뢰를 증명하는 방식이 통제 행동을 통해서 공격적으로 지시하고 있는 것은 아닌지를 매우 조심스럽게 관찰해야 한다. 그녀의 감정적인 변화와 반응에 놀란 치료사는 한 걸음 물러섰다. 그녀가 자신에 대해서 말하는 것에 대하여 그녀 스스로에게 맡길 것이고 치료사 자신은 그런 이야기를 하도록 그녀를 통제하거나 압박하지 않겠다고 말했다. 그녀에게 여유 공간을 준다는 것과 치료사의 진정한 경청에 관한 토의가 여러 번 충분히 있은 후, 그녀의 치료사와의 상호작용과 감정적인 어조는 또다시 재빠르게 변하였다.

> 오, 글쎄요, 그것은 단지 당신에게만 유리하게 될 뿐이라는 생각이 드네요. 내가 말하려고 하는 것은 내가 해야만 하는 이 치료 작업을 통해 당신이 내 옆에 있어주겠다는 것을 보여주었으면 하는 거예요. 그런데 당신은 내게 마치 '너 자신에 대한 주도권과 통제권을 가지고 있는 것은 바로 너야."라는 헛소리를 하고 있어요. 나는 치료사들의 이런 말에 진절머리가 나요. 당신들은 그렇게 말하도록 훈련되어 있나 보죠? 왜 나에게 정직하지 못하고 내게 믿을 만한 반응을 주지 않는 거죠? 그게 그렇게 어렵나요? 당신은 이 회기가 끝나면 당신의 부인, 아이들이 있는 집으로 갈 테죠. 그때 나는 어디로 가야 하나요? 나는 예전과 똑같이 고통에 질려있게 되겠죠. 그리고 그때 정말로 당신은 나를 돌볼 수도 없는 것이고…….

여기서 우리는 다시 그녀의 어조변화가 자신의 정체감의 위협에서 온 것임을 알 수 있다. 그녀는 이 회기에서 치료사가 그녀가 돌봄을 받고 있다는 느낌을 제공해 주기를 바라고 있다는 것을 볼 수 있다. 또한, 돌봄을 충분히 적합하게(adequately) 제공받지 못하고 있다고 느낄 때(부적합한 느낌), 그녀는 재빨리 타인을 비난하는 자기-반응성의 사각지대로 이동하고 있는 것을 볼 수 있다. 그녀는 치료사가 그녀를 돌보지 않을 뿐만 아니라 진실성이 없는 도움의 표현이라는 생각에서 분노하며 공격적으로 치료사를 비난하고 있는 것이다. 여기서 그녀는 본질적으로 치료사와 그의 전문성을 깎아 내리고 그의 정체감을 공격했다. 이때 치료사는 그녀가 공격에 대한 자신의 생각과 느낌을 그녀에게 솔직히 표현하고 반영했다. 그런 후 이 여성은 말을 계속하기는 했으나 약 10분이 지난 후, 그녀의 감정의 어조가 냉랭히 변하기 시작하면서 치료사와 점점 더 서먹서먹해지고 소원해졌다.

> 난 기분이 벌써 좋지 않네요. (눈길을 돌리며 바닥을 응시한다) 벌써 첫 회기에 내 자신을 잃어버린 것이 믿겨지지가 않아요. 아마도 내가 제정신이 아닌 것 같아요. (긴 침묵) 어떻게 당신이 나를 믿게 할 수 있을는지 정말 모르겠어요. 모든 것이 절망적이에요. (긴 침묵) 내가 지금 확실히 알 수 있는 것은 단 하나, 결국 나는 다시 또 예전처럼 홀로 남게 될 것이라는 것이죠.

여기서, 이 여성은 자신의 무력감과 통제 부족의 정점을 정면으로 느낀 것 같고, 심지어 치료사와 접촉하려는 어떠한 시도도 다시 할 수 없을 것 같아 보인다. 그녀가 말하는 중간에 취한 긴 침묵을 볼 때, 우리는 그러한 침묵을 철회, 무감각하게 마비시킴, 또는 치료 회기와 관계하지 않음으로 간주할 수 있다. 이러한 상태에서 결국 여성은 무엇을 하게 될까? 아마도 이러한 상태에서 그녀는 약물이나 충동적 행동을 통해 어떤 종류의 추가적 도피를 하려 할 것이다. 치료사로서 우리는 이 여성이 자신은 결국 미래에 홀로 남게 될 것이라고 말하는 것을 보는 것은 중요하다. 이것은 그녀가 이미 자신이 사랑받지 못하고 수용되지 못할 것이라고 생각하고 있다는 것을 보여주는 명백한 표시이다.

이 여성과의 대화에서 가장 놀라운 것들 중 하나는, 여성의 감정과 반응이 얼마나 빠르고 불규칙적으로 바뀌고 있는 지를 보는 것이다. 비록 이러한 감정들이 복잡하지만, 이러한 것들 모두는 그녀가 과거에 느꼈었던 정체감과 안전감의 문제, 즉 사랑과 신뢰의 기본적인 문제와 관련되어 있다. 복원치료 모델에서는, 개인의 과정과 관계에서 진행되는 문제들 상당수 모두가 이러한 기본 문제와 관련되어 있음을 본다. 우리는 복원치료 모델의 이러한 기본 틀이 치료사가 환자/내담자들을 이해하고 사정(assessment)하는데 매우 유용하다고 믿고 있다.

복원치료 모델은 환자/내담자에 대한 진단이 사랑과 신뢰, 고통의 맥락 안에서 이해되어지는 것이라면, 그 어떠한 진단도 반대하지는 않는다. 우리는 많은 기분장애가 자기-수치화의 자기-반응성과 환자/내담자의 정체감을 극복하려는 투쟁에서 발생한다고 믿고 있다. 이와 마찬가지로, 우리는 많은 불안장애와 섭식장애가 안전감, 신뢰, 그리고 정체감에 대한 문제와 더불어 자기-수치화 및 통제 행동에 관련된 자기-반응성의 문제를 가지고 있다는 것을 발견한다. 안전감에 대한 위협, 도피와 혼란에 관련된 자기-반응성은 약물과 관련된 장애, 해리장애, 충동조절 장애로 종종 진단되어 진다. 인격장애, 정신증적 장애, 그리고 많은 적응장애들이 사랑과 신뢰의 위반에 기원을 둘 수 있다. 또한 이런 장애들은 본 장(章)과 이전의 장에서 자세히 다루어진 권력 장애의 하나, 둘, 셋 혹은 네 가지로부터 오는 자기-반응성과 대처들을 가질 수 있다. 일부 사례에서, 환자/내담자들이 고통스런 감정과 행동의 완화를 원할 때, 진단은 그들을 위한 여러 형태의 치료를 위해 도움이 될 수 있다. 그러나 복원치료에 있어서 사정(assessment) 및 진단(diagnosis)은 그와 연관된 문제의 기원, 인간존재, 인간관계를 이해하는 것과도 관련되어 있음을 의미한다.

관계의 패턴과 과정

심리학에서 무의식과 과거의 욕구, 열망, 관계성 등을 충족하거나 수정하기 위한 관계들을 찾고자 하는 것에 많은 관심이 있어 왔다. 정신분석적 이론들과 대상관계의 개념들(i.e., Fairbairn, 1952; Scharff & Scharff, 1987); 내사(Kernberg, 1966); 전이(i.e., Bowen, 1978; Freud, 1905); 그리고 가족신화(Stierlin, 1977)와 같은 개념들이 그러한 경우이다. 이러한 이론들이 동기, 무의식적인 충동, 실감된(felt) 의무감 등의 측면에는 분명히 유효한 것이 사실이다. 그러나 우리는 복원치료 모델을 이해하는 것이 훨씬 더 유용함을 발견한다. 복원치료 모델에서는 개인들이 관계성을 추구하는 이유가 정체감과 안전감 및 신뢰의 방식으로 타인과 상호작용하는 방법에 대한 감각을 형성하는 것이 필수적이라는 기본 전제를 가지고 있다. 우리는 무의식적이든 무의식적이지 않든, 개인의 존재에 대한 감각은 관계에 의존한다는 것을 믿고 있다(Hargrave & Pfitzer, 2003).

개인은 자신의 양육자의 행동과 관계를 모방(mimic)해야 하기 때문에 관계를 추구하는 것이 아니다. 오히려 자신에게 정체감과 안전의 감각이 필요하기 때문에 모든 관계를 추구한다고 믿는다. 인간은 사랑을 추구하도록 되어 있고(Johnson, 2008), 그리고 신뢰, 균형, 정의, 충족이 있는 관계를 찾도록 되어있다(Hargrave & Pfitzer, 2003). 모든 관계는 이러한 특성을 지니고 있기 때문에, 깊고 중요한 관계에는 사실상 정체감과 안전감의 문제가 있게 될 것이다. 배우자와의 관계에서 충족되지 않고 만족되지 않는 욕구는 개인의 원 양육자로부터 충족되지 않고 만족되지 않은 욕구와 비슷하다. 그 이유는 개인의 무의식 때문이라기보다는 일반적으로 모든 관계가 사랑과 신뢰와 관련된 욕구를 드러내기 때문이다. 개인에게 결혼, 깊은 우정, 혹은 양육 관계 등에서와 같이, 한 개인에게 관계가 중요할 때마다 개인은 정체감과 안전감을 찾게 될 것이다. 그리고 과거로부터 만족되지 않고 충족되지 않은 문제들은 현재의 관계에서도 예민하게 받아들여질 것이다.

부모로부터 받지 못한 사랑과 양육을 자신의 배우자나 아이들로부터 찾으려는 것이 괜찮다고 말하는 것이 아니다. 그러나 과거 주변에 존재하던 일차적 감정이 일반적으로 현재의 주요 관계에서 떠오른다는 것을 말하고 있는 것이다. 개인이 과거의 관계에서 해결되지 못한 문제나 처리되지 않은 행동을 모방하는 관계들을 *선택*한다(예컨대, 남성이 그의 어머니와 같은 여자와 결혼을 하는 것) 라기보다는, 단순히 현재의 관계들이 해결되지 않거나 고통스러운 문제를 끄집어내는 경향이 있다는 것이다. 그 결과, 우리는 환자/내담자가 개인적 수준에서 겪는 과정과 패턴이 그 개인 자신의 관계에서 드러난다고 확실히 말할 수 있다. 관계가 강하면 강할수록, 개인의 과정과 패턴은 더 잘 드러날 것이다. 다시 말해, 관계의 강도가 높아질수록, 개인의 정체감과 안전감의 문제에 대한 이해와 대처의 방식은 수면위로 더 잘 떠오를 것이다.

앞서 말한 바와 같이, 양자(dyadic) 관계의 패턴에는 이전의 가족 및 체계 치료에서 규명된 보편적인 패턴이 있다. 이러한 체계적 관계에서 발견된 두 가지 형태의 패턴은 상보적 관계(complementary relationships)와 대칭적 관계(symmetrical relationships)이다. 상보적 관계에서, 배우자들의 패턴은 극단적으로 반대적인 성향이 있다. 예컨대, 한명이 지배적이면 한명은 순종적이고, 한명이 적극적이면 한명은 회피적이다. 이러한 형태의 관계에서 배우자 각각은 서로 상대와 다르게 느끼고 행동한다. 한명이 보다 더 적극적이면 상대는 보다 더 회피적으로 행동함으로써 이것이 비록 불만족스럽기는 하지만, 변화가 적기 때문에 관계는 안정적이 된다.

대칭적 관계에서 배우자들의 패턴은 같은 성향을 띈다. 예컨대 한명이 불만을 나타내면 상대 또한 불만을 나타내고, 한명이 통제를 하면 상대도 또한 통제를 한다. 이러한 관계에서, 배우자들은 같은 행동을 행하기 때문에 행동, 강도, 감정은 확대되고 증가된다.

상보적 관계는 관계성의 초점이 건설적이고, 적절하고, 사랑과 신뢰의 방향으로 향해 있을 경우 협업이 잘 될 수 있다. 예컨대 부모가 낙천적적이고, 충족되어 있으며, 자신들이 사랑받고 있는 존재로 느끼고 있다면 자녀를 사랑과 신뢰를 바탕으로 권위적이고, 지시적이고, 적극적인 관여의 태도로써 아이를 키울 수 있게 된다. 그러면 아이는 사랑받고, 능력 있고, 혼자가 아니라고 느끼게 되어 부모의 지시에 협력적이고 순종적이며 부모에게 친밀하고, 개방적이 될 가능성이 크다. 마찬가지로 대칭적인 관계에서도 강도와 고조의 초점이 사랑과 신뢰의 방향이라면 긍정적인 움직임과 결과를 낳을 수 있다. 예를 들어 서로가 서로에게 사랑을 보여주고 가치 있는 시간을 함께 보내려는 것에 관심이 많은 연인들을 상상해보자. 그들은 사랑과 관심을 지속적으로 강화시키는 선물, 대화, 행동을 호혜적으로 하게 될 것이다.

그러나 이러한 관계에서 정체감과 안전감에 관련된 의문이 생기면, 상보적 관계와 대칭적 관계 모두는 상대 배우자들을 좌절하게 하고 불안정하게 하여 자신들의 과거에 있었던 애정이 없고 신뢰가 없는 행동들을 강화하게 될 것이다. 요약하면, 행동에서 배우자 A가 상대배우자의 사랑과 안전에 대한 결핍의 느낌을 강화하게 되면, 그에 대한 상대 배우자의 자기-반응성은 배우자 A의 사랑과 안전에 대한 결핍의 느낌을 강화하게 된다. 상보적 관계이든 대칭적 관계이든 배우자들 사이에서 서로의 감정과 행동을 야기한다는 점에 있어서 확실히 그것은 주기적이다.

이러한 주기적인 패턴은 여러 접근에서 확인되어 왔다. 예를 들어, 통합적 행동 부부치료(integrative behavioral couple therapy)는 오랫동안 상호 강요의 패턴(Jacobson & Christensen, 1998)과 양극화의 패턴(Karney & Bradbury, 1995)을 인지해왔다. 정서중심 부부치료(Emotionally focused couple therapy)는 배우자들이 지속적으로 회피나 공격과 같은 학습된 행동으로 애착손상에 반응함으로써 유지되어 온 주된 문제의 경향성을 확인해왔다(Johnson, Makinen, & Millikan, 2001). 친밀한 관계성 기술의 실제적 적용(PAIRS® : Practical Application of Intimate Relationship Skills) 과 같은 심리 교육적 접근은 정서적 '무한 고리'를 통하여 관계의 주기적인 과정을 추적해왔다. 이러한 정서적 무한 고리에서 유발된 사건은 상대 배우자의 감정, 신념, 사건에 대한 부정적 행동을 활성화시키는 배우자의 행동을 초래한다(DeMaria & Hannah, 2003). 또한 국제결혼기구(National Institute of Marriage)도 이와 비슷한 주기를 사용하여 부부들이 정서적 두려움의 핵심을 규명하도록 돕는다. 여기서 배우자의 정서적 두려움은 상대 배우자를 향해 역기능적이고 손상을 주는 행동을 초래한다. 그 결과로 또한 상대 배우자의 두려움과 행동을 촉진시킨다(Smalley & Paul, 2006).

복원치료 모델은 개인이 관계에서 파괴적인 패턴을 이해하도록 돕기 위해 주기적 과정의 지식을 사용한다(Hargrave, 2010). 치료사는 개인의 패턴과 과정을 아는 것뿐만 아니라 관계의 맥락 안에서도 개인의 패턴과 과정을 아는 것이 중요하다. 이러한 방식으로 치료사는 정신내적(intrapsychic) 과정뿐만 아니라 정신간적(interpsychic) 혹은 체계적인 과정을 사정하고 치료할 수 있다. 이것은 매우 중요한 일인데 왜냐하면 관계에서 한 개인이 반응하는 방식은 환경이 변해도 상당히 일정하기 때문이다. 우리는 지금부터 이러한 주기적 패턴들이 문헌에서 규명된 여러 형태의 보편적 패턴들의 맥락 안에서 어떻게 작용하고 있는지를 설명하고자 한다.

다가가는 자/거리 두는 자 패턴

관계에서 주기적(cyclical) 패턴의 첫 번째 예시는 다가가는 자(추적자)/거리 두는 자 관계이다(Guerin, Fay, Burden, & Kautto, 1987). 이 패턴에서, 배우자들은 확연히 서로 다른 친밀한 욕구를 가지고 있다. 다가가는 자(P:Pursuer)는 보다 더 가깝고, 정서적으로 밀착된 관계를 원하는 반면 거리 두는 자(D:Distancer)는 보다 더 자율적이고 개별적인 관계를 원한다(Hargrave, 2010). 복원치료 모델에서는, P는 관계에서 사랑과 애정을 확신시켜주는 대상이 없이는 자신에 대한 일관된 감각을 갖는 것이 어렵다고 가정한다. 그림 3.7에서 보듯이, 개인은 자신이 사랑받지 못하거나 혼자라고 느끼면, 보다 많은 친밀감의 필요성을 얻기 위해서 상대 배우자를 조종하고 지나친 애정을 바라는 궁핍한 방식의 반응과 행동을 촉진할 수 있다. 물론, 이러한 반응성은 자기-수치화에 대한 대처행동으로부터 나오는 것이다.

이 예시에서 D는 P의 그러한 궁핍과 교묘하게 조종적인 대처방식의 결과로 불안전감을 느끼게 된다. 그리고 D는 자신의 어떠한 노력과 행동에도 P가 만족하지 못하고 있다는 느낌을 갖게 된다. 그래서 D는 P의 욕구를 충족시키는데 있어서 다소 무능력감을 느끼게 될 것이다. 그 결과, D는 도피/혼란 행동과 상대 배우자를 회피하기 위하여 철회로 자신의 이런 고통에 대처한다. D의 이런 행동 또한 P가 불안전감을 갖도록 만든다. 왜냐하면 P는 자신이 원하는 친밀감을 얻기 위해 환경을 통제할 수가 없게 되기 때문이다. P의 이러한 취약성은 P가 D에게 통제 행동을 하도록 만드는 충분한 고통을 야기한다. 그리하여 결국 P는 비판적이고 지나치게 요구적이 된다. 이러한 행동은 연속되는 부정적 주기를 촉진시켜 D가 자신이 부적합하고 존중받지 못한다고 느끼는 지점까지 가게 할 것이다. 부적합함과 존중받지 못함의 감정들은 D의 정체감과 관련되어 있다. 이 예시에서처럼 자기-수치화와 뿌루퉁하거나 쌜쭉하기 위한 철회적인 방식의 반응을 초래하는 것이다. 이러한 철회는 D가 자신이 사랑받고 있지 못하다는 감정을 자극하는 P의 행동인, 비판적이고 지나치게 요구적

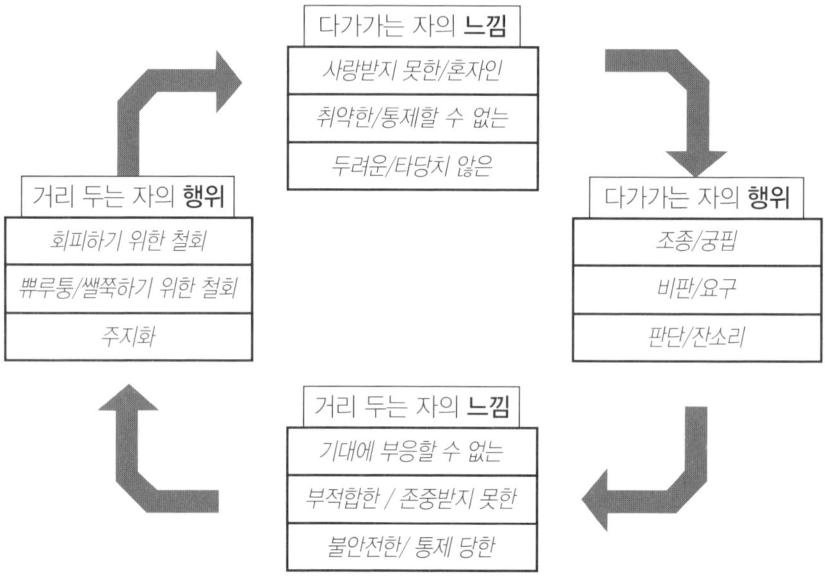

그림 3.7 다가가는 자/거리 두는 자 관계의 패턴과정

인 행동을 거두어들이기를 바라는 데서 오는 것이다.

그러나 P의 관점에서 그러한 철회는 배우자가 적극적으로 자신을 멀리 하는 것으로 해석되어 P에게는 더욱 위협과 고통이 될 수 있다. 그 결과, P는 두려움을 느끼게 되는데 왜냐하면 자신이 바라는 관계 맺기에 대한 무능력감과 관계의 주고-받기에서의 불일치로 인한 타당치 않은 불편한 느낌을 느끼게 되기 때문이다. 요약하면, 그 관계는 애정이 없을 뿐만 아니라 신뢰감도 없게 된다. 더욱더 가깝고 친밀한 관계성을 갖기를 바라면서 점점 더 다가갈 때, 이것은 더욱더 판단적이고 잔소리를 하게 되는 자기-반응성을 촉진하게 되는 것이다. 반면에, D는 P의 이와 같은 불합리하고 부담스러운 행동의 판단과 잔소리로 인하여 더욱더 안전에 대한 위협과 통제 당함을 느끼게 될 것이다. P에게 굴복하거나 철회하는 대신에, D는 주지화라는 통제 행동을 통해서 P의 판단하고 잔소리하는 행동의 불합리하고 잘못된 모든 면을 배우자에게 지적하려 들 것이다. 이러한 주지화가 그 자체로는 철회가 아니어도, 정서적으로 배우자를 온전히 고립시키는 하나의 방법이 되는 것이다. 이것은 또한 P에게 자신에 대해 작고 보잘 것이 없으며 초라하게 느끼게 한다. 이것은 다시 관계에서 사랑받지 못하고 혼자라는 느낌을 초래할 것이다.

이러한 순차적 흐름(sequence)은 하나의 예시라는 것을 기억하는 것이 중요하다. 실제에 있어서는 P와 D의 관계에 다양한 감정과 반응성의 조합이 있을 수 있다. 다른 어떤 상보적 관계에서와 마찬가지로, P가 더 다가가면 갈수록 D는 더욱더 거리를 두는 행동의 불만족스러운 패턴 성향이 있다(Guerin et al., 1987). 그러나 복원치료 모델에서는 추가적 이점이 있다. 그것은 P와 D, 둘 다 각자 상대방에 대해서 일련의 사랑과 신뢰의 부족 및 결핍으로 해석하여 경험하고 있는 감정이 존재한다는 것을 발견하는 것이다. 게다가 사랑과 신뢰에 대한 고통을 대처하거나 다루기 위한 자기-반응성 때문에 행해진 바로 그 행동이 상대배우자의 사랑과 신뢰를 위반하는 것으로 끝나게 된다는 것이다. 복원치료 모델에서 치료사는 행동 패턴뿐만 아니라 그 행동을 촉진하는 일차적 감정과 고통도 이해하는 것을 추구한다.

과기능 자/저기능 자 패턴

상보적인 과정과 패턴에 대한 유사한 예로, 그림 3.8이 예시하는 과기능 자/저기능 자(Overfunctioner/Underfunctioner) 패턴이 있다(Guerin et al. 1987). 복원치료의 관점에서, 이런 패턴의 종류는 안전감과 신뢰의 측면에서 위협을 받은 사람들에게서 볼 수 있는데 이들은 두 극단에서의 자기-반응성, 즉 통제 행동(과기능 자)과 도피/혼란 행동(저기능자)을 가지고 있다. 많은 경우에 이러한 패턴은 배우자들이 서로 다른 방식으로 행동하거나 또는 서로 다른 성격을 가지고 있기 때문에 발생한다. 우리는 이에 대한 이해가 배우자들 사이의 변화를 촉진하는 데 있어서 매우 도움이 된다는 것을 발견한다. 다음의 사례는 이러한 패턴에 고정 되어 서로의 행동에 대해 불평하는 33세의 남편과 아내에게서 발췌한 것이다. 아내는 다음과 같이 말하고 있다.

> 이 사람에게는 내가 요구하는 것을 하지 않는 분명한 이유가 있겠죠. 그러나 어느 시점에서 이 사람은 정말 내 배우자가 되는 것이 불가능한 것 같아요. 이 사람은 아무 것도 하지 않습니다. 내가 모든 것을 하죠. 그건 정말 불공평합니다. 남편이 나를 조금이라도 생각한다면, 내가 요구하는 것을 약간이라도 할 것입니다. 그러나 남편은 정말 아무것도 하지 않는 것으로 쭉 밀어붙이고 있습니다. 그게 그냥 이 사람의 천성일 수도 있겠지만 난 이제 이런 남편과 끝났습니다.

남편도 아내의 행동에 대해서 유사한 초점을 가지고 있다.

> 난 정말 당신이 모든 것을 너무 어렵게 만들고 있는 것이 이해가 안가. 모든 것이 당신의 방식대로 돼야 한다면, 나는 항상 바빠야 해. 내가 무엇을 할 때마다, 당신은 그것을 다시 해버리면서 나를 비판

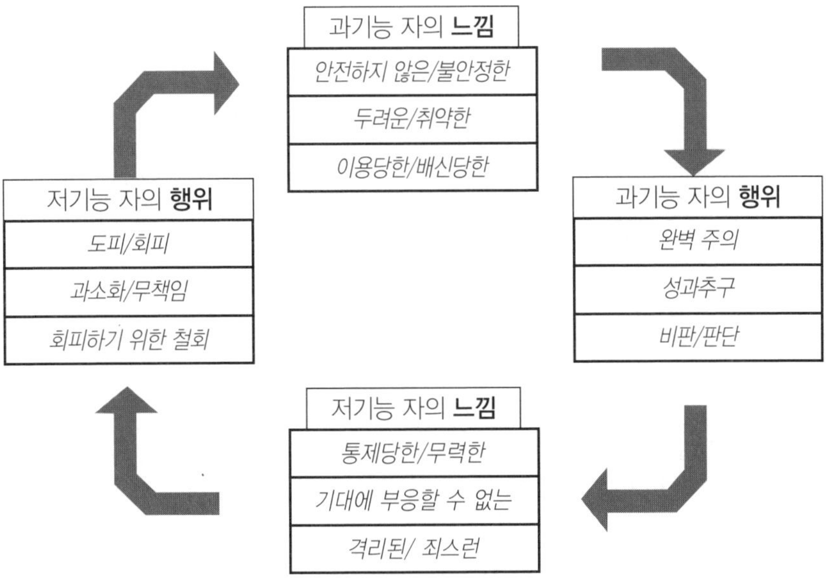

그림 3.8 과기능 자/저기능 자 관계의 패턴과정

> 하고 있어. 나도 당신이 말한 것처럼 똑같이 말할 수 있어. 당신이 나를 조금이라도 생각한다면 매일 나한테 무엇을 하라고 하는 것을 멈추고 좀 적게 요구 하게 될 거야. 나도 정말 이런 생활이 지긋지긋하고 힘들다고!

이 부부는 서로 상대의 행동이 자신들을 각각 힘들게 하고 있다고 말하고 있다. 아내(과기능 자)는 완벽주의적이고 성과추구적이며 남편이 자기 방식대로 일을 수행하지 않으면 비판적이고 판단적이 된다. 반면, 남편(저기능 자)은 회피적이고, 무책임하며, 아내와의 상호작용으로부터 철회하거나 도망간다. 치료사가 이러한 행동 뒤에 있는 일차적 감정을 논의하기 시작할 때, 과기능 자 와 저기능 자는 그들이 실제적으로는 공통적인 감정 기저(emotional ground)를 가지고 있다는 것을 현실적으로 깨닫기 시작했다. 아내는 두렵고, 취약하고, 그리고 남편과의 관계에서 이용당하고 있다고 느끼고 있었다. 즉, 그녀는 관계가 안전하지 않고 신뢰할 수 없다고 느꼈다. 마찬가지로, 남편은 아내로부터 통제당하는 느낌과 아내의 기대에 부응할 수 없고, 또 그렇게 할 수 없는 것에 대한 죄책감과 무력감 등을 느끼고 있었다. 그는 그의 노력이 정말 관계에서 신뢰, 균형, 그리고 안전성의 결과를 가져오게 될지에 대해 매우 의문스러워 했다. 또한 자신이 이러한 관계에서 안전하지 않음을 느끼고 있었다. 부부는 서로에게 안전하지 않은 환경을 제공하고 있는 것이다. 자신들이 진실로 제기되고 해결되기를 바라고 있는 바로 그 감정들을 확인해 주는 행동들과 자기-반응성을 실행하고 있는 것이다. 이 부부는 둘 다 그들 관계에서 안전 결핍의 감정을 공통적으로 느끼고 있다는 사실을 서로에게서 확인했을 때, 자신들의 관계에 대한 관점과 태도가 극적으로 변하기 시작했다. 다음은 이러한 변화에 대한 아내의 진술이다.

> 나는 정말 우리가 이렇게 똑같은 형태의 느낌을 느끼고 있었다고 생각해본 적이 한 번도 없습니다. 우리 둘 다 모두 좌절하고 있다는 것은 알고 있었지만, 둘 다 이렇게 안전하지 않다고 느끼고 있는 줄은 정말 몰랐어요. 우리는 항상 우리가 얼마나 다른지에 대해서 이야기했는데 생각했던 것만큼 우리가 많이 다르지 않네요. 누구나 안전한 것을 원하고 또 신뢰할 수 있는 그런 곳을 찾지요. 이 사실을 명심한다면, 우리의 관계는 좀 더 앞으로 전진 해 나갈 수 있을 것 같네요.

관계성에 대한 초점이 반응적 대처와 행동에 대한 관심에서 배우자들 각자가 실제로 무엇을 느끼고 있는지에 대한 관심으로 이동이 될 때, 여기서 실제적인 변화의 힘이 발생한다. 이것은 치료에 참여하는 환자/내담자뿐만 아니라 치료를 하고 있는 치료사에 대해서도 마찬가지이다. 치료사가 단지 환자/내담자의 반응적 대처와 행동에 집중할 때, 치료사는 자기-반응성의 행동을 촉진하는 일차적 감정들을 놓치게 된다. 결과적으로 환자/내담자를 효과적으로 사정하고 이해하고, 궁극적으로 개입 할 수 있는 엄청난 기회, 즉 골든 타임을 잃게 된다. 다가가는 자/거리 두는 자, 과기능 자/저기능 자 관계 패턴들과 비슷한 또 다른 상보적 관계는 경직/혼란(Rigid/Chaotic) 패턴(Olson & DeFrain, 1997)과 공격/회피(Aggressive/avoidant) 패턴(Kilmann & Thomas, 1975)이 있다.

비난 자/달래는 자 패턴

추가적으로 관계에서 또 다른 보편적인 패턴은 비난 자/달래는 자(Blamer/Placater) 패턴이다(Satir, Banmen, Gerber, & Gomori, 1991). 여기에서, 배우자는 일반적으로 정체감의 영역에서 압박감이나 고통을 느끼며 사랑을 받지 못하고 있다는 느낌을 받는다. 비난 자는 일반적으로 다른 사람을 비난하는 자기-반응성에 따라 작동을 하고 달래는 자는 자기-수치화 하는 것과 관련된 반응성과 대처를 하고 있다.

그림 3.9에서 예시하는 바와 같이 우리는 달래는 자와 비난 자,

모두 사랑을 받지 못하고 있다는 일차적 감정을 느끼고 있는 것을 발견한다. 구체적으로 비난 자는 자신이 중요하지 않고, 인정받지 못하고 혼자인 것 같은 느낌을 느낀다고 보고한다. 반면, 달래는 자는 가치 없고 평가절하 되고 낙담되며 희망이 없는 것과 같은 특정한 감정을 느낀다고 보고한다. 그러나, 자기-반응성의 견지에서 보면, 상보적인 유형이 발생하고 있다. 비난 자는 오만하고 분노하고 공격적이며, 달래는 자는 우울해 하고, 불안해하며, 궁핍하고(needy), 철회적이다. 이 패턴이 발달해감에 따라서 거의 항상 비난 자에 의해서 달래는 자에 대한 정서적 학대가 발생하게 된다. 그리고 많은 경우 신체적, 성적 폭력으로 발전하게 된다.

복원치료의 견지에서 볼 때 우리에게 가장 흥미로운 것은 치료상

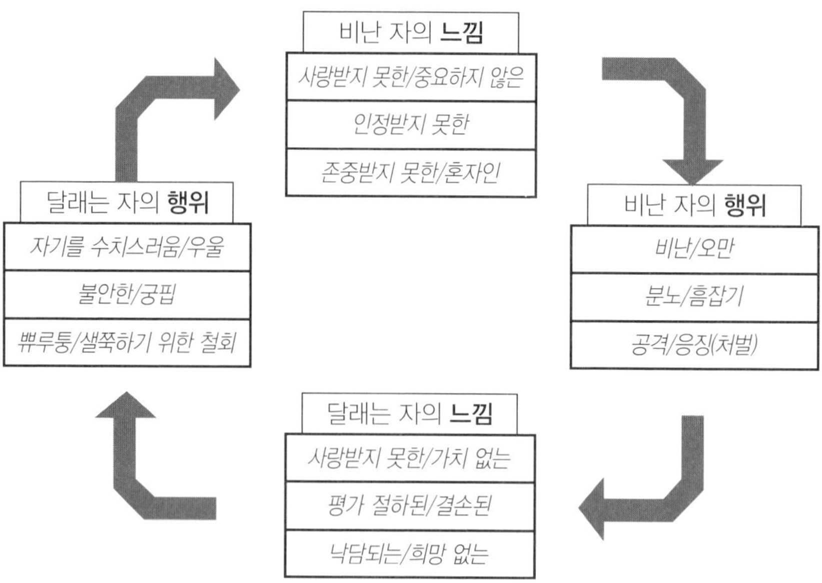

그림 3.9 비난 자/달래는 자 관계의 과정패턴

의 관점에서 이 패턴에 대한 공통적인 반응이다. 대부분의 치료사는 폭력중지 계약 및 안전 계획을 실행하여 달래는 자를 보호하는 입장을 취한다. 달래는 자를 보호하기 위해서 치료사가 이러한 조치를 취하는 것에는 확실히 찬성 하지만(Hargrave, 2000), 거기에는 또한 종종 비난 자에 대한 위협적인 처벌이 있을 수 있음을 지적하고자 한다. 그것은 마치 치료사들이 폭력 가해자에게 너무 민감해져서 가해자는 처벌 받아 마땅한 자들이라고 주장하는 것과 같이 되어 버릴 수가 있다. 폭력 가해자에 대해 몇몇 훌륭한 프로그램들이 존재한다. 그러나 대부분의 경우 이 프로그램들에 대한 내담자들의 참석은 법원명령이고, 처벌의 맥락 내에서 이러한 참석이 이루어진다. 우리도 분명히 폭력을 옹호하지 않기 때문에 이것이 다루기 쉬운 이슈가 아니라는 것을 알고 있다. 하지만, 정서적/신체적 가해 행동을 촉진하는 비난자의 일차적 감정은, 관계 안에서 상호작용하면서 달래는 자가 느끼고 있는 감정과 같은 감정이라는 것은 매우 중요한 일이다. 우리는 종종 치료사가 치료적 개입에 있어서 달래는 자와는 잘 유대하고 있는 반면, 비난 자에 대해서는 적절한 공감의 개입을 잘 하지 못하고 있음을 발견한다. 다시 말해, 비난 자와 달래는 자, 모두가 정체감과 사랑의 문제와 직결된 고통에 의해 충동되어질 수 있다는 것을 명심해야 한다. 복원치료 모델에서는 최소한, 일반적으로는 비난자, 특정적으로는 정서적/신체적 폭력의 가해자들에게 보다 더 나은 이해, 연대, 공감, 그리고 개입을 제공하는 것을 격려하고 지지한다.

대칭 또는 고조 패턴(Escalating Patterns)

언급한 바와 같이, 관계 속에 있는 대칭 패턴은 빠르게 악화되는 경향이 있다. 왜냐하면 관계 속에 있는 배우자들은 일차적 감정에 동일한 상처의 유형을 가질 뿐만 아니라, 같은 유형의 자기-반응성을 갖기 때문이다. 만약 부부가 서로 강렬하게 비난하는 사이라면, 그 둘은 서로 사랑받지 못하며 혼자라는 느낌을 받는다. 결과적으로 그들은 비난하는 행동을 악화시키고, 공격, 위협, 보복의 수준은 점점 더 위험해 질 것이다. 만약 그 둘이 수치자라면, 그들은 서로 사랑받지 못하고 환영받지 못하며 상대에게 필요치 않은 느낌을 느끼게 된다. 그리고 그들의 서로에 대한 반응성은 매우 큰 수준의 우울, 부정적, 궁핍(neediness), 조종으로 고조될 것이다. 간단히 말해서, 이런 관계유형에서 종종 누가 더 많이 상처받는 사람인지 알아내는 것은 힘들다. 또 다른 대칭 패턴에서, 만약 부부가 도피/혼란 행동을 하고 있다면, 그들은 철회하고, 고립하고 서로를 피하며 기능적으로 둘의 관계에는 어떠한 관계도 맺지 않게 될 것이다.

그림 3.10은 두 사람(모두 통제자들) 사이에서 일어나고 있는 대칭적 패턴의 상호작용을 보여주고 있다. 이러한 패턴은 결혼관계에서부터 직업관계에 이르기까지 그 어느 형태의 관계에서도 찾아 볼 수 있다. 그러나 다음 사례에서 소개되는 엄마와 청소년의 아들(엄마가 시키는 대로 하지 않고 가족에게도 협력적이지 않은 아들)이 그 대표적인 관계라 할 수 있다. 이 사례에서, 우리는 이 모자가 어떻게 상호작용 하고 있는지, 서로의 행동이 어떻게 상대의 안전에 대한 결핍과 두려움의 감정을 부추기는지 관찰할 수 있다.

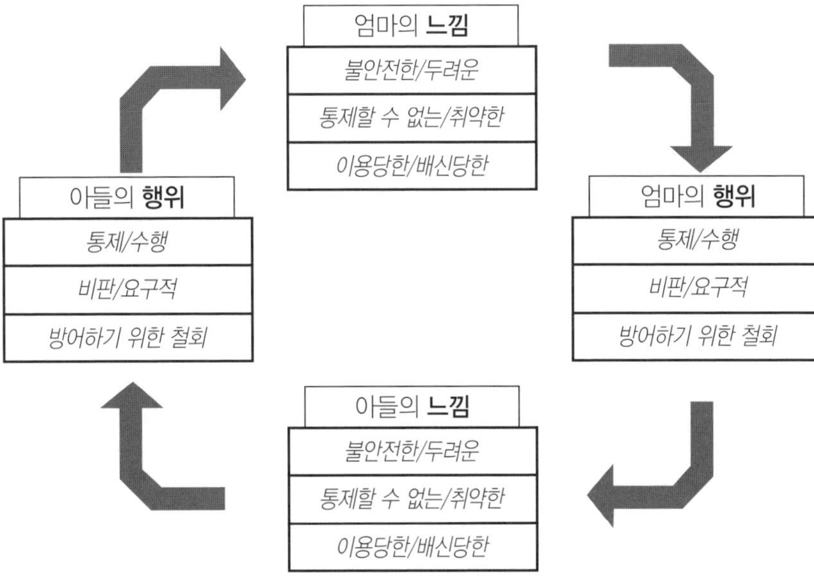

그림 3.10 대칭 관계의 패턴과정

엄 마: 너는 내가 얼마나 네 삶에 대해서 두렵고 걱정이 되는지 모를 거야. 너는 내가 잔소리 좀 그만 하고 네 일에 간섭하지 말고 내 일에만 신경을 썼으면 하고 바라겠지만, 난 네 엄마야. 그래서 나의 가장 큰 관심사는 너인 거야.

아 들: (불신감으로 엄마를 바라보며) 정말 놀랍네요. 엄마는 내가 어떤 사람인지 관심도 없고, 내가 진정 내 삶에서 무엇을 원하는지 아무 생각도 없는 사람인 줄 알았는데……. 엄마는 끊임없이 나의 학교 일, 내 친구, 내 옷, 내 방, 내 모든 것들에 대해 잔소리만 하죠. 엄마는 정작 내가 관심을 갖고 전념하려고 하는 것들에 대해서 내가 얼마나 열심히 하고 있는지는 잘 모르고 있어요.

엄 마: (매우 빈정대며) 네 컴퓨터? 게임하는 거? 그게 네 생활의 전부잖아!

아 들: 엄마는 엄마가 원하는 것만 중요하고, 내가 짠 프로그램이나 구성한 팀들은 무시하죠. 엄마가 해놓은 것만 따르기를 원하죠. 나는 이제 확실히 말할 수 있어요. 엄마는 집을 모두 관리하고, 잔소리하고, 나에게 불평하고, 그리고 나를 여기(치료실)로 끌고 온 것도 엄마가 원하는 삶을 내가 원치 않기 때문이죠.

엄 마: 그래서, 네가 나에게 말하고 싶은게 고작 그거니? 나는 단지 너에게 안정된 삶을 구축할 수 있는 기반을 닦아 주려고 열심히 노력하고 있어. 그런데 내가 얻은 게 뭐니? 넌 나를 공격하고 비판하고 있잖아.

아 들: (목청을 높이고 팔을 휘두르며) 그래서 지금 나한테 뭐하려고 하는 거예요? 나는 정말 내 재능을 가지고 친구들과 함께 무언가를 창조하려고 노력해 왔어요. 하지만, 엄마가 본 것은 엄마가 원하는 것을 내가 하고 있지 않다는 것이죠.

이 모자는 이렇게 말을 나눈 뒤, 아무 말도 없는 긴 침묵으로 들어갔다. 둘 다 이제 더 이상 대화가 소용없다는 것을 느끼고 철회의 방어 태세로 들어간 것이다. 대칭구조는 대부분 질풍의 강렬한 강도의 감정과 상호간 철회가 단계적으로 고조되는 형태를 갖는다. 이러한 대칭관계에서의 강렬함의 강도는 위의 사례에서처럼 다소 가벼울 수도 있고, 점점 더 공격적이고 폭력적인 배우자 사이에서는 매우 심각할 수도 있다. 이러한 다양성은 상호 철회의 기간 속에서도 찾아 볼 수 있다. 서로를 통제하는 전투에 들어가기 위해 취하는 통제자들의 몇 분 동안의 침묵과 철회는, 며칠, 몇 주 동안 서로를 멀리하는 침묵과 철회보다는 상대적으로 짧을 수 있다. 비난, 자기-수치화 통제, 도피/혼란 등과 같은 특정한 패턴은 매우 다양하지만, 대칭패턴의 특성들은 똑같은 형태의 결과를 생성하는 경향이 있다. 즉, 배우자들은 고조되어 악화되는 행동 때문에 둘 다 사랑과 신뢰의 비슷한 위반의 감정을 느끼게 될 것이다.

패턴의 과정에 대한 최종 언급

궁극적으로 인간은 대단히 매혹적인 존재다. 우리는 우리 자신의 내부에서 사랑과 신뢰에 대한 자신의 사고, 감정 및 행위들을 자신과 즉시 체계적으로 교류할 수 있다. 심지어 훨씬 더 복잡한 수준의 상호작용에서도, 우리는 이러한 사랑, 신뢰, 감정, 그리고 행위들에 대한 개념들을 같은 과정으로 다른 사람들과 체계적으로 상호작용 할 수 있어서 서로에게 영향을 미치게 된다. 이러한 수준들은 가정이나, 사회연결망, 그리고 사회 전반에서 일어나고 있는 많은 관계 속에서도 계속 이어질 수 있다. 하지만, 수준의 복잡성과 상관없이 개인적, 관계적, 사회적으로 우리가 선택하는 패턴의 과정에는 일관된 상호작용이 있다. 사랑과 신뢰는 빈 공간의 상태에서 일어나지 않는다. 그들은 내부적이고 관계적인 패턴과 과정의 결과로써 발생한다. 복원치료사가 이러한 패턴의 과정들에 대해서 보다 더 깊은 이해를 하게 된다면 개개인들과 패턴들에 대한 변화와 개입에 보다 더 나은 권위를 가지게 될 것이다.

제Ⅱ부

복원치료

복원치료의 치료 작업

제4장

현명한 치료사 되기

도입

우리들 대부분은 미국 혁명 중 펜실베이니아의 포지(Forge) 계곡에서 조지 워싱턴이 보낸 혹독한 겨울에 대한 이야기를 알고 있다. 병력은 싸울 준비가 된 활기 넘치는 전사 4만 명에서 이질과 쇠약으로 헐벗고 굶주리고 병이 들어 약 8천 명의 군사로 줄어들었다. 워싱턴은 전투자(fighting man)였다. 그는 겨울이 끝나가고 있는 이 전쟁 초창기의 시점에서 영국군을 크게 무찌를 한 방의 공격이 필요함을 느꼈다. 그는 먼저 뉴욕을 친 다음 필라델피아를 공격할 생각이었다. 그러나 워싱턴은 오합지졸의 무리를 보면서 그가 할 수 있는 것은 단지 후퇴와 다음에 싸울 기회를 기다리는 것 뿐이라는 것을 깨달았다. 그와 그의 군대가 방어수비 작전을 고수하고 지원군을 기다리며 병력이 회복될 날만을 기다리면서, 1778년 봄에 포지계곡을 나와 행군해야 한다는 것이 정말 낙담되는 나날들이었다. 그리고 영국군과 대전할 수 있을 만큼 병력이 회복되는 것은 몇 달, 며칠의 시간만으로 해결될 문제는 아니었다. 사실 워싱턴의 군대는 5년이 넘는 싸움 동안 많은 시간을 유리한 기회만을 기다리며 방어적인 전투에 시간을 소비해왔다.

이 시기는 낙담되고 승리의 가능성이 희박해 보이는 나날이었다.

하지만, 대부분의 역사가들은 워싱턴이 공격하지 않은 것이 미국을 독립으로 이끈 전략상 중요한 결정이었다고 입을 모은다. 다시 말해, 워싱턴이 군대를 잃지 않는 한, 결국에는 영국군을 무찌를 수 있었던 것이다. 영국군은 엄청난 재정적, 정서적 손실로 인해 외곽을 장악할만한 충분한 병력을 소집하지 못했다. 결과적으로, 워싱턴이 전쟁에서 승리할 수 있는 유일한 방법은 자신의 군사를 유지시키기 위해 필요한 것은 무엇이든 하기로 결정한 것이었다.

우리는 치료사로서 환자/내담자들과 작업할 때 워싱턴의 경험과 비슷한 경험을 종종 하게 된다. 환자/내담자들은 대개 정서적 고통과 때때로 엉망진창인 관계 문제를 가지고 우리를 찾아온다. 그들이 전과 다르게 생각하고 살기 위해서 애쓰고 노력하는 동안 우리는 경청하고, 공감하고, 제안하고, 개입한다. 그러나 이러한 과정은 때로 한 걸음 전진하면 두 걸음 물러서는 느리고 지치는 과정이다. 환자/내담자들은 종종 그들이 여태껏 해 온 모든 작업과 노력이 그들 자신의 문제나 관계에서 별다른 큰 변화를 가져오지 못하는 것에 지쳐서 치료 작업에 싫증을 내기도 한다. 치료 전문가로서 이런 과정을 계속 겪으면, 우리 또한 같은 말을 계속 반복하고 있는 우리 자신을 발견하는 것에 지쳐간다. 도대체 왜 환자/내담자들이 그들의 감정과 행동이 자신들과 다른 사람들에게 해를 끼친다는 것을 명백히 알면서도, 그것들을 고치지 못하고 있는 건가라는 의문을 제기하게 된다. 워싱턴처럼, 지쳐 싫증나는 것이 너무 지겨워서 전략상 중요한 한 방을 날리고 싶거나 또 다른 결정을 하고 싶을 때가 있다. 환자/내담자를 한 방에 변화시키거나, 차라리 그 사람이 저항이나 비협조적이라는 이유로 치료실에서 나가게 하는 것 말이다. 이것은 근본적으로 환자/내담자를 단번에 고치려고 하거나 아니면 그러한 치료적 관계의 고통에서 벗어나려 하는 것이다.

모든 치료사들은 치료 작업을 하면서 특정한 환자/내담자들에게 이와 같은 감정을 느끼게 된다. 우리의 환자/내담자들 중 많은 이들도 역시 우리와 같은 심정일 것이다. 그러나 워싱턴의 이야기 속에 깊게 자리 잡고 있는 교훈이 하나 있다. 사실은 우리가 맡은 상당수의 치료 과정 속에는, 전략적인 '승리'와 '패배'라는 것은 포함되어 있지 않다. 단지 우리는 계속해서 변화하고 성장하며 적응하기 위한 노력을 시행하고 있을 뿐이다. 이것은 '번지르르'하거나 극적인 기법을 사용하는 것이 아니다. 사실상 이것은 치료사가 환자/내담자들의 삶의 모든 기복과 노력 가운데서 변화와 성장의 기회를 잃지 않고 유지한다면, 그들의 치료 과정 속에서 중요한 변화와 행동수정을 이뤄낼 것이라는 것이다. 하지만, 그렇게 되기 위해서 치료사로서의 당신은 '결정적인 한 방'을 쓰고 싶은 유혹을 이겨내야 한다. 당신은 워싱턴처럼, 개인이나 관계에 있어서 패배하거나 끝이 나는 유일한 방법은 당신이 절망해서 포기하거나 타이밍을 잘 맞추지 못하고, 일을 일사천리로 해결하려고 할 때라는 것을 명심해야 한다. 이것은 모든 치료가 꼭 장기전이 될 것이라는 것을 의미하는 것이 아니다. 분명 당신이 하는 대부분의 치료가 명백하고 눈부신 성공을 가져오지는 않을 것을 의미한다. 이것은 좀 더 의미 있는 진전을 이루기 위하여 작은 개선과 기회를 찾는 과정이다. 그리고 진전이 보일 때 개선된 것을 강화시키고 앞으로 나아갈 방법을 찾는 것이다. 요컨대, 현명한 치료사가 되는 것은 전투를 이기는 것보다는 계속 유지(hold on)하는 법을 배우는 것을 의미한다. 그와 같은 치료사가 되는 방법을 배우는 것이 이번 장(章)의 주제이다.

왜 치료받으러 오나?

치료사로서 우리 모두는 환자/내담자들에게 그들 자신들의 문제에 대한 개념화에 관해서 직접적으로 묻고, 그 질문의 대답에 가장 가까운 것을 기록하는 훈련을 받아왔다. 이 여러 가지 진술 및 대답은 확실히 치료 과정에서 효과적인 치료 방법을 찾고 치료 결과를 증진하는데 매우 중요한 포인트가 된다. 그러나 치료사가 환자/내담자들이 치료를 받으러 오는 이유가 무엇인지를 신중히 고려하지 않고 중요시하지 않는다면, 그들을 잘못된 치료 결과로 이끌 수 있다. 요약하자면, 우리가 잘못된 이슈를 작업하게 되면 치료에 차질이 생기게 된다는 것이다.

문제 해결

많은 사람들은 '술을 끊고 싶다.' 또는 '그만 불안하고 싶다.'와 같은 삶의 고통을 초래하는 문제를 해결하고 싶어 치료에 온다. 우리는 해결중심치료의 출현을 보기까지 충분한 시간을 가졌다(de Shazer, S. (1985, 1988; O'Hanlon, & Weiner-Davis, 1989). 치료에서의 '혁명'은 사실상 문제가 존재하지 않을 때의 '예외' 에 초점을 두는 것이었다. 해결중심 치료사가 아니더라도, 때로 그러한 방법을 사용하고 환자/내담자가 해결하고자 하는 문제를 다루기 위해서 그와 같은 질문을 하는 것은 매우 가치가 있다.

빌 오한런(Bill O'Hanlon)이 그의 워크숍에서 다음과 같은 내용을 언급했던 적이 있었다(Hargrave, & Pfitzer, 2003).

이 이야기는 한 남자가 공항에 도착해서 호텔로 가고자 교통편이 필요한 것에 관한 이야기다. 그는 안내소로 가서 한 직원에게 "나는 호텔로 가야한다."고 말하면서 도움을 요청했다. 직원은 "예, 도와드리겠습니다. 그런데 먼저 당신이 어디서 왔는지 말씀해 주십시오."라고 말했다. 이 말에 남자는 당황스럽고 짜증이 나서 "어떤 특별한 주에서 왔죠."라고만 응답했다. 그는 이것이 그가 호텔에 도착하는 것과 도대체 무슨 관련이 있다는 것인지 이해할 수가 없었기 때문이다. 그러자 직원이 "잠시만요."라고 말한 후, "이제는 당신의 가족에 대해서 말해 주세요."라고 말했을 때, 그는 더욱 기분이 나빠져서, "내가 알고 싶은 것은 단지 내가 호텔에 어떻게 가야 하는 것뿐이오. 당신이 정말 날 도와줄 수는 있는 겁니까?"라고 소리쳤다. 그러자 직원은 심히 놀란 표정으로 말했다. "물론 나는 당신을 돕기 위한 가장 좋은 방법과 가능한 해결책을 찾고자 노력하고 있는 중입니다. 그런데 당신이 내게 얼마나 저항적인지 알고 계십니까? 당신과 내가 이점을 좀 더 깊이 살펴봐야 할 것 같군요."

오한런의 포인트는 잘 지적되었다. 때로 사람들은 치료과정에서 문제해결을 찾기 위한 도움과 방향성만을 필요로 할 때가 있는 것이다. 또한 사람들이 치료를 받으러 올 때 그들 자신들이 이미 문제에 대한 해결책을 알고 있는 경우도 많다. 예를 들어서, 치료를 받으러 와서 술을 끊고 싶어 하는 사람은 자신을 위한 해결책이 실제로 술을 끊는 것이라는 것을 잘 알고 있다. 또한, 그만 불안해하고 싶어 하는 사람들도 실제로 문제에 대한 해결책은 긴장을 푸는 것이라는 것을 너무도 잘 알고 있다. 정말로, 우리가 만난 대부분의 환자/내담자들은 그들의 문제에 대한 명백한 해결책을 알고 시도했으나 대부분이 형편없이 실패했다. 우리가 그들에게 해결책을 제공한다는 것은 그들이 이미 시도했지만, 성공하지 못한 해결책을 보여주는 것일 수도 있다. 오한런의 이야기를 수정하여 이에 대한 예를 들어보자. 이 남자가 안내소에 가서 직원에게 도움을 요청했을 때 직원이 "당신은 택시를 타고 갈 수 있다."라고 말할 수 있다. 남자가 "나는 택시 운전기사는 불편하다. 그들은 나를 잘못되거나 위험한 방향으로 데려 갈 수도 있기 때문이다."라고 대답하면, 직원은 그에게 "당신은 버스를 타고 갈 수 있다."라고 말할 수 있다. 만일 남자가 불만스럽게 "나는 내가 모르는 사람들과 같이 탈 수 없다."고 말한다면, 마지막으로 직원은 "만일 당신이 택시나 버스를 탈 수 없다면, 걸어갈 수 있다고 생각한다."고 했다고 하자. 이 부분에서, 남자가 화가 나서 "그게 당신이 나에게 줄 수 있는 가장 최선의 해결책이란 말이요? 그건 너무 멀어서 내가 걸어갈 수가 없단 말이요."라고 말하며 해결책에 대해 분노했을 때, 현명한 직원이라면 이 남자에게 "당신이 어디에서 왔는지 말해 주십시오."라고 물었을 것이다.

흔히 환자/내담자가 단지 자신들이 시도했던, 실패한 해결책이라는 이유만으로 해결책을 거절하는 것은 아니다. 그러므로 훌륭한 치료는 사람들의 문제에 대한 해결책을 찾아 주거나 많이 제안하는 것이 아니다. 현명한 치료사에 의한 훌륭한 치료는 문제에 대한 해결책을 가지고 왜 성공할 수 없었는지에 대한 이유를 발견해 내는 것이다. 환자/내담자와 같이 고군분투하는 대부분의 치료사들은 환자/내담자가 이미 알고 있는 명백한 제시나 해결책에 너무 집중해왔다. 환자/내담자가 해결책이나 제안에 대해서 반응하지 않을 때, 치료사는 재빨리 또 다른 해결책이나 특정 기술을 제시한다. 그 중 하나가 적용되지 않을 때, 치료사는 또 다른 해결책과 제시에 더욱더 집중한다. 만약 명백한 어떤 해결책이 작동되지 않는다면, 대부분의 경우에 그것은 환자/내담자 내면의 깊은 어떤 것이 그들의 일차적 감정에 갇혀있다는 것을 나타낸다. 종종, 문제를 빨리 해결하길 원하는 환자/내담자는 즉각적으로 그들의 내면을 드러내기를 원하지 않을 것이다. 그렇기 때문에 치료사는 어떻게 정체감과 안전감의 문제가 환자/내담자의 행동에 영향을 미칠 수 있는지의 이해에 대한 명확한 방향성을 갖고 있어야 한다. 또한 이 문제를 일관성 있고 재빠르게 설명할 수 있는 능력을 갖추는 것이 매우 중요하다. 사람들이 이미 알고는 있으나 어떤 이유에서인지 스스로 할 수가 없는 해결책을 가지고 성공하는 법을 습득하도록 돕는 것이 치료의 예술인 것이다.

현명한 치료사는 어떻게 해야 할지 아는 것과 알지만 할 수 없는 것 사이에 왠지 모르게 잡혀있는 그 문제를 해결하기 위해서 찾아오는 환자/내담자들로부터 배운다. 환자/내담자의 역사와 '그것들이 어디로부터 왔는지'에 대한 그러한 시각들을 드러내는 것이 종종 환자/내담자를 그들 자신들의 불일치(incongruence)의 덫에서 탈출시키고 벗어날 수 있도록 도와줄 수 있는 답이 된다.

다른 사람의 변화

많은 환자/내담자들은 자신이 아닌 다른 사람(someone else)을 변화시키고 싶은 목적으로 치료실에 온다. 이런 치료를 구하는 근본적인 이유는 내가 아닌 다른 사람의 행동이 달라져서 자신과 괜찮아지거나 그 관계에서 자신의 안전감에 도움이 되기 때문이다. 때로, 이것은 사실이며 이는 순수한 의도에 근거하고 있다. 예를 들어 이러한 경우는, 자신의 한계 내에서 최선을 다해 양육하고 있는 부모가 해결할 수 없는 자녀의 행동문제와 마주칠 때이다. 또한, 여러 번의 부정행위를 한 배우자와 살고 있는 사람이 그 배우자의 지속적인 지각없는 부정행위를 마주할 때이다. 이 두 경우 모두, 다른 사람의 변화를 갈망하여 치료를 찾는 것은 순수한 의미이며 합리적인 근거가 있다고 생각되어 진다. 그러나 불행하게도 이것은, 여러 가지 이유로 성공적인 치료적 관계에 들어가는 것을 실제적으로 어렵게 만든다.

첫째, 다른 사람의 변화를 원하는 사람은 그 문제의 대부분을 지배하는 자신의 커다란 문제를 간과하기 쉽다. 우리는 수년 동안 체계 치료사로부터 징후(symptomology)와 문제는 대부분 한 사람에게 속하지 않고 관계 및 체계에 내재되어 있다(i.e., Haley, 1987, Madanes, 1984; Minuchin, 1974)는 것을 배워왔다. 미누친과 피시맨(1981)은 증상을 도전하는 기법에서, 문제는 개인 한 사람이 아닌 그 이상에 속한 것이라는 점을 확실하게 알려준다. 그리고 체계적 인간관계의 맥락에서 서로 상호작용을 시도하는 좋은 사례를 보여준다. 이것이 치료의 대부분의 경우라 할 수 있다. 자신을 변화의 대상으로 보지 않고, 단지 다른 사람들의 변화만을 위해 치료에 오는 사람들은 주로 자기-반응성 때문이다. 이 반응성은 대부분 다른 사람을 비난하는 행동에 뿌리를 두고 있지만 자기-수치화의 맥락에 뿌리를 두고 있기도 하다. 요점은, 치료상으로 다른 사람을 변화시키려는 행위는 고통과 대처로부터 나오는 결과물이다. 이는 대부분 사랑과 신뢰가 없는 행동을 나타낸다. 다른 사람을 변화시킬 목적으로 치료를 찾는 사람은 체계적으로 자기 대처 및 자기-반응성에 매여 있다. 그러므로 그들은 자신들이 변화되거나, 수정되어야 할 필요성이 있는 개인적인 문제들을 가지고 있다. 현명하고 훌륭한 치료사는 이러한 문제들을 볼 수 있어야 한다. 그들에게 미치는 체계적 상호 작용, 증상에 기여하는 요소, 상대의 변화를 찾는 원인, 그들 자신이 소유한 자기-반응성, 그리고 관계를 악화시키는 상호책임 등의 요인들을 그들에게 신중히 직면시킬 수 있어야 할 것이다.

둘째, 다른 사람을 변화 시키려고 하는 것은 종종 시간을 낭비하게 되어 비효과적인 도움을 생성한다. 치료사로서 우리는 고통의 원인을 재빠르게 파악하고, 다양한 기법들을 소유하고, 그리고 환자/내담자가 변화할 수 있는 능력에 따라 돕는 이해력을 가지고 있다는 면에서 우리 자신이 훌륭한 치료사라고 생각될지도 모른다. 그러나 우리가 아무리 훌륭한 치료사라 하더라도, 우리는 사실 다른 사람을 변화시킬 수 있을 만큼 그렇게 강력하지 못하다. 동물과 비교해서 인간은 자신의 통찰력, 이해, 책임 및 동기에 대하여 많은 책임이 있다. 그리고 최소한, 자신의 성격과 그 결과에 대해 가장 책임이 있는 사람은 바로 자기 자신인 것이다. 헤일리(Haley, 1984)는 만약 환자/내담자가 변하지 않는다면, 그것은 변화를 촉진하는 올바른 개입을 사용하지 못한 치료사의 실패라고 누누이 강조했다. 우리는 전략적 치료방법에 대한 커다란 존중을 가지고 있다. 또한 그 방법으로부터 오는 동기나 행동 변화를 증진하는 많은 기법들을 사용하고 있지만, 전적으로 이에 동의하지는 않는다. 왜냐하면 우리의 치료 경험에서 변화를 촉진하는 힘은 환자/내담자에 비해 치료사가 미약하다는 것을 보아 왔기 때문이다. 다른 사람을 변화시킬 수는 없다. 다른 사람을 변화시킬 수 없는 것이 사실이라면, 훈련된 현명한 치료사라 하더라도 다른 사람을 변화시킬 수 없다. 훈련되지 않은 사람들이라면 그것은 더욱 불가능한 것이 될 것이다. 환자/

내담자들이 자신이 아닌 다른 사람을 변화시킬 목적으로 치료에 올 때, 치료사가 너무 많은 이야기를 들어주거나 너무 많은 공감을 해 줄 경우, 자신들의 생각이 맞다는 인상을 유지하게 한다. 그것은 그들 자신의 문제나 그릇됨을 고려하지 않게 한다. 또한 불평을 지속함으로써 다른 사람을을 변화시킬 수 있다는 그릇된 관점에 힘을 실어주는 결과가 될 수 있다.

만일 다른 사람을 변화시키는 것에 대한 유일한 희망이 있다면, 그것은 치료사가 환자/내담자에게 도움이 되는 견지에서 체계적 진실을 활용하는 것이다. 만약 환자/내담자가 스스로 자신의 행동, 동기, 태도 등에 있어서 변한다면, 그것은 환자/내담자와 관계하는 모든 이에게 체계적으로 영향을 미치게 된다. 내가 변화시키길 원했던 사람이 내가 원했던 대로 바뀔 수 있다고 장담할 수는 없다. 하지만 내 일부분의 변화를 통해 나와 체계적으로 연결되어 있는 사람들에게 어떤 부분의 변화를 일으킬 수 있다는 것이다. 현명한 복원 치료사는 다른 사람의 변화를 목적으로 온 환자/내담자들에게 적당한 공감을 보여줘야 한다. 동시에 그들이 자신들의 반응성에 얽매이지 않고 사랑과 신뢰의 인력(human agency)에 향하는 방법으로 자신들의 변화를 돕는 기회를 제공해야 한다. 여기에, 다른 사람의 변화를 추구하는 사람들의 진정한 변화의 희망이 있는 것이다.

다른 사람의 변화를 위해 치료사를 찾아오는 환자/내담자의 치료가 실패하는 마지막 이유는, 때때로 바뀌어야 할 사람이 정작 본인이 아니라 다른 사람일 경우이다. 앞에서 명확히 언급한 바와 같이, 우리가 악랄하거나 비열한 사람은 변화할 가능성이 없다고 생각하지 않는다는 것이 그들이 다른 사람과의 관계에서 신뢰나 사랑에 대해 기이하거나, 극악무도한, 또는 극적인 모멸을 행하는 사람들이 아니라는 것을 의미하는 것은 아니다. 이러한 사람들과 관계를 맺고 있는 환자/내담자들이 왔을 때는, 그들 자신의 행동을 돌아보게 하고, 그들 스스로가 가해성을 가진 상대방을 바꿀 수 없다는 것을 인식하게 하는 것이 매우 중요하다. 그러나 가해를 당하는 그러한 관계를 계속 유지하도록 요청하는 것은 별로 타당하지 않다. 매우 위협적이고 폭력적인 사람들과의 관계에서, 치료의 중점은 이러한 사랑과 신뢰의 고통스러운 위반으로부터의 회복에 맞춰져야 된다는 것이다. 치료사는, 불행히도 이런 형태의 가해자를 흔히 접할 수가 없다. 왜냐하면 그들은 치료에 오는 것을 거부하거나 다른 곳에서 강제적 치료를 받게 되기 때문이다. 그러나 우리가 가해자들과 접촉하게 된다면, 치료의 초점은 피해자와 마찬가지로 그들이 경험한 사랑과 신뢰의 고통스런 위반에 대한 회복작업을 적극적으로 행하도록 도움을 주는 것이 될 것이다. 그래서 그들이 인간관계에서 다른 방식으로 관계를 맺을 수 있도록 돕는 것이다. 우리는 먼저 단지 누군가를 위해(피해자를 위해) 가해자를 변화시키려 하지 않을 것이다. 오히려 자신을 위해서, 자신의 회복을 위해서 오는 환자/내담자를 변화하도록, 그들이 진실로 사랑과 신뢰의 관계를 맺을 수 있도록 돕는 것을 추구한다.

스토리텔링

일부 환자/내담자들은 변화와 관련된 특정한 이유를 가지고 치료실에 오는 것이 아니라, 자신들의 이야기를 확인(validation)받기 위해서 온다. 우리는 확인(인정), 이야기, 그리고 개인의 내러티브로부터 오는 명료성의 힘을 믿는다(Hargrave, 1994b). 우리는 이러한 이야기의 과정에서 환자/내담자들의 가치와 동기, 그리고 그들과 관련된 관계가 명확해지며 또한 상당한 지혜, 돌봄, 그리고 사랑과 신뢰가 표현되고 있다는 것을 경험한다(Hargrave & Anderson, 1992). 나아가, 치료적 관계를 쌓는 것은 어느 정도 치료사가 환자/내담자들의 이야기를 경청하고, 반영하고, 공감하고, 지혜를 지목하고, 신뢰성 있게 그들의 이야기를 다루는 능력과 의지에 달려 있다(Boszormenyi-Nagy & Krasner, 1986; Hargrave & Pfitzer, 2003).

현명한 치료사는 환자/내담자들의 상황을 인지하고 그들의 이야기에 올바로 집중할 수 있는 능력을 갖추는 것이 필수적인 일이다. 그러나 지금과 같은 결과(outcomes) 위주와 보험(insurance) 지불의 시대에서, 우리의 훈련은 종종 문제와 그 문제와 관련된 사항만을 다루도록 하고 있다. 이러한 사실이 이해는 되지만, 우리가 환자/내담자를 대할 때 가장 중요한 것은 우리 스스로 사랑과 신뢰의 관계를 쌓는 것이라는 것을 잊어서는 안 된다. 다시 말해, 결과나 문제 해결을 결정하는데 있어서 가장 중요한 것은 친밀한 치료적 관계이다. 때로는 환자/내담자가 자신의 이야기를 잘 들어주고 확인해주는 그 친밀감만을 찾기 때문에 친밀한 치료적 관계가 가장 중요시되는 경우도 있다는 것을 명심해야 한다.

그러면 현명한 치료사로서 어떻게 효과적으로 이야기를 듣고 확인해 줄 것인가? 첫째, 우리는 환자/내담자들의 이야기를 정확히 듣고 그들이 우리에게 가져온 내러티브에 공감할 수 있어야 한다. 친밀감의 중요한 양상 중 하나는 개인에게 들은 이야기를 반영하여 개인이 자신의 이야기를 좀 더 잘 이해하도록 돕는 것이다(Kieffer, 1977).

둘째, 또한 우리는 이야기를 반영하여 사랑과 신뢰의 역사 안에 존재하는 장점, 한계점, 그리고 지혜에 주목하도록 도울 수 있어야 한다. 이미 설명한 바와 같이, 사람들은 자신들의 정체감과 안전감에 대한 의미를 만든다. 반영(reflection)의 요소는 이러한 의미를 명확히 하도록 돕는다. 마지막으로, 우리는 이야기가 더욱더 확인되어 질 수 있는 관점에서 이야기를 조명하도록 한다. 치료사는 환자/내담자들의 삶에 있어 중요한 사람이다. 하지만 관계 면에서 가장 중요한 사람은 아니다. 그들에게 가장 중요하고 친밀한 관계는 세대 간 혈통으로 연결되어 있는 관계이다. 확인된 내러티브(validated narrative)에는 그러한 관계에서 나눈 사랑과 신뢰에 대한 성공과 비극이 가득 차 있다. 친밀한 표현이 신뢰성 있는 방식으로 가장 잘 사용되어 진 곳이 확인된 내러티브이다. 이러한 관점에서 치료는 결코 환자/내담자가 치료사와의 친밀감에 대한 대가를 지불하게 되는 것이 아니다. 치료에는 언제 이야기를 하고, 언제 그 치료결과를 다른 친밀한 관계에 활용할지를 배우는 확인지점(validation point)이 항상 존재한다.

현명한 치료사는 언제 환자/내담자들이 이러한 확인을 필요로 하는지 인지할 수 있을 것이다. 종종, 그들은 외상이나 큰 슬픔을 경험한 후 찾아오며 누군가 주의 깊게 자신의 이야기를 들어줄 사람을 필요로 한다. 많은 경우, 그들은 반영이나 확인이 훨씬 더 중요해지는 중년 또는 노년의 단계에서 온다. 그러나 개개인이 자신의 이야기를 터놓을 치료적 관계를 찾는 이유가 무엇이든, 치료사가 자동으로 문제 해결사가 되려 하거나 심지어 문제가 무엇인지 찾기보다는, 인내심을 가지고 충분한 청취자가 되는 것이 매우 중요하다.

변화 또는 성장

치료를 찾는 대부분의 사람들이 자기-변화(self-change)와 성장(growth)을 일차적인 목적으로 삼지 않는다는 것은 매우 아이러니한 일이다. 그것은 아마도 행복을 일차적 동기 요인이나 목적으로 여기는 사회적 영향 때문일 것이다(Hargrave, 2000). 또한 우리가 반응성에 지나치게 집중하다 보니 우리 스스로의 변화와 성장에 책임이 있다는 생각이 잘 들지 않기 때문일 것이다. 그러나 이유가 무엇이든, 환자/내담자가 자신의 성장의 목적을 드러내고 치료를 받으러 오는 경우는 매우 드물다.

그것이 아무리 드물다고 해도, 치료의 목적은 항상 변화와 성장의 관점을 포함한다. 모든 삶은 성숙에 대한 자연스런 발전의 방향성이 있다. 그러한 발전적 관점을 포착하여 사람들의 성장을 돕는 것이 치료의 목적 중 가장 중요한 요소일 것이다(Hargrave, 2000). 우리 자신에 대한 개인적 의미, 우리가 관계 속에서 취하는 행동 방향과 행위, 그리고 우리가 맺는 관계는 모두 결합하여 우리가 얼마나 사랑받고 있고, 얼마나 사랑하고 있으며, 얼마나 안전하고, 그리고 관계 속에서 타인을 얼마나 안전하게 만들 수 있는지 등에 대한 깊은 질문을 우리에게 던진다. 각각의 질문과 관계는 우리가 우리 자신에 대해 많은 것을 배우도록 한다. 또한 우리의 잠재력을 한층 더 발휘할 수 있도록 변화하고 성장하도록 많은 기회를 제시하고(Rogers, 1961), 그럼으로써 우리의 관계에 더 많은 이득을 안겨준다(Boszormenyi-Nagy & Krasner, 1986).

그러나 사실은 환자/내담자들이 문제 해결, 다른 사람의 변화, 또는 확인을 얻기 위한 스토리텔링 등과 같이 치료를 원하는 이유가 무엇이든 간에, 현명한 치료사는 모든 치료의 기회가 변화와 성장의 목표로 향해 있음을 인식할 것이다. 우리가 심리치료 전문직을 바라볼 때, 변화와 성장은 치료사가 사랑과 신뢰의 관계를 구축하도록 하는 기회를 제공한다. 치료사로서 우리 대부분은 사람들을 '돕겠다'는 분명한 목적을 가지고 이 전문 분야에 뛰어든다. 그러나 우리는 사람들이 무엇을 하도록 도우려는 것일까? 이 문제를 깊이 있게 분석하면, 결국 우리는 사람들이 그들의 잠재력(성장) 또는 더 진정한 의미의 평온(신뢰와 안전)을 얻을 수 있도록 도우려는 것임을 알게 된다. 현명한 치료사는 시간의 흐름에 따라 우리가 사용하는 도구가 결국 사랑과 신뢰의 요소임을 깨달을 것이다. 우리가 사람들을 변화시키고 성장시킬 수는 없다. 하지만 끊임없이 사람들이 사랑과 신뢰와 관련하여 자신의 고통을 다루고, 그들이 어떻게 타인에게 사랑과 신뢰를 줄 수 있는지 생각하도록 도움으로써 그러한 변화와 성장의 방향을 제시할 수 있다. 어떠한 방식이든 모든 치료는 결국 환자/내담자가 변화와 성장의 방법을 익히고 자신의 변화와 성장으로 관계를 이롭게 하는 것이다.

현명한 치료 과정

치료라는 것은 자신은 물론 다른 사람과의 관계를 개선할 수 있도록 변화하고 성장하는데 도움을 주는 것이다. 그러므로 우리는 환자/내담자들에게 이러한 가능성을 열어줄 수 있는 최고의 치료사가 되기 위한 요소가 무엇인지, 또는 방법이 무엇인지에 대해 살펴 볼 필요가 있다. 치료사는 환자/내담자들의 마음을 움직이고 이들이 가지고 있는 사랑과 신뢰의 과거사를 찾을 수 있어야 한다. 치료사가 그들을 이해하는 데 필요한 이러한 방법들을 제대로 활용할 수만 있다면 정체감과 안전감에 한층 더 많은 영향을 주게 될 것이다. 다음에 살펴볼 주제들이 전부라 할 수는 없다. 그러나 현명한 복원 치료사가 되는 치료 과정에 있어서 가장 기본적인 요소들이 무엇인지 알려줄 것이다.

다측면 편파성

우리의 뿌리는 맥락적 접근방식에 있고 다측면 편파성(Multidirected Partiality)은 맥락적 치료를 위한 가장 중요한 치료 도구라 할 수 있다(Bosxormenyi-Nagy & Krasner, 1986). 치료사는 편파성을 통해 환자/내담자와 견고한 치료 관계를 쉽게 형성할 수 있는데, 그것은 이러한 과정에서 주의 깊은 청취와 유대감이 처음 시작되기 때문이다. 또한, 다측면 편파성을 통해 치료사는 비판하거나 판단하는 일 없이, 과거 관계의 여러 측면에서 사랑과 신뢰의 과거 사연에 다가갈 수 있다. 이러한 과정에서 환자/내담자는 치료사가 신뢰성을 보여주는 것만큼 솔직하거나 진실된 모습을 보여주게 된다.

다측면 편파성이란 하나의 치료 방법 또는 개입 전략 이라기보다는 맥락적 치료사가 지닌 치료사의 태도를 말한다. 태도 측면에서 볼 때, 다측면 편파성은 치료사가 치료개입에 의해 영향을 받을 수 있는 관계된 모든 사람들을 인지하고 이들에 대해 책임성을 가진다는 것을 의미한다. 달리 말하면, 치료사가 만나고 있는 개인과 관계로 연결된 모든 인간(특히 가족)은 치료사의 개입에 의해 영향을 받는 사랑과 신뢰의 역사를 가지고 있다.

치료사는 또한 힘든 관계와 관련된 모든 사람들의 사랑과 신뢰의 이야기에 대해 알고 있고, 또한 이것에 대해 책임성을 가져야 한다. 다시 말해, 피해자나 가해자나 아니면 이들 모두는 누구나 하나의 인간이다. 그러므로 치료사가 동등하게 그들의 인간성을 이해하고 존중해주는 것은 당연하다. 또한 그들의 이야기를 인정해주거나, 또는 세대 간 관계적 원장(ledger)에서 그들의 편에 서는 권리가 있는 것이다(Boszormenyi-Nagy & Krasner, 1986). 하나의 방법으로써, 다측면 편파성은 관계가 있는 사람 모두의 각기 다른 우려 사항, 노력, 그리고 관계를 통해 그들이 행한 것, 또는 그들에게 행해진 것에 의한 영향력 모두를 신임(crediting)해 주는 하나의 기술이기도 하다. 다측면 편파성은 공평한 중립성을 의미하는 것이 아니라는 점에 항상 주목해야 한다. 오히려 순차적으로 동조(siding with)하면서 가족 구성원의 노력을 인지(recognition)하는 것이라 할 수 있다(Goldenthal, 1996). 기법 측면에서 보면, 공감(empathy), 신임(crediting), 노력 인정(acknowledgment of efforts), 그리고 책임성(accountability) 등과 같은 주목할 만한 몇 가지 양상들이 있다(Goldenthal, 1996).

공감

치료사와 환자/내담자 사이의 치료적 관계에 있어서 가장 강력한 치유(healing)와 연대(connection)의 모습 중 하나는 공감이다. 치료사가 환자/내담자들의 상실감, 두려움, 고통 등과 정서적으로 연대하고 이 연대를 그들에게 보여줄 수 있는 능력이 있다면, 치료사는 그들과의 관계에서 환자/내담자들과 연대하면서 친밀감, 통찰력,

그리고 신뢰성을 증진시켜 나갈 수 있다(Goldenthal, 1996). 공감이란 다측면 편파성의 한 부분이다. 이를 통해 환자/내담자는 누군가가 자신의 말에 귀를 기울이고, 자신을 이해해주고 있다고 믿게 되고, 또한 사랑과 신뢰에 대한 자신의 생각이 제대로 받아들여지고 있다고 믿게 된다.

신임

치료사가 환자/내담자를 공감할 수 있게 되면, 신임을 통한 또 다른 편파성의 가능성이 열린다. 신임의 첫 번째 모습은 환자/내담자가 경험한 불공평, 위반(침해), 그리고 관계를 가졌던 모든 사람들로부터 받은 모욕을 치료사가 수용하고 인정하는 것(acknowledging)에서 시작되어야 한다(Goldenthal, 1996). 여기에서 중요한 점은, 치료사의 역할은 가족 관계 내에서 발생하는 여러 행위에 있어서 누가 옳고 누가 그르다는 것을 분명히 하는 데 있지 않다는 것이다. 각각의 개인 모두에게 고통스러운 위반의 역사가 있다는 것을 그대로 인정해 주는 것이 치료사의 역할이다. 치료사는 치료실 안에 있는 개별 환자/내담자에 대해서 이렇게 할 수 있어야 하지만, 치료실에는 없지만 관계된 모든 사람들에게도 기꺼이 신임하는 마음을 가져야 한다. 예를 들어, 치료사는 현재 치료실에 없는 가해자가 지금 치료실에 있는 피해자에게 끼친 고통을 인정할 수 있다. 그러나 나중에 때가 온다면 지금 치료실에 없는 가해자도 가해자 자신이 당했던 피해의 역사가 있을 수 있다는 것을 인정해주어야 한다. 이러한 신임의 첫 번째 모습을 제대로 보여준다면 두 번째 모습도 가능하다. 신임의 두 번째 모습은 오랫동안 지속되었던 피해와는 별개로, 한때는 서로 사랑하고 서로 신뢰했던 관계의 모습이 있었다는 것을 인정하는 것이다(Hargrave, 1994a).

노력 인정

사랑과 신뢰에 연관된 고통의 역사를 가지고 있는 사람은 최대한 건설적인 방식으로 이러한 고통을 처리하려고 한다. 앞서 언급한 바와 같이, 대체로 자기-반응성은 살아남는 일이 무엇보다 중요했던 시기에 반응성으로 대처하는 것 이외에는 달리 선택할 것이 없었던 그런 맥락 안에서 발달한 것이다. 이처럼, 자기-반응성은 사랑과 신뢰가 없는 환경에서, 개인이 할 수 있는 최대한의 노력을 기울이는 맥락에서 온 것이므로 이것은 충분히 인정할 만한 가치가 있는 노력이라 할 수 있다. 노력 인정의 기법은 신임과 관련이 있지만 주요 주제는 바뀌게 된다. 간단히 말하자면, 노력 인정은 환자/내담자가 관계 형성에 쏟아부은 노력과 기여에 초점을 맞춘다. 노력 인정을 통해 편파성을 보여주는 경우, 치료사는 우선 환자/내담자가 기여한 부분을 인정하고, 다음에는 관계된 다른 사람들의 노력이 무엇인지 이해하도록 돕는다(Goldenthal, 1996).

책임성

다측면 편파성이란 치료사가 사람들을 공감하고, 신임하고 또한 그들의 노력을 인정하는 것을 의미할 뿐만 아니라, 환자/내담자가 자신의 관계에서 다른 사람들의 사랑과 신뢰를 위반한 행위에 대해 치료사가 우려하고 있는 것도 포함한다. 이러한 행위들은 환자/내담자 자신의 위반과 고통의 역사로부터 시작된 것이지만, 치료사는 어떤 관계에서든 사랑과 신뢰에 대한 무책임성을 변명하는 것을 받아들이지는 않는다. 책임성이란 관계가 있는 모든 당사자들이 피해

발생에 대해 각자 자신의 책임을 다하는 것을 말한다(Goldenthal, 1996).

과정 대 내용

환자/내담자가 치료사와 연대감을 가지려면, 치료사가 자신의 말을 잘 경청해주고 공감적으로 이해해주고 있다는 느낌을 받아야 한다. 하지만 복원치료의 관점에서 보면, 환자/내담자들이 말하는 이야기나 내용은 치료사가 그들을 이해하는데 있어서 가장 필수적인 요소는 아니다. 우리는 환자/내담자가 어떻게 관계 속에서 상호작용을 하고 갈등을 다루며, 어떻게 자신의 정체감을 인식하고 관계의 특성과 신뢰성을 해석하며, 그리고 어떻게 관계 속에서 행동을 할 수 있도록 자신에게 동기를 부여하는 지를 파악하면 환자/내담자를 훨씬 더 잘 이해할 수 있다고 본다. 다시 말해서 환자/내담자의 *내용*(content) 보고 보다는 *과정*(process) 보고에서 훨씬 더 많은 정보를 얻을 수 있다는 것이다. 다음 사례는 한 여성(39세)이 개인 치료 시간에 치료사와 나눈 상호작용이다. 여기서 치료사가 이 여성이 내용 보고 방식으로 말한 것을 사용하여 치료적 관계에서 어떻게 과정의 문제로 이동하는지를 관찰하기 바란다.

치료사: 착취와 이해받지 못하고 있다는 생각이 들게 하는 상황이 많았다는 말씀 같군요.

여 성: (매우 심각하고 화난 표정으로) 누군가 제게 신경을 쓴 적은 단 한번도 없었다고 말씀하셔도 전혀 과장이 아니에요. 제가

할 수 있는 일은 언제나 어느 누구의 도움도 없이 저 혼자 감당해야 했죠.

치료사: 당신을 도우려고 했던 사람들은 누구입니까?

여 성: (화난 말투로 빈정대며) 가족 중에는 저를 도우려고 했던 사람이 아무도 없었죠. 교회에는 조금이나마 저를 도와주려고 했던 사람들이 있기는 했지만, 그 사람들은 오래 가지 않았어요. 계속 도울 수 있는 여력이 되지 않았죠. 그리고 치료사들이 있었죠. 돈을 받고 도와주면서 신경을 쓰겠다고 말하지만 격주로 네 시간만 함께하는 사람들이죠. 그 사람들도 역시 다른 사람들처럼 제게 상처만 주었죠.

치료사: 결국 당신을 도와주려고 했던 사람들이 모두 상처만 주었다는 말씀이시네요. 치료사들이 당신에게 어떻게 상처를 주었나요?

여 성: 제 말에 귀를 기울이고 안전감을 제공해 주는 척하지만, 근무시간이 끝나자마자 손을 놓아버리죠. 그 사람들하고 조금은 친해졌다 생각되면, 그들은 다른 사람에게 가버리고 그들과 처음 만났을 때 있었던 바로 그 자리에 저는 혼자 남게 되죠. 그들은 자기 생활을 위해 집으로 돌아가고 저는 정확하게 똑같은 자리에서 꼼짝도 못하고 있죠.

치료사: 알겠습니다. 과거의 치료사들은 치료시간에는 당신에게 친밀하게 대하지만, 치료시간 외에는 그들이 당신을 돕는다고 생각하지 않으신다는 말씀이시죠. 치료사들은 자기 생활을 계속하고 당신은 다시 고통스러운 상황으로 돌아가야 하기 때문에 상처 받는 느낌이 드신다는 그런 말씀이시네요.

여 성: 네. 맞아요.

치료사: 확실히 저도 당신하고 친밀해져 당신을 돕고 싶지만 당신을 만난 후에 만나야 할 또 다른 환자가 기다리고 있죠. 그리고 하루를 마치면 저와 당신은 각자의 생활을 위해 집으로 돌아가게 되는 것은 분명한 사실입니다. 제가 당신을 실망시키는 또 다른 치료사에 불과한 사람이 되는 것은 아닌지 모르겠네요.

여 성: (치료사를 천천히 올려다보고 잠시 침묵 하더니) 모르겠어요. 당신은 다른 분일지 말이죠.

치료사: 특히, 당신이 제게 무엇을 기대하고 계시는지 모르는 상황에서 제가 다른 치료사들과 다르게 될 수 있을는지 의문스러워요. 그리고 제게도 한계가 있습니다. 도움을 드리고 싶지만 매일, 매주 마다 도와 주어야 할 사람들이 많아요. 저의 이런 한계를 가지고, 아직까지 당신이 만나왔던 사람들과는 제가 다른 사람이 되기 위해서 무엇을 할 수 있을까요?

여 성: (긴 침묵 끝에 치료사를 응시하며) 제 말에 귀를 기울여 주시고 제 상황을 개선하기 위해서 제가 할 수 있는 일에 대해서 말씀해 주세요. 제가 상담시간에 한 이야기를 기억하고 당신이 저한테 하라고 한 일을 점검해 주시면 됩니다. 한 주 동안 가끔씩 제 생각을 해주실 수도 있고요.

치료사: (긴 침묵 끝에 몸을 앞으로 약간 기울이며) 당신이 제가 거리를 두고 있다는 생각이 들어 당신의 마음을 닫고 있을 때 솔직하게 말씀 해 주실 수 있다면, 당신이 지금 말씀하신 것들을 할 수 있을 것같아요. 제가 당신을 화나게 하고 원망하게 할 일을 해놓고 제가 그걸 모른다는 식으로 행동하게 된다면 진전이 없을 것 같아요.

여 성: (오랫동안 치료사를 쳐다보다가) 당신에게 제 마음을 터놓고 말할 수 있을 것 같군요.

여기서 이 여성은 과거 치료 관계에 대한 내용을 이야기하지만, 치료사들에 대한 자신의 분노와 경멸을 명확하게 표현하기도 한다. 이 경우 치료사는 그녀가 자신에게 고통스럽고 도움이 되지 않았던 과거의 관계와 상황들에 대해서 이야기하도록 할 수 있는 선택권이 있었다. 하지만 현실적으로 이 치료사가 그녀의 과거 이야기의 내용에만 집중하기로 선택했다면, 치료사는 치료사로서의 그녀와의 과정에 대해서 말할 기회를 잃게 된다. 그녀에게 자신은 다른 사람이라고 안심시켜주는 대신, 치료사는 그녀가 이야기한 모든 문제들이 치료사로서 자신에게도 적용된다는 현실을 말하며 그녀와 직면했다. 이를 통해 치료사는 자신에 대한 그녀의 신뢰가 부족하다는 사실에 정면으로 직면했다. 그리하여 자신의 한계를 명확하게 설명하고, 그녀에게 치료에 대한 기대를 명백하게 말해줄 것을 요청하였다. 그녀가 치료사에게 기대하는 바를 구체적으로 말해달라고 함으로써 치료 과정에 효과적으로 대처하였다. 결과적으로 이 환자와 치료사의 교류가 더 현실적이고 유익해졌다. 이것은 이들이 내용을 중심으로 과거의 관계에 대해 대화를 하는 대신, 면 대 면(face to face)과정에 참여했기 때문이다. 요컨대, 연대감의 기회, 문제에 대한 명확한 진전 그리고 환자 편에서 변화를 이끌어 낼 수 있는 기회 등이 더 많아졌다는 것이다. 현명한 복원 치료사는 역동성과 과정 안에서 자신의 의견을 말하고 변화를 이끌어낼 이러한 기회를 놓치지 않으려고 노력해야 한다.

전통적으로, 내용이 아닌 과정에 집중하는 이런 방식의 실천은 치료적 문제가 치료 및 상담 현장에 등장하게 하고 그 역동성을 직접 관찰하게 한다. 우리가 치료실 안에서 이루어지는 역동성에 대해 의견을 제시하고, 제안을 하며, 변화를 이끌어낼 수 있게 될 때, 환자/내담자는 변화된 역동성을 치료실 밖으로 가져가서 그 변화를 적용할 수 있는 기회를 크게 증가시킨다(Madanes, 1984). 치료사가 현재 환자/내담자가 이야기하고 있는 이야기에만 머문다면, 그 치료사는 기껏해야 통찰력의 과정에 대해서만 의견을 말하고 환자/내담자가 인식한 내용만 처리할 수 있게 된다. 치료사가 과정을 다룰 때, 환자/내담자는 인지적, 정서적, 그리고 때로는 신체적으로 충분히 열중할 수 있게 된다.

물론 이러한 과정 역동성은 부부 또는 가족 치료 등과 같이 여러 명이 상호작용을 하는 치료가 이루어질 때 더욱 분명히 나타날 수가 있다(Hargrave & Pfitzer, 2003). 치료사가 두 명 이상을 상대할 때, 그들이 상호작용을 하면서 나타내는 역동성과 과정을 살펴볼 수 있기는 하다. 그러나 이 사례가 말해주듯이, 치료사는 또한 환자/내담자가 개인 치료에서 치료사와 상호작용을 하는 방식으로 이러한 관계 역동성을 포착할 수도 있다. 하지만 이런 역동성과 과정을 명확히 하려면, 치료사는 이야기의 내용뿐만 아니라 치료시간 중에 환자/내담자가 치료사에게 하는 역동성의 과정에도 맞추어야 한다. 우리는 종종 치료사가 치료 과정에서 자신의 '직감' 또는 감정에 신경을 써야 한다고 말한다. 치료사는 환자/내담자가 무엇을 하고 있는지 그리고 이것이 치료사로 하여금 어떤 감정을 느끼게 하고 어떤 생각을 하게 하는지를 끊임없이 평가해야 한다. 치료사는 이 자료를 평가하면서, 환자/내담자가 자기 자신에 대해 어떤 생각을 하는지 그 역동성을 포착할 수 있을 뿐만 아니라 환자/내담자의 자기-반응성(self-reactivity)을 명확하게 파악할 수 있다. 더불어 치료사가 환자/내담자와의 과정 또는 관계에 수반되는 감정과 생각의 이런 역동성을 평가하게 될 때, 그 과정과 관계가 명확히 파악되고, 치료사는 역전이의 문제에 훨씬 덜 취약해진다(Corey, 2008).

통찰과 기술

다양한 학파와 모델들의 치료 과정은 환자/내담자를 도와주고 자기-패배적이거나 해가 되는 행동들의 변화를 모색한다는 점에서 유사한 목적을 지니고 있다. 그러나 우리가 다수의 치료 접근법을 관찰해 보면 통찰이 환자/내담자의 변화를 돕기 위한 필수적인 요소라는 것을 인지할 수 있게 된다. 일반적으로 정신분석적 치료(Luborsky, O'Reilly-Landry, & Arlow, J. 2008); 정서중심 부부치료(Johnson, 2004); 인본주의적 또는 내담자중심치료(Rogers, 1951); 실존치료(May, R., & Yalom, 2000); 형태치료(Perls, 1969) 등은 환자/내담자의 성장과 변화를 위해 통찰에 집중하는 접근법들이다. 한편, 변화를 위해서 행동이나 기술에 집중하는 치료적 접근법들도 있다. 이런 치료 접근법들에는, 문제를 해결하기 위해서 통찰보다는 새로운 행동을 학습하고 새로운 실행을 채택한다. 우리는 보통 행동치료(Krumboltz, & Thoresen, 1969); 인지행동치료(Beck, & Weishaar, 2008); 해결중심치료(de Shazer, 1985); 전략적치료(Haley, 1987); 그리고 보웬의 체계적치료(Bowen, 1978) 등을 통찰에 의존하지 않고 기술배양(skill building) 또는 행동변화에 중점을 둔 치료 접근법으로 생각하고 있다. 이런 목록이 통찰 혹은 기술을 일차적으로 사용하는 모든 이론들을 다 규명하고 있지는 않다. 하지만 여기서의 의도는 어떻게 서로 다른 치료 모델들이 변화와 치료를 위해서 서로 다르게 접근하고 있는지를 명확히 이해 할 수 있도록 도우려는 것이다.

통찰과 기술의 관점에서 통합적이고 절충적인 것으로 자신들을 규명하는 치료법들이 있다. 예를 들어, 맥락적 가족치료가 때로 이론들에 대한 이론으로 규명되어지고 있고(Gurman & Kniskern, 1981), 중다양식치료(multimodal therapy)가 역시 기법적 절충주의에 부합한다(Lazarus, 2008). 우리는 이러한 이론들의 통합적이며 절충적인 본성을 인정한다. 그러나 이 이론들은 여전히 통찰 또는 기술 배양에 의존하고 있다. 예를 들어 맥락적 가족치료는 통찰에 더 많이 집중하는 반면 중다양식치료는 행동적 기술에 보다 더 집중한다.

복원치료는 이 둘, 즉 통찰과 기술의 구분 경계사이에 있다. 우리는 복원치료가 통찰에 조금 더 향하여 있다고 본다. 그러나 제5장(章)과 제6장에서 얘기하듯이, 우리는 또한 이 치료가 기술의 실행과 발전에도 역시 강력히 집중하고 있음을 알고 있다. 우리는 환자/내담자에 대한 통찰에 중점을 두는 것이 큰 가치가 있다고 본다. 만약 이해가 있다면 변화를 위한 동기와 연결된 인지를 만들 수 있는 능력이 있게 되고 필요한 변화를 만들기 위한 정서적 일치(emotional congruence)가 있게 될 것이다. 우리는 이러한 새로운 통찰의 맥락 안에서 새로운 감정적 경험이 치유, 애착, 그리고 과거 손상에 대한 해결책 등을 만들어 낼 수 있다는 존슨(Johnson, 2004)의 주장에 동의한다. 우리는 통찰에 초점을 두는 치료가 환자/내담자에게 변화에 대한 이해와 동기부여를 줄 수 있는 생산적 환경을 만들어 주는데 가장 좋은 기능을 할 수 있다고 본다.

그러나 우리는 많은 경우, 통찰이 환자/내담자의 자기-패배적 신념(self-defeating beliefs)과 행동에 대해서 지속적인 변화를 이끄는 데 실패한다는 사실을 발견한다. 우리는 또한 애트킨슨과 동료들((Atkinson et al., 2005)이 그들의 치료과정에서 환자/내담자들과 의미 있는 치료적인 통찰을 나누어 왔다는 공개에도 동의한다. 그들은 자신들이 제공한 통찰에 대해서 긍정적인 느낌을 보고하며, 환자/내담자들도 역시 통찰이 도움이 된다고 한다. 그러나 그들이 보고한 것처럼, 종종 환자/내담자들은 통찰의 결과로써 변화를 일으키지 못하며 나중에서야 통찰이 기억에 남을 만한 것이라는 점을 발견한다. 우리가 알고 있는 대부분의 치료사들처럼, 우리는 환자/내담자의 치료에서 이와 똑같은 경험을 하였다. 통찰은 필요한 것이고 환자/내담자의 변화에 유용한 것이지만, 오랫동안 지속되는 변화를 야기하는 데는 통찰만으로는 불충분하다. 우리에게 필요한 것은 환자/내담자에게 동기를 부여할 통찰과 함께 어우러질 기술의 추가와 뇌의 학습에 지속적인 영향을 줄 수 있는 이러한 기술의 실행이다(Atkinson et al., 2005).

현명한 치료는 치료과정에 통찰과 기술, 모두를 수반한다. 현명한 치료사는 변화를 이끌어내기 위해서 이러한 두 방법으로 작업을 하는 것이 이분(dichotomy)이 아닌 효과적인 '원-투 펀치(one-two punch)' 를 나타낸다고 이해한다. 복원치료 관점에서 정체감, 안전감, 자기-반응성에 대한 통찰이 환자/내담자가 고통이 어디서 일어나고 자신의 취약성이나 반응성이 어디서 자동적으로 발생하는지를 이해하기 위해 필요한 인지적 개연성과 잣대를 얻는데 도움을 준다. 한편 기술은 환자/내담자가 통찰로 인해 명확해진 변화를 성취하는 데 있어서 무엇이 필요한지에 대한 행동적, 인지적 지도를 얻도록 돕는다. 게다가, 기술은 환자/내담자에게 변화를 실행할 능력을 갖고 그것이 익숙해지도록 한다. 통찰과 기술, 모두 분명 치료에 있어서 장점을 가지고 있다. 그러나 가장 현명하고 유익한 치료는 효과와 변화를 극대화하기 위해 이 두 가지 모두를 사용하는 것이다.

고통, 변화, 그리고 곤경에 빠짐

치료사들은 환자/내담자의 치료에서 때로 길을 잃거나 곤경(stuck)에 빠지기가 쉽다. 종종 우리는 우리가 도와주려는 사람들의 고통이나 상황에 대해서 충분히 이해하지 못하고 있는 자신을 발견한다. 그리고 그들이 빠져있는 정서적 혼란(turmoil) 상태나 해결 가능해 보이는 복합적인 문제점들에 대해 압도당한다. 또한 환자/내담자가 왜 파괴적인 행동이나 신념으로부터 간단히 벗어나지 못하는 지, 그 이유에 대해서도 실망하거나 당황스러워 한다. 우리는 이러한 것들이 실제로 우리 자신의 삶속에서도 발견되는 어려움이라는 것을 상기하는 것이 필요하다. 치료사는 가끔 문제들이 얼마나 힘들 수 있는지를 깊이 이해하고, 환자/내담자들의 고통을 야기하는 정서적 혼란 상태를 깊이 공감할 수 있어야 한다. 또한 그들이 자신들의 신념과 행동을 변화시키는 것이 얼마나 어려운지를 분명히 이해할 수 있어야 한다. 일반적으로 치료사가 자신의 인간애를 잃어버릴 때, 환자/내담자에 대한 인내, 인간 동일시, 공감, 그리고 연대감을 잃어버리기가 쉽다. 이러한 치료적 관계를 잃게 되면, 우리는 환자/내담자들에 대한 좌절, 부당한 이용, 역전이, 조종 등에 매우 취약해지게 된다. 우리 자신의 인간애를 유지할 때, 환자/내담자들의 인간애와도 지속적인 관계를 유지할 수 있다. 그리고 그들을 우리와 똑같은 인간으로 바라보게 된다.

자신의 인간애를 유지하는 것이 현명하고 훌륭한 치료사가 될 수 있다는 데는 의심의 여지가 없다. 그러나 환자/내담자에 대해서 곤경에 빠질 때 어떻게 치료를 할 것인가에 대한 올바른 방향을 설정해야 한다. 환자/내담자가 자신의 생각과 행동 사이에서, 그리고 정체감과 안전감 사이에서 느끼는 자연적인 갈팡질팡의 방황이 있을 수 있다. 이것은 관계의 맥락에서 아주 많이 보인다. 삶에서 의미 있고 오랫동안 지속될 변화를 만들기 위해서는 통찰과 기술의 균형이 필요할 뿐만 아니라 우리가 경청되고 인정받는 것도 느낄 필요가 있다. 우리의 정체감이 어떻게 발달했는지 이해해 주고 상황과 고통에 공감을 해주는 그 누군가가 필요하다. 또한 변화의 과정을 밟아 나가는 중에, 배우고 실천할 수 있도록 신뢰를 가지고 지원적이며 비난하지 않는 태도로 우리에게 도움을 주는 누군가가 있다는 것을 느끼는 것이 필요하다. 우리도 이러한 것들을 필요로 하고, 환자/내담자들도 역시 그러한 것들을 필요로 한다. 그들이 이러한 조건들을 가지고 있지 않다면, 대부분의 그들은 치료과정에 저항하거나 치료과정의 퇴보를 야기할 것이다.

종종 이러한 퇴행이나 저항은 치료사가 중대한 통찰을 가지고 개인의 고통과 관계를 형성하여서 개인으로 하여금 자신의 기술 발달과 행동적 변화의 작업으로 이동하도록 할 즈음에 발생한다. 이런 전환이 발생할 때 개인은 치료사가 더 이상 공감적인 연대 고리를 만들지 않는다고 생각할 수도 있다. 그리고 자신이 누군가의 도움 없이 변화를 만들 수 없다고 여기게 되거나, 갑자기 자신 과거의 사랑과 신뢰의 위반에 대해서 더 이상 경청되지 않는 것 등에 대해 두려움을 느낄 수가 있다. 치료사가 이러한 저항이나 퇴행을 접할 때 치료사의 이해, 공감, 그리고 인내는 환자/내담자들이 더욱더 큰 자신감을 가지고 어려움을 극복하도록 돕고, 자신들의 변화를 더욱 강화해 나갈 수 있도록 한다. 간단히 말해서, 환자/내담자가 치료사의 사랑이나 신뢰를 경험하지 못하고 치료사도 사랑이나 신뢰가 왜 회자되는지를 이해하지 못하면서, 치료 과정을 밀어붙이면 결국 환자/내담자와 치료사 모두 곤경에 빠지게 된다는 것이다. 치료사는 환자/내담자의 고통이 언제, 어떻게 일어나든지 기꺼이 그 고통을 추적하는 것을 훈련해야만 한다. 이것이 의미하고자 하는 것은 환자/내담자가 치료 과정에서 사랑과 신뢰에 대해 오랫동안 지속된, 상처받기 쉬운 감정이 촉발되어 자기-반응성으로 빠질 때가 많을 것이라는 점이다. 그 과정에 대한 추론과 논평이 때로는 도움이 되지만, 환자/내담자가 경험하고 있는 감정의 고통을 탐색하는 것이 훨씬 더 도움이 된다.

남편과의 결혼생활을 향상시키기 위해 노력하고 있는 58세의 여성의 경우를 예로 들어보자. 지난 회기에서, 치료사는 원가족과 자신의 남편과의 관계에서 사랑과 신뢰의 위반을 경험한 그녀와 연대감을 잘 형성했으며 그녀가 이에 대한 통찰을 가지도록 잘 도왔다. 치료사는 8번째 회기에서 이 여성에게 어떤 행동을 요청했는데 이때 그녀는 저항적이며 무기력해졌다. 이 대화의 첫 부분에서 치료사가 이 여성이 완강히 저항하고 있는데도 추가적인 변화를 만들라고 어떻게 촉구하고 있는지를 주목하기 바란다.

치료사: 이제 남편을 바라보면서 관계를 다소나마 더 낫게 만들기 위해 당신이 할 수 있다고 생각하는 것이 무엇인지 표현하

셨으면 해요.

여　성: (멍한 채로 주저하면서) 지금 당장 그것을 할 수 있을 거라는 생각이 안 드네요.

치료사: (잠시 침묵) 당신이 이 결혼에서 받은 상처뿐만 아니라 성장하면서 가족으로부터 받은 상처 때문에 이렇게 하는 것이 왜 어려운지는 충분히 이해할 수 있습니다. (잠시 침묵) 하지만 누군가 먼저 이 단계를 밟지 않으면 이 관계는 더 이상 진전되지 않을 것입니다.

여　성: 그 말이 사실이더라도 이 관계에 대해서 제가 항상 책임져야 하는 사람이라고는 생각지 않아요. 제가 항상 노력하고 이렇게 노력하니라 이렇게 지쳤잖아요.

치료사: 저는 당신이 부부관계의 변화에 대해서 남편의 책임까지 맡으라는 말은 아닙니다. 자신에 대해서 변화하고 싶은 것을 남편에게 말씀하시라는 것 뿐입니다.

여　성: (화를 내면서) 저는 더 이상 변화하고 싶지 않아요. 제가 변화하지 않는 것이 결혼의 파국을 의미하는 것이라면, 우리가 그런 현실을 받아들일 수 있도록 당신이 도와주는 것이 나을 것이라는 생각이 듭니다.

여기서, 우리는 이 여성이 할 수 없다고 느끼고 있는 문제에 대해 치료사가 그녀를 촉구하고 있음을 알 수 있다. 이 여성이 기꺼이 바꾸고 싶은 영역을 자신의 남편에게 말할 수 없는 이유를 찾는 대신에, 치료사는 그녀가 할 수 없다는 것을 하도록 그녀를 더욱 강하게 촉구하고 있다. 이것은 치료사에게 흔한 함정이다. 치료사가 이 여성을 더욱 압박했을 때, 그녀는 훨씬 더 극단적인 발언을 하게 되어 그녀와 남편이 이혼할 때가 되었다고 말하는 것이다.

우리가 이런 유형의 저항이나 퇴행을 보게 될 때, 현명한 치료사라면 변화를 촉구하기 보다는 환자/내담자의 고통을 탐색하도록 스스로를 훈련시켜야 한다. 이 경우에 치료사는 현명하게도 평정을 되찾기 위해 몇 분간의 침묵을 가지면서, 자신이 그 상황을 압박하고 있었음과 이 여성이 느끼고 있는 고통에 대해 경청해야 할 필요가 있음을 깨닫게 되었다.

치료사: (몇 분간의 긴 침묵 후에) 제가 당신이 제게 하려고 하는 말을 듣지 못하고 있는 실수를 한 것 같네요. 제 경험상으로 깨달은 것인데, 제가 환자나 내담자들에게 무엇을 하라고 제안했을 때 그들이 그것을 할 수 없다고 하는 것은 마음속에 매우 심각하게 느끼고 있는 그 무엇이 있기 때문이었습니다. 당신도 마음 속 깊이 느끼고 있는 그 어떤 것이 있는데 혹시 제가 그것을 놓치고 있지는 않은가 하는 생각이 듭니다.

여　성: 잘 모르겠어요, 설명하기가 어렵네요. (긴 침묵) 저는 그저 제 인생 전체가 때때로 저에게 그 어떤 것을 올바르게 바로잡으라고 들이닥치는 느낌이에요. 어린 시절에 부모님이 싸운 뒤, 제가 그분들의 기분을 맞춰드리느라고 애를 쓴 것이 기억납니다. 저는 부모님이 잘 지내도록 해야만 했던 유일한 사람이었어요. 제가 그들이 더 나은 관계가 되도록 책임져야 했던 유일한 사람이었던 거죠. 저는 남편에게도 항상 동일한 의무를 가진 것처럼 느껴져요.

치료사: (긴 침묵) 어린 아이로서 그 책임을 져야 했을 때 그것으로

인해 당신 자신과 상황에 대해 어떤 느낌이 드셨나요?

여 성: 항상 제 말을 그 누구도 경청하고 있지 않으며, 마치 제가 투명인간 같은 느낌이 들었어요. 제 기분은 중요치 않고, 유일하게 중요한 것은 제가 올바른 일을 해서 다른 모든 이를 똑바르게 만들어야 하는 그런 것뿐이었죠.

치료사: (긴 침묵) 그래서 제가 요청한 것도 당신으로 하여금 당신 남편에 대해서 어떤 것을 책임지도록 하게 하는 느낌이 들고, 당신은 더이상 중요하게 여겨지지 않는 것 같고, 그래서 이런 상황이 당신에게는 안전하지 않다는 느낌이 드신다는 그런 의미일 것 같네요.

여 성: (긴 침묵) 맞아요.

치료사: 이제 정말 이해가 됩니다. 저는 당신을 예전의 그러한 감정 속으로 밀어 넣고 싶지 않습니다. 당신의 감정에 대해서 제가 더 알아야 할 것이 있다면 정말로 기꺼이 더 듣고 싶습니다.

여 성: 당신이 저를 불안전한 상황 속으로 압박하고 있지 않다는 것은 제가 잘 알고 있어요. 저는 그저 제가 예전부터 지금까지 갖고 있었던 그런 두려움을 표현해야만 했던 거죠. 지금 그 두려움을 표현하니까, 이제 남편에게 제가 기꺼이 바꾸고 싶은 것을 말할 수 있다는 생각이 드네요.

치료사가 이 여성의 고통을 느끼기 위해 잠시 시간을 가졌을 때, 그녀가 다시 자신이 이해 받고 있음과 연대감을 느끼게 되었음에 주목하라. 치료사의 그녀의 고통에 대한 연대는 그녀로 하여금 변화의 행동으로 움직이도록 하는 것을 더 이상은 힘들게 하지 않았다. 그리고 그녀 스스로 기꺼이 그렇게 하도록 만들었다. 치료사가 저항에 부딪힐 때, 우리는 그것이 치료사가 환자/내담자의 고통과 관련하여 충분히 듣지 않았다는 확실한 신호라고 믿는다. 이것이 치료 과정에서는 자주 일어날 수 있는데, 치료사가 환자/내담자에게 기술 배양 또는 변화의 진행과정으로 나아가도록 요청하기 시작할 때 더욱 그렇다.

훌륭한 복원 치료사는 마치 타원의 양 끝 사이에서 자유자재로 움직일 수 있는 능력을 가진 사람이다. 한 쪽 끝에서, 치료사는 환자/내담자들의 이야기와 고통과 소통해야 하고, 나머지 한 쪽 끝에서는 그들이 스스로를 사랑하고 신뢰하는데 필요한 변화와 기술을 인식해야 한다. 치료사는 타원의 양 끝을 일관되게 탐색하고 이해해야 한다. 또한 환자/내담자도 그 타원의 양 끝을 탐색하도록 도전 받아야 한다. 치료사는 쉽게 그 두 극단 사이를 오가면서, 과잉행동, 저항, 또는 퇴행을 타원의 다른 쪽 끝으로 이동하라는 신호로 해석하는 법을 배울 때, 최선을 다한 작업을 이루게 될 것이다.

현명한 치료사가 되기 위한 최종 언급

시인 메이즈(b. f. maiz)는 종종 치료사에게 "모든 훌륭한 시는 치료적이다. 그러므로 모든 훌륭한 치료도 시적이어야 한다."라고 말하곤 했다. 우리는 훌륭하고 현명한 치료사가 되는 것에 대해 생각할 때 종종 이 말을 떠올린다. 치료의 예술적 본성의 부분은, 환자/내담자들의 입장과 그들이 치료실에 왜 왔는지를 정확히 이해하고 그들을 성장하도록 도울 수 있는 일련의 치료기법을 현명하게 활용할 수 있는 능력을 갖추는 것을 포함한다. 우리는 이러한 이슈들과 기법들(편파성, 과정, 내용, 통찰, 기술, 고통 동일시, 그리고 변화에 대한 기법들) 사이에서 균형을 이뤄야 하는 것이다. 그러나 모든 상황과 모든 환자/내담자들에게 있어 그 균형이 어디에 있는지에 대해서는 정확하게 말할 수 없다. 따라서 그 과정을 시적으로 만들기 위해 치료의 리듬이 어디쯤에 놓여 있는지를 치료과정에서 꾸준히 인식하는 것이 필요하다. 이러한 리듬을 확인한다면, 현명한 치료사가 되고, 또한 개인 및 가족에게 도움이 될 수 있는 균형 잡힌 방법을 실행할 수 있게 될 것이다.

제5장

사랑과 신뢰의 작업에 대한 기법

도입

우리가 살고 있는 이 지구는 지질학적으로 판구조론(plate tectonics)의 견지에서 보면 매우 놀라운 장소이다. 판구조론은 지구의 표면을 따라서 실질적으로 이동하는 대륙에 대한 지질학적 과정에 대한 연구이다. 지구는 뜨거운 핵(core), 그 핵을 둘러싸고 있는 서늘한 유동적 맨틀(mantle), 그리고 더 서늘하고 얇은 지각(crust)으로 만들어져 있다. 이 지각의 갈라진 조각들은 지구 표면을 따라 거대한 판(plates) 안으로 이동한다. 판들이 서로 재빠르게 결합하는 곳에는 (예를 들면 인도 아대륙이 다른 아시아 대륙과 결합하는 곳), 히말라야 같은 산맥을 만들어 내는 지각의 대변동이 잠재되어 있다. 또한 하나의 판이 또 다른 판 옆을 재빠르게 스칠 때 급작스러운 지진과 이동을 초래하여 생긴 단층선상에는 증가하는 긴장과 압력이 잠재 되어있다. 그러나 아마도 이것들 중에 가장 일촉즉발의 불안 지대는 이들 판들이 서로 벌어져 멀어지거나 아니면 판들이 접촉하여 하나의 판이 다른 판으로 '섭입'하게 되는 것이다. 이 지대들은 지진을 유발할 뿐만 아니라 화산작용도 일으킨다. 판들이 벌어져 멀어질 때 지구 표면의 길게 갈라진 틈으로 지구내부의 마그마가 분출하여 화산재와 용암이 흘러내리게 되고 결국 이것은 지각의 새로운 표면을 만들기 위해서 굳어지게 된다. 또한, 하나의 판이 다른 판 아래로 섭입할 때는, 그 과정으로부터 생긴 압력과 열은 돌들과 단단한 판을 녹이고, 압력과 가스가 표면을 따라서 이 지점에 쌓이면 격렬하고 폭발적인 화산 작용의 가능성이 창조된다. 간단히 말하면, 판구조론을 통해서, 지구 표면은 항상 한쪽 끝은 자기 자체를 조금씩 잃어가고, 다른 한쪽 끝은 조금씩 자기를 창조해 나가는 과정에 있다는 사실을 깨닫게 된다. 이것이 거대한 대륙판이 녹은 상태에서 단단한 상태로, 지구 표면에서 사라졌다가 출몰하면서 느리지만 지속적으로 진행하고 있는 창조와 재창조의 순환 과정인 것이다.

이와 마찬가지로 인간 역시 성장하고 변화하면서 지속적으로 창조되고 또 재창조 된다. 우리는 우리 자신을 잃기도 하고 새로운 것을 추가하기도 한다. 우리는 치료과정에서 자기-반응성의 요소에서 발견되는 타인을 훼손하고, 해를 주는 그런 부분들을 버리도록 하여 환자/내담자들을 도울 수 있다. 또한 우리는 그들이 과거의 오랜 위반과 반응성을 사랑과 신뢰의 영속성과 인력에서 발견되는 새로운 방법으로 이동하도록 돕는 큰 기회를 가질 수 있다. 하지만, 치료사들이 반드시 알아야 할 것은 개인과 가족 안에서 창조되고 재창조되는 과정에서 종종 압박감이 발생하는데 이것이 바로 일촉즉발적인 불안이라는 것이다. 환자/내담자들이 감정을 작업하고 있는 동안 치료사가 그들과의 연대감과 명료성을 가질 수 있어야만 하는 극도의 감정의 순간들이 있을 수도 있다. 보통, 가족 구성원들이 과거의 사랑과 신뢰에 대한 위반을 논의하고 건강한 연대감을 위한 새로운 기회를 만들기 위해서 서로 애쓰고 갈등할 때 관계적인 대변동의 시간이 있게 마련이다. 그리고, 환자/내담자들이 새로 습득된 행동을 그들의 생활 목록에 통합하여 실행하고 작업해야 될 시간들이 있다는 것이다.

우리는 치료사로서 종종 환자/내담자들에게 변화를 적극적으로 요청하지 않는다고 생각한다. 많은 치료사들은 환자/내담자들이 의뢰하는 행동들을 개념화하고 이해하는 데는 충분히 자기 역할을 하고 있다. 또한 그들은 개인, 부부, 그리고 가족들과 잘 연대하고, 공감하며 인내하고 있다. 그러나, 종종 환자/내담자들에게 변화를 위한 확실한 지도를 제공하고 행동 변화에 필요한 실행(practice)을 요청하는 점에 있어서는 부족한 것이 사실이다. 심지어는, 우리가 새로운 행동을 실행하도록 할 정확한 방향들과 기회들을 제시 할 경우에도, 우리는 종종 치료실에서 실행을 지속적으로 주장하지 않는다. 그리고 어떤 것들을 계속해서 연습해야 한다고 충분히 요청하지 않는다. 그저 우리는 다시 문제를 이해하고 감정과 연대감을 가지는 것으로 되돌아가서, 좀 더 해결 할 수 있어 보이는 다른 치료 방향으로 전환한다.

변화가 일어나기 위해서, 치료사는 진실로 이 책의 I부에서 제시한 이론적인 뒷받침과 배경을 갖추어야 한다. 또한 치료사는 개인 및 개인과 관계된 사람들이 확실한 변화를 할 수 있도록 돕기 위해서 효과적인 개입 전략 방법들을 갖추고 있어야 한다. 더불어 환자/내담자에게 필요한 변화를 요청하고 지속적으로 주장할 수 있는 용기도 가져야 한다. 이런 목적을 위해서, 본 장(章)과 다음 장에서는 사랑과 신뢰의 복원을 위해 고안된 복원치료의 기법들에 관해 기술하고 있다. 본 장에서는, 자기-치유, 사랑과 신뢰의 생성을 위해 고안된 관계적인 행위, 그리고 사랑과 신뢰의 복원을 위한 유산(legacy)의 문제와 화해의 문제를 다룰 것이다. 제6장에서는 특별히 뇌의 연구와 관련하여 이런 형태의 이슈들에 대한 행동적 실행의 필요성에 관해 중점적으로 다룰 것이다.

자기-치유 지향적 개입

비록 위반(침해)들이 사회적인 비극이나 재난, 학창시절의 경험, 동료에 대한 실망 등에서 발생이 되었다 해도, 이러한 위반으로부터 온 과거 손상의 이야기를 듣는 것은 그리 쉬운 일이 아니다. 더욱이 가장 슬프고 듣기 힘든 이야기들은 원가족으로부터 온 상처들일 것이다. 이것이 가장 슬픈 일은 가족들이 한 어린 아이의 원 프로그램을 위해서 한편의 아름다운 사랑과 신뢰의 글을 쓰는 기회로 삼을 수도 있었는데, 방치, 학대, 거부 등으로 아이가 사랑받지 못하고 안전하지 않다는 생각에 깊이 빠지도록 하는 기회로 선택했다는 것이다. 우리가 보아왔듯이, 이러한 위반은 정체감의 손상뿐만 아니라 손상된 자기-반응성과 파괴적 권리를 가지고 타인을 위반하는 대처 유형을 형성하도록 한다.

다음은 자기-치유(self-healing)에 사용하는 다양한 기법들의 한 예시로써 40세, 남성의 사례이다. 그가 치료실에 오게 된 이유는 아내가 보낸 최후통첩 때문이었다. 아내는 그가 치료를 받지 않으면 이혼을 하겠다고 말했던 것이다. 이 남성은 가정에서 평상시에는 수동적이고 과묵하였으며, 세 명의 자녀들과 아내에게 거의 관여하는 것도 없고 정서적 지원도 하지 않았다. 그러나, 그가 아내의 기대나 압박을 충분히 견디었다고 생각되는 지점에서는 분노가 폭발하여 크게 소리 지르고 마침내는 심한 상처가 되는 말을 자녀들과 아내에게 마구 퍼부었다. 그런 다음에는 며칠, 몇 주 동안 풀이 죽은 채로 아무 말도 하지 않는 그러한 행동의 주기를 가지고 있는 사람이었다. 다음은 첫 번째 회기에서 그와 주고받은 내용인데 여기서 그는 자신의 과거에 받은 상처를 드러내고 있다.

남 성: 기본적으로, 난 내 아내가 나를 떠나고 싶어 한다는 것이 맞다는 것을 알고 있습니다. 나 같은 놈과 사는 게 좋을 것이 별로 없다는 것을 잘 알고 있지요. 심지어 나 자신도 나를 좋아하지 않으니까요. 그래서 아내가 나를 돌보는데 왜 어려움이 있는지 이해 할 수 있어요. 나 역시 나 같은 놈과 결혼하지 않았을 거니까요.

치료사: 왜 당신 자신이 싫은지 말씀해 주시겠어요?

남 성: 나는 무가치한 존재죠. 내가 성취한 것이 별로 없어요. 그리고 대부분의 시간들을 집에 혼자 있고 싶어 하지요. 사람들과 관계를 잘하지 못하고, 늘 공허해요. 내 아내가 불평하는 것들은 근본적으로 합당한 것들이에요. 나는 아내가 나와 함께 하려고 하면 단번에 잘라버려요. 내가 유일하게 감정적일 때는 화가 나 있을 때에요.

치료사: 나는 종종 사람들이 과거 성장할 때 받은 상처와 손상들을 마음에 담고 살고 있는 것을 봅니다. 당신도 당신이 자라면서 가족에게서 받은 상처가 있으실 것 같아요.

남 성: (긴 침묵) 맞아요, 나는 그런 환경에서 자랐어요. 내 아버지는 내가 2살 때 어머니를 떠났어요. 그리고 그 후론 그에 대해서 아무 소식도 못 들었지요. 어머니는 재혼했는데 의붓아버지는 나를 학대하는 사람이었어요. 둘은 딸을 낳았고

그 여자 동생을 마치 공주처럼 대했어요. 그래서 나는 항상 이 가족에게 소속감을 못 느꼈어요. 나는 어머니에게 의붓아버지가 얼마나 나에게 상처를 주고 학대하는지 그리고 이러한 것이 나에게 얼마나 불공평한 일인지 소리치고 싶었지만 한 번도 그렇게 해 보지는 못했어요.

치료사: (긴 침묵) 어머니에게 말할 수 없었다는 거지요.

남 성: 나는 항상 어머니로부터 이런 압박감을 갖고 살았어요, "너와 나를 위해 일을 망치지 마라. 이 남자는 우리를 돌봐주고 있고 우린 아무런 선택의 여지가 없어, 그냥 참고 지내. 그러면 괜찮아질 거야." 어머니는 무슨 일이 저에게 일어나고 있는지 정확히 알고 있었지만 동네를 떠나가게 되는 일이 벌어 질까봐 두려워서 아무런 일도 하지 못했어요.

치료사: 그러면 어머니는 당신을 어떤 상태에 놓이게 하셨나요?

남 성: 저는 전적으로 혼자였어요. 내가 실제로 누구를 의지할 수 있다고 느낀 적이 내 기억으로는 한 번도 없어요. 그리고는 내가 어떻게 느끼든지 상관없이 모든 것이 아무 일 없이 보이게 하기 위해 혼자 조용히 지내는 것이 내가 해야 할 일이었지요.

치료사: 그러한 상황에서 당신 자신과 환경에 대해서 어떻게 느끼셨나요?

남 성: 나는 무가치하고, 혼자이고, 사랑받지 못하고 내 상황에 아무것도 할 수 없는 무기력한 존재라고 느꼈고, 지금까지지도 나에 대해서 그렇게 느끼고 있어요.

아들을 홀로 놔두어 혼자 살아가게 만들고, 아들 보다는 자신 안전의 필요를 먼저 채운 어머니에게 사랑받지 못했던 과거를 털어놓은 이 남성의 깊은 고통은 명확했다. 그는 어머니가 자신의 안정적인 인생을 위해 그가 불안전한 상황에서 조용히 혼자 침묵하고 있어 주는 것이 그와 그녀를 위한 방법이라는 메시지를 전달받은 것이다. 그는 이렇게 그를 이용한 어머니로부터 버림받음을 느꼈을 것이다. 그는 아버지에 의해서 버려진 가정에서 성장했고, 스스로 자신을 돌보며 살아가라고 한 그의 어머니에게서도 또한 버림받음을 느끼며 살았던 것이다. 이 남성이 사랑받지 못했으며 신뢰가 없는 관계와 관련된 일차적 감정을 깊게 느꼈을 것이라는 점은 그리 놀라운 일이 아니다.

그는 자신이 무가치하고, 혼자이고, 사랑받지 못했고 그리고 무기력하다와 같은 사랑과 신뢰의 위반에 의한 일차적 감정들과 더불어 그의 자기-반응성과 대처에 관한 많은 것을 드러내고 있다. 그는 아내의 최후통첩이 자기가 좋은 점이 별로 없어서 자신에게 마땅한 것이라고 여기고 있다. 이것이 그가 자신에 관해서 자기-수치화를 적극적으로 하고 있다는 주된 표시인 것이다. 그는 자신이 무가치 하다고 느끼는 감정이 모두 자기의 잘못이며, 그의 엄마와 의붓 여동생이 자기보다는 더 가치 있기에 어쩌면 그의 엄마의 행동이 다소 옳았다고 느끼고 싶어 할 수도 있다. 이것은 또한 그가 자신을 위해 변론해 주고 자신이 친구가 되기에 충분히 중요하고 사랑스럽고, 가치 있고, 특별한 사람이라고 느끼게 해주는 그 누군가를 몹시 원하고 갈망할 가능성을 나타낸다. 그는 또한 대부분의 시간을 혼자 보냈으며, 사람들과도 관계하지 않는다는 것을 말하고 있다. 이것은 그가 *도피/혼란* 행동으로 자기 스스로 격리하거나 자신을 무감각하게 함으로써 어떤 형태의 관계에서 오는 고통도 피했다는 표시이기도 하다. 그는 관계에서 오는 고통을 느끼며 관계를 안전하게 할 수 없다고 느꼈기 때문에 만성적인 철회로 도망쳤던 것이다. 결과적으로 위 사례는 그가 분노로 폭발했다고 말하고 있다. 그것은 그의 수치심과 도피반응 대처 방법이 관계에서 연출 되었으나 계속되지는 못했고 끝내는 그가 *타인 비난*에 의지했다는 것을 나타낸다. 그는 다른 사람들로부터 받은 것이 거의 없이 기나 긴 시간 동안 자신만의 홀로였던 역사가 있었다. 그래서 그가 비록 이런 행동 패턴을 연출하는 것을 좋아하지는 않았지만, 아마도 분노를 남에게 보여 줌으로써 자신의 행위에 대해 정당성을 느꼈을지도 모른다.

각 개인이 느끼는 고통과 연대하여 그 고통을 이해하는 것은 사정과 개입을 위한 기본 틀을 설정하는데 매우 중요하다는 것을 항상 기억해야 한다. 이를 위해서 본 책의 첫 부분에서 다루었듯이 과거의 느낌, 행동, 상황을 조심스럽게 탐색하도록 한다. 덧붙인다면, 제4장(章)에서 설명했듯이 다측면 편파성(Boszormenyi-Nagy, & Krasner, 1986)의 자세와 태도를 유지하는 것이 필수적인 일이다. 치료사들은 사랑과 신뢰를 둘러싼 구성을 재조직하는 치료 과정으로 시작한다. 거기서 환자/내담자들이 세대 간 위반의 유산에 더하는 행동을 바로잡도록 도울 때, 항상 각 개인의 고통을 찾으려는 기꺼운 의지를 가지고 아낌없는 수고를 다해야 한다.

이해하기

'이해하기(understanding)'는 하그레이브(Hargrave, 1994, 2001)가 논의한 치료적 양식(modality)인데 각 개인이 사랑과 신뢰의 위반을 '이해'하도록 도와서 이런 위반의 이유들에 관한 개념들을 재형성하기 위한 것이다. 우리가 위에서 논의 했듯이, 한 개인이 사랑 받지 못한 환경에서 성장했을 때는, 개인은 자신의 정체감에 스며드는 "내가 왜 사랑받지 못했지?"라는 의문을 갖게 된다. 이것은 특히 위반이 원가족으로부터 왔을 때 사실인데 사랑은 가족에서는 반드시 제공되어야만 한다는 명백한 정당화된 기대감이 있기 때문이다. 각 개인은 고유하고, 가치 있으며 혼자가 아니라는 편안한 느낌을 갈망하게 된다.

개인이 사랑받지 못했다고 느끼면, "왜 나는 사랑받지 못했을까?"라는 질문이 생기게 된다. 이러한 의문은 자기-반응성과 대처의 충동력이 된다. 개인은 이러한 질문의 응답으로 사랑을 당연히 제공했어야 할 사람들이 자신에게 부적절하고 부당한 사랑을 제공했거나 또는 의도적으로 자신을 학대했다고 생각할 수 있다. 이것은 자기-반응성이 타인 비난의 패턴으로 나타나고 있는 것을 볼 수 있다. 여기서 본질적으로, 개인은 자기를 사랑해야만 했었던 사람들을 '괴물' 또는 '악마'라고 보기도 한다. 그 이유는 그들이 가장 기본적인 책임을 다하는데 실패했기 때문이다. 그 결과로 개인은 지속적인 보복의 감정을 갖게 된다. 그 감정에 반응하여 사랑을 제공했어야 하는 사람들에게 그들의 책임을 소홀히 한 대가를 지불하도록 하게 만든다. 물론 이런 반응은 개인과 관계를 맺고 있는 모든 사람들에게 자기-반응성과 대처로 관계를 함으로써 대개 무고한 사람들에게 까지도 영향을 주게 되는 결과가 된다(Hargrave, 1994a).

"왜 나는 사랑받지 못했을까?"의 질문에 대한 또 다른 응답은 자기가 사랑 받을 수 없는 존재였다고 자기를 비난하는 반응이 될 수 있다. 이런 반응은 우리가 보아왔듯이 자기-수치화의 대처로 자신을 부정적, 절망적, 궁핍, 우울, 그리고 철회 등으로 자신을 소용돌

이쳐 내려앉게 한다. 근본적으로, 이런 개인은 자기는 무가치하고, 잘못 되었으며, 자기 자신이 사랑받지 못하는 존재이고, 사랑의 가치가 없다고 생각되어 자기 스스로가 자신을 나쁜 사람이라고 결론 내리게 된다(Hargrave, & Pfitzer, 2003). 이와 같이 두 가지의 형태로 자신이 사랑받지 못한 것에 대한 의문에 응답하는 사람들은 아주 심하게 무언가 자신들이 잘못되었거나 아니면 자기들을 돌보아 주었던 사람들이 잘못되었다는 식의 결론을 내리고 있는 것이다. 이해하기의 개입은 이런 상황에 놓인 사람들에게 많은 도움이 될 것이다.

만일 한 개인이 자기를 사랑했어야 하는 사람이 괴물이나 악마라고 생각한다면, 여기에 하나의 맹점이 생기게 된다. 그것은 괴물이나 악마 자체는 오직 우리에게 손상이나 상처를 주기위해 만들어졌기 때문이다. 또한, 한 개인이 자기 자신이 사랑 받기에 무가치한 존재라고 생각한다면, 그 개인은 자기 자신이 사랑스러운 존재라는 것을 받아들일 수 있는 긍정적인 행위를 거의 하지 않는다는 것을 의미한다. 사랑과 신뢰에 대한 위반의 피해자들이 갖는 변화할 수 없다는 믿음은 자신들을 정말로 변화할 수 없는 궁지로 몰아넣는다. 만일 그들을 피해자로 만든 사람들이 실제로 괴물이라면 그들에게 책임을 지을 수가 없다. 왜냐하면 그들 자체가 그 괴물의 짓을 하도록 만들어졌기 때문이다. 더군다나, 그 괴물들은 피해자들의 잃어버린 가치를 바로잡기 위해 손상된 사랑과 신뢰를 보상하지 않는다(Hargrave, 1994a).

물론, 그들은 괴물도 악마도 아니며, 또한 각 개인은 태어날 때부터 사랑받아야 마땅하다. 인간은 인간일 뿐이며 인간은 또한 실수한다. 하지만 인간은 존중받아야 하고, 사랑받을 존재이며, 가능한 존재이고, 자신이 한 행동들에 대해서 책임을 질 수 있는 존재이다. 치료사로서 우리는 자기를 곤궁에 몰아넣는 자기-반응성을 하기 보다는 이해하기를 사용하여 피해자나 가해자 둘 모두에게 인간적이고 현실적인 목표로 이 근본 질문에 대한 응답을 찾도록 모색해야한다. 본질적으로, 이해하기의 기법은 사랑과 신뢰의 위반을 경험한 피해자가 가해자들의 한계성, 환경, 발달을 이해하고 인지하도록 돕는 것에 관한 것이다. 또한 피해자가 자신도 가해자와 같은 한계성, 환경, 발달의 입장에 처한다면 같은 실수를 할 수도 있다는 것을 깨닫게 하기 위한 것이다(Hargrave & Pfitzer, 2003). 실제로, 위반의 피해자가 가해자의 신발을 신게 되는 것이다. 그래서 그들을 괴롭힌 상처의 역사를 이해하는 것이 매우 중요하다.

이해하기는 두 가지의 강력한 효과가 있다. 첫째는, 자신에 대한 새로운 인지적 구성을 가능하게 만듦으로써 사랑받지 못한 일차적 감정을 바로 잡는다. 자신에게 피해를 준 사람들을 괴물로 만들 필요가 없으며, 피해자 역시 자신들이 가치 없는 존재가 될 필요가 없는 것이다. 자신에게 관여된 모든 사람들이 실수를 했고, 또한 그들도 위반의 피해자가 될 수 있다는 것을 깨달아 자신을 구속했던 상처로부터 자유로워지는 것이다. 가해자가 어떠한 결함들을 지니고 있음에도, 한 인간으로서 사랑받을 만한 가치가 있고, 또한 동시에 한 인간으로서 자신이 저지른 행동에 대하여 책임을 감수해야만 한다는 것이다. 둘째, 이해하기는 각 개인의 과정과 어떻게 개인의 자기-반응성이 다른 사람들의 사랑과 신뢰에 손상을 주게 되는지에 대해 확실히 이해하도록 하는 무대를 만든다(Hargrave, 2001).

본 장(章)에서 논의한 남성의 경우에, 그는 자기 자신을 사랑받지 못하고 무가치한 존재로 스스로 가두어 놓고 가끔씩 분노하면서 타인을 비난하는 주기를 지속했다. 다섯 번째 회기에서는, 치료사가 남성과 그의 어머니, 둘 모두를 인간애(humanity)에 연결하여 치료를 진행하여 나갔다.

치료사: 어머니가 당신을 홀로 내버려 두고 혼자 살아가게 만들었다는 것이 놀랍군요. 어머니의 그러한 행동 뒤에는 무엇이 있었을 거라고 생각하십니까?

남 성: 잘 모르겠어요. (긴 침묵) 어머니가 그 당시에 자신의 상황이 흔들리게 될까봐 많이 두려웠던 것 같아요.

치료사: 무엇이 어머니를 그렇게 두렵게 했을까요?

남 성: 어머니는 항상 두려워하는 여자였어요. 지금도 마찬가지죠. 어머니는 아버지가 알코올 중독자였는데 언제 폭발할지 모르는 그런 가정에서 성장했어요. 아버지가 폭발할 수도 있는 상황을 피하려고 항상 애쓰며 살았고, 또한 나의 할머니는 어머니를 보호할 수 없는 완전히 무능력한 여성이었지요.

치료사: 그래서 어머니는 그러한 상황에서 살아남기 위해서 어떻게 하셨나요?

남 성: 어머니는 비참하게 살았어요. 내 생각엔 그 집을 탈출하려고 그냥 아버지와 결혼 한 것 같아요. 그렇게 하면 당신이 살던 환경보다는 그 어느 면에서나 더 나을 거라고 생각하셨겠지요. 난 아버지에 대하여 아는 바가 없어요. 하지만 어머니를 안전하게 보호하지 못했다는 건 확실해요.

치료사: 저도 그렇게 생각이 되네요. 그러면 그런 환경을 통해 어머니는 무엇을 습득했다고 생각하십니까?

남 성: 아무것도 가치 없는 것처럼 느꼈을 것임에 틀림없어요. 기

본적으로, 어머니가 알고 있는 모든 것을 어머니가 어떻게 할 수 없었어요. 그러니 자기 상처를 최소화하기 위해 그저 모든 사람들과 등지고 살았던 거겠죠.

치료사: 그리고 당신이 태어났군요.

남 성: 그렇죠, 내가 태어났는데, 아마 어머니는 나를 어찌해야 할지 몰랐을 거예요, 어머니에게는 나라는 존재 역시 어찌 할 수 없는 또 하나의 짐이라고 생각했을 거예요. 어머니와 나는 숨죽이고 조용히 살았어요. 그러한 가운데 내게 그 어떠한 좋은 것도 해줄 수가 없었던 거죠.

치료사: 네. 그랬겠지요. 당신은 어머니가 정말 나를 사랑하기나 했는지, 그리고 나를 위해서 어떤 희생이라도 하려고는 했었는지 한 번도 확신하지 못했기 때문에 상처가 됐을 것 같아요. 어머니는 당신이 그저 숨죽이고 조용히 있도록 하여 자신의 상황을 쉽게 통제할 수 있도록 했겠지요.

남 성: 그게 정말 맞는 말이에요. 내가 어머니에게 가치가 없는 존재라면 내가 정말 무가치한 존재임이 틀림없다는 생각이 들었어요. 어머니에게는 쉽게 무너져버릴 것 같은 인생을 그나마 잘 붙들고 있는 것이 학대적인 의붓아버지로부터 날 보호하는 것 보다 훨씬 더 중요했던 거죠.

치료사: (긴 침묵) 당신 어머니의 그러한 행동이 당신이 정말 무가치해서였다고 생각하십니까?

남 성: (긴 침묵) 그건 정말 아니고요. 깊이 생각해 보면, 내 어머니는 날 사랑했어요. 그녀는 자기 인생에 너무 움츠려져 있어서 자기 자신과 나를 희생하게 된 거죠. 그녀 역시 당신 인생의 대부분, 자기 자신이 가장 무가치하다고 느꼈을 거예요.

위의 사례에서 남성은 어머니의 삶과 환경을 자신과 조금씩 동일시하기 시작하는 것을 보여준다. 그의 어머니의 행동은 그가 무가치하기 때문이 아니라 오히려 그녀는 두려웠고 그래서 자신을 보호하기 위한 것일 가능성이 많다고 받아들이고 있다. 그는 한발 더 나아가 그녀가 본인처럼 스스로를 무가치하다고 느꼈다고 자신과 동일시했다. 그래서 치료사는 이 상황을 그가 사랑받을 수 없고 가치 없는 존재가 아니라는 인식을 확고히 하는 기회로 삼았다.

치료사: 당신의 깊은 마음속에는 당신 어머니가 당신을 사랑했다고 말했는 데, 그것에 대해서 좀 더 말해 주실 수 있나요? 당신 어머니가 단순히 당신보다 자기 자신을 더 중요하게 여기지는 않았을 것 같아요.

남　성: (긴 침묵, 바닥을 한동안 응시하다가) 나는 내 가족 안에서도 내가 숨죽이고 살아왔다고 말하고 있지요. 내 아내는 좋은 엄마입니다. 그리고 그녀의 행동방식이 나를 두렵게 하지는 않아요. 하지만, 나는 항상 무능하고 가치가 없다고 느껴요. 내가 그런 식으로 계속해서 느끼면 나는 나의 껍질 속으로 그냥 도망쳐버립니다. 내가 숨죽이는 것은 나의 어머니가 그랬던 것과는 이유가 다른 거지요. 하지만 여전히 나는 그런 행동을 하고 있지요.

치료사: 이런 것들이 당신 어머니가 당신을 사랑했다는 것과는 어떤 연관이 있나요?

남　성: 내가 나의 자녀들을 사랑하기 때문에 내가 이런 나의 감정에 너무 묶여있다는 것을 그들에게 보이지 않아요. 하지만 정말 내 아이들을 사랑한답니다.

치료사: (긴 침묵) 당신이 숨죽이고 살고 있다 하더라도 진정으로 자녀들을 사랑하고 있는 것과 마찬가지로 당신 어머니도 그녀가 숨죽이고 살면서 사랑을 보이시지는 않았지만 당신을 사랑했다는 말씀이네요.

남 성: 네. 그렇게 생각해요. 나를 사랑하지 않는 것보다는 어머니 자신의 문제에 갇혀 있었던 거죠. (긴 침묵) 내 자녀들과도 마찬가지입니다. 아마 그 애들도 자기들이 아빠에게는 중요한 존재가 아니라고 느낄 가능성이 많아요. 그러나 실제로는 내겐 그 애들이 전부입니다. 그렇게 보이지 않을 뿐이지…….

치료사: 자녀들에게 그 사랑을 보이지 않는 이유는……?

남 성: 내 인생에 너무 갇혀 있기 때문이죠. 나의 어머니가 그랬던 것처럼.

이 남성이 그의 어머니의 행동이 자기가 무가치하고 사랑받지 못한 존재로 느끼는 감정과는 아무런 관련이 없다는 사실을 이해한 것과 그의 자녀들을 향한 사랑을 보이고 표현하지 못하는 것에 관한 자신의 감정을 이해하는 것은 매우 중요한 동일시이다. 이러한 동일시로부터 오는 개방과 연대감은 남성이 자신이 가치 있음을 확고히 하는 전환점이 된다. 또한, 자녀들과의 관계에서도 자신의 행동 수정을 시작하도록 할 수 있는 엄청난 치료의 기회를 가져온다.

치료사: 당신 어머니는 스스로의 두려움에 갇혀서 당신을 받아들이지 못했고 사랑도 표현하지 못했다는 것이 사실이라면, 당신이 지금까지 가치 없는 존재라고 품고 살아온 감정은 어

떻게 되는 건가요?

남 성: 나도 내 자녀들과 마찬가지로 사랑스럽고 소중한 존재라는 것이 되겠죠.

치료사: 당신이 사랑스럽고 소중한 사람이라고 지금 입 밖으로 말할 수 있습니까?

남 성: 나는 사랑스럽고 소중한 사람입니다. 말하기는 쉽지만 믿기는 힘드네요.

치료사: 다시 천천히 말해보세요

남 성: (눈물을 흘리며, 천천히 말한다.) 나는 사랑스럽고 소중한 사람입니다.

치료사: (긴 침묵) 만일 당신이 이런 감정을 조금이라도 당신 안에 유지한다면 당신에게 어떤 변화가 일어날까요?

남 성: (긴 침묵) 그러면 좀 더 나 자신을 자유롭게 하겠지요. 그리고 내 아내와 자녀들에게 조금 더 내 안에 있는 사랑을 보여주게 될 것 같아요.

이 남성은 본 회기에서 이해하기를 통해 아주 엄청난 연대감을 만들어냈다. 이 회기 후, 그는 “나는 내 안에서 무언가 조금 움직이는 것 같은 느낌을 느꼈어요. 그리고 내 가족에게 돌아가서 행동 패턴을 다르게 할 에너지가 생겼어요.”라고 말했다. 그에게 치료사가 그의 어머니에 대해서는 어떤 다른 느낌이 생겼는지를 물어 보았을 때, 그는 “어머니에게 예전만큼 화가 나지 않고, 또한 내 자신에게도 좋은 면들이 다소 있다는 느낌이 들어요.”라고 말했다. 이런 모습은 이해하기의 개입이 이 남성의 자아감과 자기–수치화 및 도피 행동의 자기–반응성의 행동에 탁월한 효과를 발휘하였다는 것을 나타낸다.

자신에 대한 진실을 발견하고 규명하기

'이해하기'의 개입이 개인의 자기-치유를 돕는 강력한 단계라는 데는 의심할 여지가 없다. 자기-치유를 돕는 또 다른 강력한 단계가 있다. 그것은 개인 자신에 대한 실제 본질적인 진실(truths)의 요소를 규명하도록 도와 그것을 자기-양육(self-parenting)의 개념을 통해 자아감에 통합하도록 하는 것이다. 위에서 언급했듯이, 개인은 어린 시절에 대개 정체감과 안전감에 대한 근본적 요소를 습득하는데 이때는 사랑과 신뢰에 대한 지식이나 선택을 거의 할 수가 없는 나이이다. 결과적으로, 각 개인은 어린 시절 일반적으로 양육자의 행동들이 그들의 정체감과 안전감에 대한 의미부여를 하는 환경의 무대에서 성장하게 된다. 시간이 지나감에 따라 이 양육자로부터의 원초적인 행동들이 반복되면서 개인은 정체감과 안전감에 관한 어떤 상태를 강화하기 시작한다. 얼마 지나지 않아 개인은 인지의 노력이 없이 그들이 말하고 소통하기 위한 언어를 배우는 방식으로 자신의 정체감이나 안전감에 관하여 자동적인 가정(assumptions)을 통합한다. 각 개인이 자신의 정체감이나 안전감에 관하여 만드는 가정(assumptions)이 자신에 대한 진실로 취급되어 지는 것은 자연스러운 현상이다. 정체감이나 안전감의 진실에 대항하는 이의가 효과적으로 제기되지 않는 한, 개인은 종종 사랑과 신뢰의 결핍과 관련된 일차적 감정에 갇혀 살게 된다.

어떤 사람들은 여기서 포스트모던(postmodern)과 구성주의자(contructivist)의 견해로 우리가 진실이라는 단어를 사용하는데 이의를 제기할 것이다. 이미 언급했듯이, 우리는 정체감과 안전감의 의미가 구성된 요소들이라고 믿고는 있지만 이 요소들은 의미/행위,

그리고 사랑/신뢰와 일치하는 방식으로 구성된 요소들인 것이다.

여기에서 우리는 앞으로 한 발자국 더 나아가서, 인간에게는 고유의 내적 가치(intrinsic value)의 요소들이 존재하고 있다는 것과 그리고 그것은 사회적 구성 요소 이상이라는 것을 믿고 있다. 인간에게 타고난(innate) 가치가 있다고 믿는 이유는 인간에게는 정의(Buber, 1958)와 사랑(Roger, 1961)과 같은 타고난 가치들의 증거가 있기 때문이다. 이 가치들은 타고난 것이지 사회적으로 구성된 것이 아니다. 때문에, 우리 모든 인간은 그들의 내적 가치와 일치하는 사랑과 안전감을 경험해야 한다는 의견을 견고히 유지하려고 한다. 정체감과 안전감의 구성이 경험에 따라 다르다고 인정하는 동시에 또한 인간의 가치는 치료 작업에서 매우 중요하고 필수적인 것이다.

그러므로 우리는 각 개인이 타고난 가치에 따라 자신의 정체감과 안전감에 관해서 선택을 할 수 있어야 한다고 생각한다. 정체감과 안전감이 그들의 어린 시절에 구성될 수 있는 것이었다면, 또한 개인이 이미 성인이거나 성인이 되어가면서 자신을 재교육하거나 재구성하는 것도 가능한 일이 되는 것이다. 그러므로 우리가 어느 한 개인의 진실에 대한 재교육을 돕는다고 말하는 것은, 개인이 자신의 가치와 가장 일치하는 진실을 자유의지로 선택하도록 돕는 작업을 의미하는 것이다. 본질상 이것은 자기가 누구이며, 어떻게 자신이 관계에서 행동하고 싶어 하는지에 대해 개인적인 선택을 할 수 있다는 것이다. 즉 누군가가(주로 원양육자) 자아감과 안전감에 관해 개인에게 가르쳐준 '거짓'과의 싸움인 것이다.

우리는 정체감과 안전감에 대한 진실을 발견하고 규명하는데 있어서 세 가지의 필수 요소를 확인하였다. 첫 번째의 요소는 *자신*

(self)인데 이 요소는 정체감과 안전감에 대한 재구성에 있어서 절대적으로 필수적인 요소이다. 왜냐하면 이것이 없으면 다른 모든 요소는 의미가 없어지기 때문이다. 개인이 먼저 자기 자신으로부터 오는 진실에 대한 말을 받아들여야 다른 사람들이 말하는 것도 믿게 될 것이다. 그러나 만일 개인이 자신에 대해 그러한 선택을 하지 않는다면 뇌는 실제로 다른 모든 가능성들을 거절하기에 충분 강력하다. 예를 들면, 만일 어떤 한 개인이 주위사람들에게 자신이 사랑스럽지도 않고 아무 가치도 없다고 말했을 때, 모든 주위의 사람들이 기꺼이 그의 사랑스러움과 얼마나 그가 가치 있는지를 앞을 다투어 말했다고 하자. 비록 주위의 모두가 진실하게 말했을지라도, 이 개인은 그들의 노력을 쉽게 거절할 수 있다. 왜냐하면 그 주위사람들은 이 개인이 자신의 뇌에서 믿기로 작정한 것을 충분히 뒤집을 수 있을 정도로 강력하지 못하기 때문이다. 개인이 먼저 자신의 자아감과 안전감에 대해 강력한 말을 하지 않는 한, 주위의 어떠한 사람의 말도 잘 듣게 되지 않을 뿐더러 자신의 안전감과 정체감에 관해서 이미 결정한 것을 지속적으로 믿으려고 할 것이다. 개인이 사랑과 신뢰에 대한 개인적 상태에 대해서 새로운 신념의 결정과 선택을 내리기로 한다면, *타인들*(others)은 그 신념들을 강화하기 위한 강력한 도구가 될 수 있다. 그리하여 타인들은 자신에 대한 자아감과 안전감에 대한 진실성을 발견하는데 두 번째의 중요한 요소가 되는 것이다. 마지막 요소는 *영적 원천*(spiritual sources)이다. 개인이 만일 과거에 만들어진 의미의 상태를 고치려고 기꺼이 결정을 한다면, 영적 원천을 통해 이들의 문제를 효과적으로 바로잡을 수 있을 것이다(Hargrave & Pfitzer, 2003).

자신

개인이 어떻게 하면 그들이 선택할 수 없었던 관계나 경험을 통해 습득되어 구성된 정체감과 안전감에 대해 이의를 제기할 만큼 강력해 질 수 있을까? 이것은 분명 쉬운 과제가 아니다. 하지만 우리는 개인이 의지적으로 자기를 *재양육*(reparenting)하는 입장을 취할 때 임상적으로 매우 효과적인 결과를 가져올 수 있다는 것을 발견한다. 우리는 아이를 돌보았던 원양육자나 부모가 아이의 자아감과 안전감을 결정하는 데에 지대한 영향을 미치어 대개의 경우 그 영향력은 아이가 성장해서도 여전히 남아있다고 믿고 있다. 하지만 우리는 또한 그 아이가 어른이 되어서 자기 자신이 스스로 자신의 부모가 되어 자기 정체감이나 안전감에 대해 새로운 결단을 할 힘이 있다고 믿고 있다. 이러한 작업 중에서 지금까지 보아 온 가장 강력한 방법은 심상(imagery)을 이용한 재양육법이다. 여기서 성인이 된 한 개인은 자신이 어쩔 수 없이 상처 받을 수밖에 없었던 특정한 한 시절을 상상하게 된다. 이것은 보통 그 개인이 어린 시절에 정체감과 안전감에 관련된 상처의 메시지가 주어진 바로 그 시기와 연관되어있다. 개인이 자기 자신의 상처받은 시기를 개념화 할 수 있을 때, 개인은 성장한 어른의 위치에서 정체감과 안전감에 대해 자신을 재교육하기 위한 의지를 가지고 자신의 관점에서 그 시기의 아이에게 양육을 표현하게 된다. 다음의 사례는 한 남성이 이러한 과정을 통해 7살짜리 자신에게 말하는 작업이다.

남 성: (눈을 감고, 7살 때의 자기 자신을 상상한다). 7살 된 작은 남자 아이가 방에 혼자 앉아 있네요. 아이는 사람들에게 부정적인 말을 듣는다거나 혹은 학대당하는 등 상처받을 것

이 두려워, 밖에 나가지 못하고 방에 혼자 있어요. 무언가 하고 싶지만 방에서 꼼짝 못하고 있어요.

치료사: 그 아이의 마음 안에 들어가실 수 있나요?

남 성: (침묵) 네. 그렇게 할 수 있어요……. 전 그 방에 있는 것이 싫어요. 하지만 전 어디에 가는 것이 두려워요. 꽁꽁 얼어붙어 있어요.

치료사: (긴 침묵) 아이인 당신이 거기 그렇게 앉아 있을 때, 현재 성인이 된 당신이 방문을 통해 들어오고 있는 것을 상상해 보세요. (침묵) 그리고는 이제 그 방에 들어온 성인의 당신 자신 안으로 들어가서, 7살 먹은 아이인 나를 바라보세요. (긴 침묵) 성인인 당신이 아이인 내가 무엇을 느끼는지 잘 알고 있고, 이제 당신이 아이에게 말할 강력한 힘이 있는 어른임을 알고 있다면, 당신은 아이에게 무슨 말을 하고 싶으세요?

남 성: (긴 침묵, 떨리는 음성으로) 내가 아이에게 말하고 싶은 것은…….

치료사: 아이에게 직접 말해 보세요.

남 성: 아이야, 괜찮아. 너는 정말 소중한 아이지, 나는 네가 지금 어떤 느낌을 느끼고 있는지 너무나도 잘 알고 있어. 아무도 너를 원하지 않을지라도 바로 내가 너를 원하고 사랑하고 있어. 네가 혼자 있었을 때 너는 안전하지 않았어. 하지만 지금 네게는 내가 있어. 나는 너를 안전하게 해 줄 만큼 충분한 힘이 있어. 너는 더 이상 거기 그렇게 혼자 있을 필요가 없어. 넌 나와 함께 있어. 내가 너를 보살필 거고 그리고 내가 너를 그 누구보다도 더 사랑한단다.

치료사: (잠시 침묵) 다음, 당신이 무엇을 하시겠습니까?

남 성: 나는 아이를 내 팔에 안아 거기서 데리고 나갈 거예요. 그는 더 이상 거기서 그렇게 숨어 있을 필요가 없어요.

이런 종류의 경험은 "넌 충분히 똑똑하고 좋은 사람이야, 제기랄! 그래서 사람들이 널 좋아해"라고 치료사가 자기 혼자 독백을 연습하는 아주 오래전의 *토요일 밤 라이브* 라는 주말 코믹 쇼의 말을 생각나게 한다. 그러나 여기서 우리가 말하고 있는 심상을 사용한 재양육의 경험은, 개인이 실제로 자기 스스로에게 말한 것과 깊은 정서적인 연결이 되도록 하여 자신의 개인적 선택에 의한 정체감과 안전감에 대한 새로운 진실이 자신 안에 통합되게 하는 것이다. 결과적으로, 치료사는 환자/내담자가 자기 자신에 관한 새로운 진실을 통합할 때 새로운 심상과 행동을 상기하고 훈련할 수 있도록 돕는다. 우리는 정체감과 안전감에 관하여 계속해서 부정적인 생각을 품고 되풀이하던 개인에게, 견고하게 설계된 이런 생각들로 바꾸도록 돕는 개입의 성과에 대해 계속해서 놀라며 기뻐하고 있다. 결과적으로 보면, 개인이 새로운 일차적 감정들을 재구성하면, 자기-반응성 대신에 인력(human agency)에 의거한 선택을 하는 능력이 향상된다. 그러나, 만일 개인이 자신의 정체감과 안전감에 대한 메시지를 전달하는 노력을 마지못해 한다면 그에 상응하는 결과도 있을 것이다. 그리하여, 개인은 자신에 대해서 다르게 선택할 진실이나 자신의 환경에 대해서도 다르게 할 수 있는 일이 아무것도 없다는 생각으로 점점 침체되어 간다. 그렇게 되면 본질적으로, 개인은 자신의 정체감과 안전감을 압도하는 환경이나 다른 사람들에게 의존하면서 결핍된 성장을 지속할 수밖에 없다. 위에서도 언급했듯이, 자기 자신을 재교육하기 위한 선택에 동의하지 않거나 그러한 선택의 힘을 갖지 않는다면, 타인들 또는 심지어 영적인 자원들까지도 이 중요한 문제를 논평한다 해도 별반 다르게 만들 수가 없게 된다. 심지어 다른 사람들이 그 사람의 가치 또는 안전감을 납득시키려고 부단히 노력한다 해도, 결국은 효과가 미미할 것이다. 그리하여 개인은 자기 안에 있는 "거짓"에 갇혀 힘든 삶을 살아가게 될 것이다.

타인들

만일 한 개인이 정체감이나 안전감에 관한 새로운 진실을 받아들이는 이 과정을 기꺼이 수락한다면, 다른 사람들의 의견이 힘을 발휘하게 될 것이다. 개인이 기꺼이 자기 자신을 재교육 하려고 노력만 한다면 실제로 중요한 타인들의 의견을 수렴하여 재구성하는 힘을 가질 수 있다는 것이다. 그렇다면 과연 그 누가 개인의 정체감과 안전감에 관하여 감히 말할 수 있는 충분한 힘(권력)을 가지고 있을까? 당연히, 개인의 원양육자 또는 부모가 그런 힘을 가지고 있는 것이다. 그런데 이것은 이러한 사람들의 모든 사랑과 신뢰의 위반들을 다 조명할 수 있다는 것을 의미하지는 않는다. 어떤 경우는 이미 원양육자가 생존해 있지 않거나 개인의 주변에 없을 수도 있다. 그러나 개인의 사랑과 신뢰의 프로그래밍에 본래 책임이 있던 사람들이 원래 했던 것과는 다르게 이 문제들에 관하여 개인에게 직접적으로 말을 할 수 있다면, 그것은 극적인 효과를 창출할 수 있을 것이다. 이것은 마치 낡은 컴퓨터 프로그램에 최신 프로그램을 교체하는 것과 같은 원리이다. 개인이 지금은 성인이 되었고 사랑과 신뢰의 프로그래밍은 몇 십 년 전에 발생된 일이라고 해도, 주요 가족 구성원과 양육자는, 그 외에 다른 문제들도 그렇겠지만, 정체감과 안전감의 문제에 대해서 말할 수 있는 가장 큰 힘을 가지고 있다. 그리고 그들은 그런 힘을 언제나 유지하고 있는 것이다. 그러므로 가능하다면 그렇게 시정을 하도록 하는 것이 항상 좋은 생각이라고 할 수 있다(Hargrave 2001).

그러면 이러한 방법으로 시정 노력이 가능한지 어떻게 알 수 있을까? 첫째, 가족 구성원이나 양육자들이 좀 더 성숙하고 현명한지 알아보는 것이 좋다. 사람들은 대개 성숙할수록 사랑과 신뢰의 문제에서 어느 부분이 부족한지 볼 수 있으며, 그것을 다르게 만들기를 원할 것이다. 비록 저지른 실수에 대한 다양한 반응이 있을지라도 많은 양육자들은 그들이 젊었을 때 저지른 과실에 대해 소통하기를 갈망하고 있다. 이런 경우라면 그들에게는 이런 노력을 실행하기 위한 구체화와 기회를 만들어 주는 것이 필요하게 될 것이다. 치료사는 환자/내담자와 양육자, 둘 모두에게 사랑과 신뢰에 관해 직접 소통을 나눌 수 있도록 마주할 기회를 마련하도록 한다. 이렇게 직접 사랑과 신뢰에 관하여 서로 얘기를 나누면, 개인과 양육자 사이에 그 개인이 정체감과 안전감에 가졌던 의미에 다양한 효과가 생긴다. 사실상, 여기서 치료사는 환자/내담자와 양육자가 본래의 프로그래밍을 다시 그리기 위한 지도를 만들 수 있도록 돕고 있는 것이다 (Hargrave & Pfitzer 2003).

둘째, 환자/내담자가 자신의 전체 삶에서 자신이 사랑과 신뢰의 위반에 어떤 영향을 주고 있는지를 인식하고 있는지 알아보는 것이 매우 중요하다. 위에서 언급했듯이, 손상된 사랑이나 신뢰감은 주로 자기 자신을 망치는 것뿐만 아니라 그들이 연관된 관계들을 대부분 손상시키는 자기-반응성으로 귀결된다. 다른 말로 하자면, 피해자는 종종 다른 사람을 괴롭히는 사람이 된다. 개인이 사랑과 신뢰라는 면에서 다른 사람들에게 상처를 주고 있다는 사실을 인식할 때, 그 개인은 자신의 정체감과 안전감의 문제를 시정받기 위해 더 마음을 연다. 이럴 경우에는, 가족이나 양육자로부터 오는 교정은 환자/내담자에게는 훨씬 더 효과적이 될 수 있다.

마지막으로, 환자/내담자와 가족 구성원이 이런 형태의 개선을 정말로 갈망하는지를 알아보는 것이 매우 중요하다. 개인이나 가족 구성원들은 종종 마음 깊은 곳에서는 문제들이 시정되어지기를 갈망은 한다. 하지만 어떤 경우에는, 타인 비난이나 자기-수치화와 같은 깊은 자기-반응성에 갇혀 있다. 그러기에 그들의 관계에서 원하던 사랑과 신뢰의 회복을 위한 기회를 거절하는 경우도 있다. 만일 그들이 이러한 형태의 자기-반응성이나 대처에 묶여 있는 상황이라면, 치료사는 주로 자기 개선과 재교육 같은 다른 방법을 통해 이 문제를 시정하는 방법을 찾는 것이 더 바람직하다.

만일 개인이 어떤 사람들이 자신의 정체감이나 안전감을 다루는 것이 중요하다고 생각하면 그들도 이 진실을 개인에게 말해 줄 수 있는 힘을 소유한 사람들이다. 멘토들, 선배들, 형제들, 부부, 그리고 어떤 경우에는 자녀들도 개인의 이런 문제들에 대해서 의미를 재구성하는데 도움을 주기 위해 직접적으로 말할 수 있다. 물론, 엄청난 능력은 개인 자신에게 달려 있는데 자신이 정체감이나 안전감 문제들을 의미 있고 강하게 재구성하느냐 하지 않느냐에 따라 달라진다. 하지만 부분적인 능력은 환자/내담자가 자기 자신에 관한 신념을 재구성하는 과정에서, 이런 중요한 타인들이 환자/내담자에게 말할 수 있는 기회를 제공하도록 하는 치료사의 기술에도 달려 있다.

영적 원천(spiritual sources)

치료실에 오는 모든 사람들이 다 자신들이 개인적으로 중요하게 여기는 영적인 믿음을 가지고 있는 것은 아니다. 그러나 많은 사람들에게는 그들의 삶에서 영성이 지대한 영향을 미친다. 도허티(Doherty, 1996)에 따르면, 치료에 있어서 대부분은 위반(offence)의 가능성을 피하기 위해서 도덕적으로 중립적인 방식으로 영성을 다루어 왔다. 우리는 이것이 문제가 있다고 본다. 왜냐하면 환자/내담자의 정체감과 안전감의 문제를 교정하는 것을 돕는데 있어서 그것을 가능하게 하는 힘이 있는 어떠한 자원이라도 사용해야만 하기 때문이다. 또한 치료사가 개인의 영성에 중립적이거나 거리두기를 하는 것은, 대부분 개인에게 영성에 대한 불인정을 전달하거나 혹은 영성을 못마땅하게 여기는 것 같은 인상을 줄 수도 있다. 만일 영성이 환자/내담자에게 중요한 자원이 될 경우에, 그것은 사랑과 신뢰의 문제를 바로 잡는데 중요한 한 부분을 차지할 것임이 틀림없다(Hargrave & Pfitzer, 2003).

치료사가 자원으로써 사용하려는 종교들이나 또는 모든 영적인 영역에 전문가가 될 필요는 없다. 단지 치료사가 성(gender)이나 다문화 문제를 다루는 것처럼 그와 같이 영성을 다루어야 한다고 믿을 뿐이다. 이런 문제들에 있어서, 능숙한 치료사들은 종종 마음을 열어 관심을 가지고 영성이 환자/내담자의 세계관, 관계성, 자아감에 어떻게 영향을 끼쳤는지를 기꺼이 그들로부터 배우려는 자세를 취한다. 영성은 치료사가 내담자들의 정체감과 안전에 대한 감각을 교정하도록 돕기 위해서 사용된다. 또한 영성은 치료적으로 그들의 영적인 믿음이 어떻게 사용될 수 있는지에 대한 방법을 찾을 때, 성이나 다문화 문제를 다루는 방식처럼 다루어져야만 한다. 대부분의 영적인 자원은 사랑, 평화, 명예, 평온, 신뢰, 권력, 정의, 공동체 의식 등에 대한 감각을 촉진시킨다. 종종 이런 이상들(ideals)은 환자/내담자들이 신이나 혹은 높은 존재로부터 사랑을 받는다는 감각을 얻도록 하는데 효과적으로 사용될 수 있다. 또한, 이 이상들은 이들이 구원적(redemptive)이고, 신뢰의 기능을 할 수 있는 자신들을 둘러싼 공동체가 있다는 것을 인식하는데 도움을 줄 수 있다(Hargrave & Pfitzer, 2003).

위아래 세대 작업하기

치료사가 사랑, 신뢰, 자기-치유의 문제들을 다룰 때 최소한 3세대의 복잡성을 염두에 두는 것이 항상 유익하다. 왜냐하면 이런 다세대의 복잡성은 환자/내담자에게는 그들의 원가족에 의해서 만들어진 신념과 의미의 본성이며, 현재의 관계에서는 그들의 행동 방식인 것이다. 또한 그것은 현재 그들이 형성중이거나 미래에 형성하게 될 정체감과 안전감의 문제이기 때문에 치료사가 개인과 작업을 할 때조차도 그것은 유용하게 쓰인다. 이 다세대의 복잡성은 언제나 존재하며, 이것은 치료사에게 사랑과 신뢰의 문제를 적극적으로 다룰 수 있도록 하는 특별한 능력을 제공한다(Hargrave & Metcalf 2000).

한 세대 위를 작업하고 한 세대 아래를 작업하는 기법을 통해, 치료사는 개인의 방어와 공격을 유발하지 않으면서 사랑과 신뢰의 위반을 규명할 수 있는 특별한 기회를 갖는다(Hargrave & Pfitzer, 2003). 정체감과 안전감에 손상을 입었던 과거가 있는 개인들은 자기–정당화, 반응성, 그리고 파괴적인 행동을 할 확률이 높다. 만일 치료사가 오직 환자/내담자의 이런 문제들에만 단순히 집중한다면, 그리고 정체감이나 책임감 등의 특정한 면으로만 몰아간다면, 치료적 관계에 도움이 되지 않는 자기방어와 공격을 유발하기가 쉽다. '위아래 세대 작업하기' 기법으로, 치료사는 모든 가족 구성원의 원장 문제에 편파성을 갖는데 민감해질 수 있다. 또한 세대 문제로 초점을 이동함으로써 방어성과 공격성을 피해갈 수 있다. 다음은 5살과 7살 두 자녀에게 학대적인 감정폭발로 법원에 의해 연계되어 치료실에 오게 된 한 여성의 사례이다. 치료사는 4회기 동안, 그녀의 배경과 학대의 역사를 살펴본 후에, 이 여성이 자신 어머니의 상처, 자녀의 상처, 그리고 마침내 자기 자신의 상처에 주목하도록 도왔다. 이렇게 다양한 세대들을 위아래로 오가며 균형을 잡는 작업은, 이 여성 자신안에서 분명히 다룰 필요가 있는 사랑과 신뢰의 문제들을 규명할 수 있는 분명한 기회를 준다. 또한 그녀가 책임감과 자기–양육을 사용하여 그러한 문제점들을 다루는 것을 가능하게 한다.

여 성: 전 제가 아이들에게 뭔가 잘못했다는 건 알아요. 하지만 전 여전히 제가 여기에 왜 와야 하는지 잘 모르겠어요. 저의 과거나 제가 과거에 견뎌야 했던 것들에 대해 관심을 가져 준 사람은 아무도 없어요.

치료사: (긴 침묵) 당신의 어머니야말로 당신에게 준 상처들을 책임지기 위해서 이 자리에 와야만 한다고 느끼시는 것 같군요.

여 성: 당연하죠.

치료사: 당신의 어머니에 대해서 궁금해지네요. 저는 당신이 어머니에 의해서 희생되었고, 그리고 당신이 아이들에게 다소 잘

못한 것을 알고 있습니다. 당신의 어머니도 그녀의 어머니에 의해 희생되었고 그랬기때문에 당신에게 그런 잘못들을 한 건 아닌지 궁금합니다.

여 성: (화난 어조로) 우리 어머니도 그랬던 것으로 알고 있어요. 할아버지와 할머니가 어머니를 학대한 거죠. 어머니가 그것을 나한테 전수했고요.

치료사: 그런 입장에 있게 되면……. 자신을 사랑해 주리라 여겼던 사람에게 학대를 받은 것을 알게 되면……. 그것은 당신이 자신에 대해 생각하는데 어떤 영향을 줄까요?

여 성: (긴 침묵, 훨씬 부드러워진 목소리로) 끔찍하게 느껴지게 만들겠죠. 제게 문제가 있다는 생각이 들 것 같아요. 그리고 그러한 상황을 달라지게 만들 어떤 행동을 할 수 있을 거라 생각하겠지만, 할 수가 없죠.

치료사: 어머니는 성장 하면서 어떤 느낌을 느끼셨을까요?

여 성: 그건 제가 모르죠.

치료사: 그런 상황에 처해 있으면 어떠할 것이라는 점은 상상하실 수 있을 것 같아요.

여 성: 엄마는 스스로 무가치하다고 느꼈을 거예요. 자신을 원하고 사랑해 준다는 느낌을 주는 그 누군가를 원했겠죠. (긴 침묵) 그런 감정을 어머니의 부모에게선 받을 수 없다고 확신했고, 이것이 어머니가 저를 임신한 이유라고 생각해요. 어머니는 저를 통해서 스스로 중요한 존재라고 느끼고 싶었을 거예요. 그러나 아기를 갖기에는 너무 어렸죠.

이것이 한 세대 위로의 작업을 위한 첫 실질적 연결 작업이다. 여기서 내담자가 어떻게 자신의 분노와 자기 합리화의 자세에서 교류를 시작하는지 주목해 볼 필요가 있다. 치료사가 한 세대 위로 이동했을 때 치료사는 이 여성을 사랑과 신뢰의 위반에 대한 일차적 감정과 연관된 근원적인 감정과 연결 지을 수가 있었다. 만일 치료사가 그녀가 느끼는 감정에 대해 바로 직접적인 질문을 했다면, 그녀는 반응성과 대처(주로 분노와 비난)에 연관된 이차적 감정에 초점이 맞추어졌을 것이다. 위 세대 작업하기에 있어서, 치료사는 그녀의 어머니가 느꼈을 감정에 초점을 맞추는 것을 통해 그녀와 그녀 자신의 일차적 감정을 연결 지을 수 있었다. 세대를 통해 이어지는 부정의(injustice)와 위반에 대한 판(slate)의 본성으로 인해, 치료사는 그녀가 자신의 어머니에 대해 규명하는 이런 감정들을 그녀 또한 역시 느꼈을 것이라고 확신할 수 있다. 회기가 계속 되면서, 치료사가 이제 이런 감정들을 어떻게 그녀의 7세 딸에 대하여 한 세대 아래로 작업하는데 사용하는지 주목하라.

치료사: (긴 침묵) 당신의 딸도 역시 자신이 환영받고 사랑받는다는 그런 느낌들을 갈망합니다. 이런 느낌들을 딸에게 어떻게 전달하세요?

여 성: 사랑한다고 말해주지요. (긴 침묵) 하지만, 제 딸이 제가 주는 메시지로 인해 혼란스러워 한다는 것을 알고 있어요. 딸에게 인내심도 없고 아이의 나이에 맞지 않게 제가 너무 많은 것을 바라고 있다는 것을 알고 있어요. (울기 시작) 전 가끔 아이를 보면서 이 아이가 자신의 이런 상황에 대해 어떻게 생각하고 있을까 궁금해져요.

치료사: (긴 침묵) 딸이 자신과 자신의 상황에 대해 어떻게 생각하고

있을까요?

여 성: (긴 침묵) 혼란스러울 것 같아요. 제가 사랑한다고 말하면서 분노하고 학대를 하니까요. 이런 점 때문에 제 딸은 자신이 무가치하고 사랑받지 못한다고 느낄 것 같아요. 아마도 자신이 뭘 해야 할지도 모를 거예요.

치료사는 여성과 아래 세대를 연관 지어 이 세대에 존재하는 혼란과 무기력의 감정에 대한 실질적 연관성을 발견했다. 그녀는 자신의 핵심적인 정체감 문제를 규명했을 뿐만 아니라 안전의 문제와도 연관 지을 수 있었던 것이다. 치료사는 이러한 기회를 몇 가지 방향으로(각 세대 편파성에서부터 어머니의 책임성까지) 이동하는 데 사용할 수도 있을 것이다. 하지만 우리의 견해로는, 위아래 세대 작업하기(working up and working down) 기법이 환자/내담자가 이런 감정들을 직접 만나도록 하는데 도움을 주며, 그들 스스로 자신의 부모의 입장이 되어보는데 가장 효과적으로 활용되어 질 수 있다. 이 사례에서 치료사는 심상을 통해서 여성이 자신의 딸과 말하도록 도왔다. 그리고 심상에서 규명된 단어를 활용하여 세대를 거슬러 올라가 결국 그녀가 자신의 어머니에게 듣고 싶은 말을 자신 스스로에게 말할 수 있도록 했다.

치료사: 만일 지금 당신의 딸이 여기 이 방에 같이 있고, 딸의 눈을 주의 깊게 살펴보니 혼란과 사랑받지 못한 느낌이 보인다면, 어떻게 반응하시겠어요.

여 성: (긴 침묵, 울음) 제 딸에게 도움을 주는 어떤 말이라도 하고 싶어요. 하지만 솔직히 변명을 하고 싶은 기분이 들 것 같아요.

치료사: 딸에게 무슨 말을 하게 되실까요? 지금 해 보시겠어요?

여　성: 난 내가 할 수 있는 최선을 다했어. 그러나 내가 해야 하는 일을 하지 못한 건 알아. 하지만 나도 압박감으로 너무 힘들었어.

치료사: (긴 침묵) 이 말을 들으면 딸은 어떤 느낌이 들까요?

여　성: 아마도 예전과 똑같이 혼란스러울 것 같아요. 이 말은 딸에게는 아무소용이 없을 거니까요.

치료사: 아무 소용이 없을 거라는 것을 어떻게 아시나요?

여　성: (잠시 침묵) 왜냐하면 저도 이런 사과를 제 어머니로부터 평생 들었거든요. 이런 사과로는 제 자신이나 상황에 대해 어떤 다른 감정도 생기지 않더라고요. 그건 단지 그냥 변명으로만 들릴 뿐이죠.

치료사: 그럼 어떤 말이 듣고 싶었나요?

여　성: 전 엄마가 당신이 저에 대해서 했어야만 할 것들을 놓쳐버린 것들에 대해서 저한테 정말 미안하다고, 그리고 제가 그대로 괜찮았다는 말을 듣고 싶었어요. 엄마가 저에게 더 잘하려고 했고 사랑으로 저를 대하려고 했다는 말을 듣고 싶었어요.

치료사: 스스로에게 엄마처럼 말해보세요.

여　성: (잠시 침묵) "너에게 못해 준 것이 너무도 많구나. 그것에 대해서 정말 미안해. 엄마가 실수해서 미안해. 엄마에게는 많은 혼란스런 감정이 있는데, 이제는 거기서 벗어나려고 해. 그런데 그건 네 잘못이 아니야. 넌 괜찮아. 이건 내 문제고 그래서 내가 바로 잡을 거야."

치료사: 당신 스스로 자신에게 말한 것을 들었을 때 그것들은 당신

에게 어떤 의미가 있나요?

여 성: (긴 침묵) 모든 것이 다 달라지는 것 같아요. 이제 딸아이에게 그렇게 많은 혼란을 전달하지 않게 될 것 같아요.

치료사: 저도 당신이 이런 혼란을 전달하는 것을 원하지 않아요. 이건 당신의 어머니에게서 당신에게로, 그리고 당신에게서 딸에게로 흘러 내려가고 있는 것 같아요. 이것을 당신 스스로에게 명확히 했으면 좋겠어요.

여 성: 제 딸에게도요.

치료사: 네. 그러나 딸에게 명확히 하기 전에, 반드시 당신 자신이 분명하게 인지해야 하죠. (긴 침묵) 자, 한번 시도해 보지요. 당신이 당신 스스로에게 그런 말들을 해보는 거예요.

여 성: (잠시 침묵) "너의 엄마가 너에게 많은 잘못을 했어. 그건 네 잘못이 아니야. 넌 괜찮아. 그것에 대해서 네가 사과할 필요는 없어. 넌 사랑스럽고, 사랑받을 수 있어."

치료사는 의도적으로 여성이 딸에게 말하기 전에 자기 자신에게 먼저 말하도록 해야 한다. 위아래 세대 작업하기 기법은 자신과 다른 세대들 내에 있는 감정들을 인식하게 도와주고 자신과 다른 세대들이 치유에 이르도록 하는 방향을 제시한다. 다음 회기의 시작부분에서 여성은 치료사가 요청하지도 않았는데 이 메시지를 자신뿐만 아니라 엄마와 딸에게도 전달했다고 말했다. 위아래 세대 작업하기 기법은 종종 환자/내담자에게 그들이 자기-치유나 회복을 위해 노력할 수 있게 하는 광범위한 치료적 직관(intuition)을 제공한다.

관계 행위 지향적 개입

우리는 가족이라고 부르는 세대간 복잡성 안에서 개인이 삶을 다르게 만들 수 있는 강력한 힘을 가지고 있다고 믿는다. 가족은 과거 무한 세대가, 아직은 태어나지 않은 미래의 다른 세대로 계속 연이어져 확장되어 가는 긴 다리와 같다. 각 개인은 그런 다리위에 서 있다. 그 구조의 상태, 즉 개인을 따라 지나쳐간 사랑과 신뢰는 이미 결정이 난 상태이다. 그로 인해 개인은 매우 튼튼하고 견고하거나 혹은 손상되고 불안정한 기반의 발판, 둘 중 하나의 다리 상태에 놓여 있다. 하지만 뒤로 길게 연결 되어진 다리 상태가 어떠하든지 간에, 이 긴 다리를 위해 작업해야 하는 개인의 차례가 온 것이다. 개인이 현재의 사랑과 신뢰에 대한 작업을 어떻게 하는가에 따라서 다음 세대의 다리 상태가 결정되어 질 것이다.

그렇기 때문에, 가족이라는 다리를 건너 현재의 관계와 미래의 관계를 다르게 만들 수 있는 새로운 행동들을 실제로 연습하기 위해서, 자기-치유로부터 시작하는 개인 작업은 복원치료 모델에서 반드시 필요하다. 우리는 개인이 현재의 관계에서 다르게 상호작용 하는 것을 시작할 수 있게 고안된 두 가지의 주된 개입을 사용한다. 즉, *맞는 대본이나 틀린 대상*(right script but wrong players)과 *의무와 권리 균형 잡기*(balancing obligation and entitlements)이다. 이 두 가지 개입에서, 주요한 관심사는 개인이 현재의 관계에서 다르게 행동하도록 도와서 사랑과 신뢰를 향상시키는 분위기를 만들어 내는 것이다.

맞는 대본이나 틀린 대상

나의 훌륭한 친구이자 동료인 글렌 제닝스(Glen Jennings)는 종종 관계적 요구와 혼란이 해결되도록 노력하는 개인의 행동이나 감정에 대해 우리가 관찰해 온 것들을 다음과 같이 말하곤 했다. "그들은 자신들이 교정하고자 시도하는 것에 대해 맞는 관계적 대본을 가지고 있지만, 그 대본에 맞지 않는 관계적 대상을 상대로 교정하려고 시도한다." 우리는 이러한 현상을 환자/내담자들을 돕는 과정 중에 종종 발견하게 된다. 특히 치료의 회기 중에서 그들이 타당한 관계적 요구를 하고는 있지만, 그 요구를 엉뚱한 사람들에게 하면서 자신을 회복하려하고 끝맺음하려는 사실을 인식하도록 도와줄 때 더욱 분명해진다(Hargrave & Pfitzer, 2003).

다른 말로 하면, 사랑과 신뢰에 관한 위반을 경험했던 대부분의 사람들은, 그 위반에 대한 반응성과 대처를 전혀 무고한 대상에게 한다. 그로 인하여 그 대상은 그들의 관계에서 훨씬 더 많은 상처를 받게 된다. 개인이 사랑과 신뢰를 구하기 위한 충동적 욕구와 정당성을 가지고 있다. 그러나 무고한 사람은 사실 환자/내담자가 느끼는 사랑에 대한 위반을 위해서 할 수 있는 일이 아무것도 없다. 이 기법의 핵심요소는 환자/내담자가 자신의 관계적 요구(the relational claim)를 살펴보고 정확히 인지한 다음, 무고한 대상에게 그러한 관계적 요구를 주장하는 것의 부적절함을 명확히 인식하고 사랑과 신뢰에 대한 정당한 권리 및 자격을 적절한(appropriate) 방법으로 다루도록 돕는 것이다(Hargrave & Pfitzer, 2003).

관계적 요구 인지

다음은 자신의 부부문제와 가족문제로 고통을 겪고 있는 한 중년 여성의 사례이다. 이 여성은 학교에 무단결석을 하며 집에서는 자신이 할 일을 거의 하지 않고 무책임하게 행동하는 두 아들을 두고 있다. 또한 그녀는 14년간의 결혼생활에서 무시와 태만한 태도로 일관한 남편에 의해 지속적인 압박감을 느끼고 있었다. 그녀는 남편이 한 번도 자신을 제대로 돌본 적이 없으며 정말 도움이 필요한 순간에도 옆에 없었다고 말했다. 그녀는 최근 자신의 사무실에서 호감이 가는 사람이 있어 진지하게 이혼을 고려중인 상태에서 치료에 오게 되었다. 그녀는 직장에서 개별적으로나 온라인상에서 호감가는 남자와 정서적 교류는 하고 있지만, 아직 육체적 관계는 맺지 않았다고 보고했다.

첫 세 번의 회기 동안, 이 여성은 자신이 친오빠에게 성적으로 학대를 당한 배경에 대해서 보고했다. 그녀는 부모님이 두 분 다 일을 하셔서 어린 시절 보호와 돌봄을 거의 받지 못했다. 그녀에게 오빠는 두려운 존재였지만 한편으론 의지할 수 있는 유일한 존재이기도 했다. 성장과정에 대해 질문을 했을 때 그녀는 좋은 영향을 받은 것이 없기 때문에 과거에 연연하고 싶지 않다고 말했다. 하지만, 현재에 있어서는 관계를 어떻게 다르게 만들 수 있는지에 대해서 어떤 방향 제시를 얻고 싶어 했다. 이 사례에서 치료사는 현재의 인간관계 안에서 나타나는 그녀의 몇몇 반응들은 과거 방치되고 학대받은 환경에서 성장하며 느꼈던 사랑과 신뢰의 결핍에서 오는 자기-반응성임을 인지했다. 그녀가 남편과 아들, 그리고 타인에게 느끼는 불만은 그녀가 현재의 관계에서 사랑과 신뢰에 대한 과거 문제를 해결하려고 하는 것과 연관이 있음을 보았다. 치료사가 '맞는 대본이나 틀린 대상(right script but wrong players)' 기법의 개입을 시작하는 첫 번째 단계는 이 여성이 과거에 있어야 했던 관계적 요구를 정확히 스스로 인지하도록 돕는 일이다. 이 사례에서 치료사가 그녀의 현재 관계에서 느끼는 그녀의 감정이 사실은 원가족에게서 느꼈던 감정에 기인한다라는 것에 그녀가 어떻게 초점을 맞추도록 하는지 주목하기 바란다.

치료사: 지난 몇 달 간 당신의 결혼생활에 대해 생각해보죠. 당신이 결혼생활에 대해 어떻게 느끼고 있는지에 대해 생각할 때 떠오르는 느낌들은 어떤 느낌들이 있을까요?

여 성: 중요하지 않은, 무시된. (잠시 침묵) 사랑받지 못한, 화가 나는……. 더 있겠지만 아마도 이것들이 주된 감정인 것 같아요.

치료사: 결혼기간 중 이런 감정들을 느낀 기간이 얼마나 되는지에 대해 말씀해 주시겠어요?

여 성: 아마도 14년간 내내 결혼생활의 시작 초반부터였던 것 같아요.

치료사: 네, 그럼 이제 지난 몇 달 간의 자녀들에 대해 생각해보죠. 내가 부모라는 것을 생각할 때, 어떤 느낌의 단어가 떠오르시나요?

여 성: 무력하다고 느껴져요. 희망이 없고. (잠시 침묵) 억울하고…….

치료사: (잠시 침묵) 강력한 느낌들이네요.

여 성: 아이들에 대해 항상 그렇게 느낀 건 아니에요. 단지 지난 몇 년 간이죠. 아이들에게 모든 걸 다 줬지만 그들은 이제는 전 안중에도 없어요. 저에 대해서는 신경도 쓰지 않고 하루 중

에 같이 하는 시간이 거의 없어요. 아이들은 내게서 배운 대로가 아니라 아빠에게서 배운 그대로 행동하고 있죠.

치료사: (긴 침묵) 당신의 부모님과 함께 했던 지난날과 그때 받았던 감정들을 되돌아볼 때 떠오르는 단어는 뭐가 있을까요?

여 성: 모르겠어요. (잠시 침묵) 전 부모님이 날 위해 시간을 낼 만큼 충분히 중요하지 않은 존재였던 것 같아요. 부모님은 절 너무 내버려 두셨어요. 전 스스로를 돌봐야만 했고, 그건 때때로 무서운 일이었어요. 저는 부모님에게 보호받지 못했어요.

치료사: 오빠나 오빠의 학대에 대해 생각할 때 당신이 느꼈던 감정은요?

여 성: (잠시 침묵) 너무 무력하게 느꼈어요. 이용당해서 너무도 억울하고…….

치료사: 당신이 남편에게 느끼는 감정들–중요하지 않은, 무시된, 사랑받지 못한–그리고 자녀들과의 관계에서 느끼는 감정들–무력한, 희망 없는, 억울한–을 들어보니 그것이 당신이 부모님과 오빠에 대해 느꼈던 느낌들과 매우 흡사한 것 같네요.

여 성: 정말 그런 것 같네요. (긴 침묵) 전 아마도 사는 내내 이런 감정들을 느꼈던 것 같아요. 그런 느낌들은 이제 정말 지겨워요.

치료사: 상상이 갑니다. 정말 이해가 되고요. 그렇지만 어떻게 그 긴 시간 동안 이런 감정들을 느꼈을까요?

여 성: 어떻게?

치료사: 당신은 부모님으로부터 상당한 무시를 당했고 혼자 감당하도록 방치되었으며 오빠에게도 보호받지 못하는 그런 상황

에서 성장했죠. 당신은 가족들에게 사랑받고, 관심과 보호 받기를 원했지만, 당신을 보살펴주고 존중해 줘야 할 오빠로부터 학대도 당했어요. 당신은 사는 내내 사랑, 의미, 존중, 보호, 안전, 힘을 찾아 헤매었을 것 같네요.

여 성: 결국 그 말은 제 남편이 제 부모와 비슷해서 제가 결혼을 했다는 말인가요?

치료사: 꼭 그렇지는 않지만, 그렇게 하도록 한 어떤 것이 당신의 무의식에 있었을 것 같긴 하네요. 제 말은 당신이 가족들로부터 마땅히 받아야 하는 것이었지만 받지 못한 무언가가 있다는 거죠. 당신은 당연히 가족들에게 사랑과 관심, 그리고 보호를 받아야만 했어요. 하지만 당신은 그것을 받지 못했죠. 그래서 여전히 당신은 그런 것들을 구하고자 당신을 몰아가고 있다는 거죠.

여 성: 정말 그래요. 그것들은 저에게는 가장 중요한 것이죠. 그것이 제가 지금의 가족들로부터 사랑과 관심, 존중을 받지 못할 때 화가 나는 이유이지요.

치료사: 네. 이해가 됩니다. 하지만 당신이 사랑받아야만 하고, 중요한 존재여야 하며, 힘이 있고, 그리고 존중 받아야 하는 이런 강렬한 욕구들은, 당신이 성장 한 후에 만난 사람들에게서 시작된 것이 아니라는 것을 인식하셨으면 좋겠어요. 당신의 원가족이 이런 감정들에 대한 분위기를 만들어 놓은 거죠. 그리고 그 가족들은 그런 것들을 당신에게 제공했어야만 하는 사람들이었고요.

여 성: 정말 그건 그래요.

치료사: 당신이 성장했던 원가족이 당신을 사랑하고, 존중하고, 안

전감을 느끼게 해주어야 했던 사람들이었죠. 그런데 당신이 이런 것들을 받지 못했을 때, 당신은 상처와 고통을 느꼈고, 그리고는 특정한 방식으로 그 고통과 상처에 대처해 왔던 거죠. 이러한 대처방식은 바로 원래 위반이 존재했던 곳으로부터 온 셈이죠.

여 성: 그렇게 말씀하시는 것을 들으니까, (잠시 침묵) 정말 이해가 되네요. 전 제 자신 스스로를 정당화시켜야만 했기에 이런 의미들을 계속 가지고 다녔던 것 같아요. 사실, 전 단지 마땅히 받아야만 했던 것을 받지 못했어요.

치료사는 이 여성의 관계 속에 존재하고 있는 관계적 불균형, 정의롭지 못한 문제들, 그리고 사랑과 신뢰의 위반에 대한 근원지에 접근할 수 있도록 도와주었다. 여기에 초점을 맞추면서, 치료사는 그녀가 본인의 관계적 요구를 인지하고, 이것을 무고한 배우자와 아이들에게 요구하는 행동들로부터 분리하도록 하기 위한 기초를 다졌다.

무고한 대상에게 부적절한 요구

위의 여성에 대한 치료의 초점은 이제 그녀가 남편과 자녀들을 무심코 희생시키고 있는 자기-반응성과 대처를 분명히 하는 쪽으로 전환되었다. 여기서 치료사는 그녀가 자신의 정당화된 관계적 요구를 인지한 것에서, 그녀가 그러한 관계적 요구를 무고한 대상에게 하고 있다는(맞는 대본이나 틀린 대상) 것을 명확히 인식하도록 돕는 방향으로 이동했다.

치료사: 당신이 자신을 스스로 보호하기 위해 필요한 행동들을 했었다는 것은 정말 이해가 갑니다. 당신의 가족들로부터 받지 못했던 돌봄을 줄 수 있는 남편과 결혼한 거죠. 그런데 남편으로부터 그것을 받지 못했을 때, 아들들에게 집중하게 된 거죠.

여　성: 전 좋은 엄마였다고 생각해요.

치료사: 저도 그렇게 생각합니다. 엄마로서의 강점은 무엇이라고 생각하세요?

여　성: 전 완전히 제 아들들에게 헌신했어요. 그 아이들을 위해선 못할 것이 없었어요.

치료사: 분명히 그랬을 것 같아요. 좋은 엄마였던 것에 대한 답례로 바라시는 것이 있나요?

여　성: 전 아이들이 저를 존중하고 자신들이 저에게 받은 돌봄에 대해 감사하길 바라요. 가끔 아이들이 저에게 집중하고, 제가 아이들에게 아직도 얼마나 중요한 존재인지 알 수 있게 해주면 상처받지 않을 것 같아요.

치료사: 당신이 아이들에게서 존경과 인정받기를 원한다는 말을 들을 때, 마치 당신이 부모님에게서 받지 못한 것을 아이들이 주길 바라는 것처럼 들리네요. 아이들이 당신을 사랑해 주길 원하는 것처럼 들려요.

여　성: 맞아요. 확실히 아이들이 절 사랑해 주길 원해요. 그래야 하는 거죠!

치료사: 전 당신이 아이들을 위해 하시지 않은 것이 없기 때문에 정말 좋은 엄마라고 생각해요. 하지만 당신의 부모가 당신에게 하지 않았던 것들을 아이들에게 기대하면서 아이들이 당

신을 사랑하길 바라는 것은, 아이들이 책임지지 않아도 될 것을 책임지게 만드는 것이라고 생각해요.

여 성: 그게 무슨 말씀이세요?

치료사: 당신의 부모님은 당신에게 사랑, 보호, 존중 등을 줘야 할 책임이 있지요. 당신도 마찬가지로 부모로서 자녀들에게 같은 책임이 있지만, 아이들은 부모에게는 그런 책임이 없어요. 당신의 자녀들도 부모가 되면 그들의 자식들에게는 주어야 할 책임이 있지만, 당신에게는 그러한 책임이 있는 것은 아니죠.

여 성: (긴 침묵) 부모님이 조건없이 저를 사랑해주었으면 좋겠다고 기대했지만 그런 일은 결코 일어나지 않았어요. 오히려 엄마는 제가 엄마를 돌보는 것이 제 일이라고 말하곤 했지요. 전 "당신을 돌보는 것이 제 일이 아니에요. 당신이 절 돌봐야 해요."라고 생각하곤 했었죠. (잠시 침묵) 전 제 아이들을 돌보아 왔지만, 당신 말이 맞아요. 저는 제가 사랑받고 싶은 대로 아이들이 저를 사랑해 주길 기대해 왔던 거죠.

치료사: 정말 이해가 됩니다. 당신은 마땅히 사랑받고 관심 받아야 되죠. 단지 그 책임은 자녀들이 아니라 당신 부모님에게 있었다는 거죠.

여 성: 저는 지금 아이들에게 자기 책임도 아닌 것을 하라고 제가 어떻게 요구했는지 확실히 인식하기 시작하는 것 같네요. 아이들에게 사랑을 주는 것은 제 책임이었고 그 사랑을 저에게 다시 돌려주는 것은 아이들의 책임이 아니죠.

치료사: 부모가 사랑해준 것을 다시 자식이 되돌려 주는 것은 자식

이 해야 할 일이 아니죠. 그저 부모는 부모로서 자식들을 사랑하면 되는 거죠.

치료사와 이 여성의 다음 논의는 그녀가 종종 남편에게 어떻게 배우자로서가 아니라 부모같이 그녀를 사랑해 주길 기대했었는지로 확대되었다. 그녀는 부모로부터 받지 못했던 것과 결부시켜서 남편이 자신을 돌봐주고 사랑해 주도록 요구했었다는 것을 더 명확히 인식하게 되었다. 그녀가 한 인식을 바탕으로, 치료사는 그녀가 부모로부터 받지 못했던 권리를 요구할 대상이 남편이나 자식이 아니고 부모였다는 것을 확실히 규명 하도록 도왔다.

권리를 적절하게 다루기

부모나 혹은 원가족으로부터 보상을 받는 것이 가능할 때가 있다. 그러나 이 사례의 여성은 자신의 부모나 오빠가 부분적으로라도 의미 있는 변화를 일으킬 가능성을 믿지 않았다. 그녀는 그녀가 원가족에게 그러한 보상의 기회를 요청한다면 그녀의 원가족은 자신을 더욱 비난하거나 더 큰 상처를 주게 될 것이라고 믿고 있었다. 이와 같은 경우, 치료사는 환자/내담자가 자신의 가족에 대한 기대치를 명확히 하도록 도와야한다. 또한 이해와 자기-양육의 견지에서 환자/내담자의 자원에 의지해야만 한다. 다음 세 번의 회기동안, 치료사는 이 여성이 자신의 욕구를 적절하게 충족하기 위해 자신의 행동을 명확히 하는 작업을 했다.

치료사: 사랑받고 보호받고 존중 받는 것에 대해 당신이 가지고 있는 정당한 요구에 관해서 어떻게 생각하고 계시는지 좀 말

씀해 주세요.

여 성: 전 아직도 그것들을 갈망하고 있어요. 하죠. 그러나 제가 제 남편과 아들들이 채워줄 수 없는 것을 하도록 노력해 주길 바라고 있었다는 생각이 들어요. 그들은 저를 사랑할 수는 있지만 부모가 아이를 사랑하듯이 그렇게 할 수는 없는 거죠. 남편이 저를 어느 정도 보호해 줄 수 있긴 하죠. 그러나 그건 모든 어려움을 해결해 주는 부모 같은 사람이 아니라 어려운 시간을 같이 헤쳐 나가는 배우자로서 인 거죠. 전 제가 생각했던 것보다 제가 더 많은 힘을 가지고 있다는 것을 알게 되었어요.

치료사: 어떤 면에서 더 많은 힘을 가지신 거죠?

여 성: 제 남편과 아이들에게 미루는 대신에, 제가 스스로 날 돌보고 사랑하는 거죠. 그렇게 하니까 오히려 더 그들과 함께 행복하고 또 그들은 저와 함께 행복해 해요.

치료사: 예를 들면요?

여 성: 예를 들면, 남편에게 그가 하지 않는 것에 대해 불평하는 대신 저와 무언가를 함께 하자고 부탁해요. 그러니까 남편이 훨씬 더 많이 반응을 보이더라고요. 남편이 저를 돌본다고 느끼는 대신 우리가 동반자로서 더 가까워졌다는 생각이 드니까 남편이 실제로 저와 시간을 더 많이 보내요.

치료사: 하지만, 양육의 욕구는 어떻게 충족시키고 있나요? 부모님에게 양육시 받지 못한 것들에 대해 받아야 할 빚이 있잖아요.

여 성: 잘 모르겠어요. 우리가 말했던 것처럼 제 스스로를 양육하는 중이에요. 하지만 제게 분명해진 것은, 저의 부모님 때문에 생긴 문제에 대해서 남편과 아들들이 보상해 줄 수는 없

다는 거죠. 이것이 명확해지니까 남편과 아이들을 위해서 할 일을 더 잘하게 되는 것 같아요.

여기서, 여성은 그녀의 과거 권리를 남편과 자녀들에게 요구하여 자신의 정체감과 안전감을 강화시키려 했던 혼동을 명확히 하고 보다 더 기능적인 행동들을 규명하게 되었다. 또한 그녀는 자신의 행동에 책임을 지면서 더 강인해 졌다. 우리가 '맞는 대본이나 틀린 대상'의 기법으로 개입할 때, 환자/내담자의 권리에 올바른 대상을 찾는 것뿐만 아니라 그들이 무고한 가족들에게 해를 입히지 않으면서 보다 책임감 있게 행동할 수 있는 영역을 찾는 것까지 도움을 주도록 해야 한다.

의무와 권리 균형 잡기

'의무와 권리 균형 잡기(Balancing Obligations and Entitlements)' 기법은 하그레이브와 앤더슨(Hargrave & Anderson, 1992)에 의해 노령화 가족들의 세대 간 작업에서 처음으로 규명되었다. 노인이 있는 가족들 중의 일부는 노인이 아래 세대에 아무것도 베푸는 것이 없이 젊은 세대로부터 지나친 보살핌을 받고 있다는 것을 알게 되었다. 우리는 신뢰성과 관련해서 원장(ledger) 안에 있는 장점(merits)과 의무의 불균형과 부정의(injustice)는 위협, 조종 혹은 철회와 연관되는 파괴적인 권리를 낳는다는 것을 기억하는 것이 매우 중요하다. 집안의 연장자들이 이런 과한 혜택을 경험하게 되면 그러한 경험을 강화하기 위해서, 대부분의 경우 그들은 자신을 보살펴주는 가족구성원을 더욱더 위협하고 몰아세우며 조종하게 된다. 결국 이러한 관계에서 희생된 사람들은 다른 관계에서 파괴적 권리를 갖게 된다. 이런 연장자들에게, 예를 들어 그들의 지혜를 아래 세대와 공유하고 식사준비를 돕거나 가족들을 살피는 등의 가족 내에서 이행해야 할 의무가 주어질 때 보통 그런 상태는 상당히 개선된다.

치료사가 세대 간 원장내의 모든 장점과 의무를 모두 다 알 수는 없지만(Boszormenyi-Nagy & Krasner, 1986), 장점과 의무의 일반적인 불균형은 발견될 수 있다. 이런 불균형이 오랜 기간 지속된다면, 이 불균형을 바꿀 수 없다거나 또는 특정 가족 구성원의 성격 때문에 다룰 수가 없다는 가족 신화가 생겨 신념체계에 큰 영향력을 미치게 된다(Hargrave & Pfitzer, 2003). 이런 문제들이 침체되어, 불균형이 콘크리트처럼 가족 내에서 견고해지면, 가족 구성원은 변화를 멈추게 된다. 의무와 권리의 균형 잡기 기법에서, 치료사는 세대 간 원장의 완벽한 균형을 추구하기보다는, 사랑과 신뢰의 상호작용 안에서 다시 관계의 움직임을 추구할 수 있는 가족 구성원을 찾는 것에 더 주력하게 된다. 만일 이런 상호작용이 균형을 찾게 되면, 그 다음은 경험된 사랑과 신뢰가 점진적으로 더 균형 잡힌 상호관계를 할 수 있는 기회를 만들게 될 것이다. 균형 잡힌 방식으로 가족 구성원이 서로 주고받으며 교류할 때, 그들은 대체로 그런 방식으로 서로 주고받을 수 있는 보다 많은 움직임을 갖게 된다. 그렇기 때문에, 균형을 잡으려는 노력의 결과는 가족 구성원들 간에 계속 증가하여 소용돌이 쳐 올라가는 나선형의 주기(giving)가 될 가능성이 크다(Boszormenyi-Nagy & Krasner, 1986).

위에서 살펴본 여성의 사례에서, 치료사는 그녀가 자신의 정서적 유대감에 대한 문제를 보류시키고 요리나 집안 청소 등의 기능적인 보살핌을 제공하는 것에만 주의를 기울여 왔다고 가정했다. 여성의 이러한 행동은 현재의 가족 구성원들 사이에서 엄청난 불균형을 만들어 왔을 것이다. '맞는 대본이나 틀린 대상' 기법을 통한 작업은 그녀의 상황에는 도움이 되었지만, 그녀는 수많은 집안일을 하는데 있어서 여전히 존중받지 못한다고 느끼고 있었다. 남편과 아들들의 도움이 거의 없이 대부분의 집안일을 혼자 하고 있었기 때문에 이런 불균형은 그녀에게는 매우 억울하게 느껴졌다. 그러면서 한편으로는, 남편과 아들들이 그녀의 노고에 대해 사랑과 감사의 느낌을 표현해 주길 기대했다. 그녀가 이런 감정의 표현을 받지 못했을 때는, 그녀 자신도 가족들에게 감정 표현을 거의 하지 않았다. 치료사는 그녀가 다른 남성과 정서적 교감을 가지려 했던 것도 이것이 이유가 되었을 것이라 가정했다. 그녀는 자신의 남편과 자녀들이 자신에 대해 감정 표현들을 하도록 조종하는 노력을 게을리 하지 않았다. 그에 대한 응답으로 그들은 집에 오래 머물러 있지 않았다. 결국 그녀는 현재의 가족들이 자신을 정서적으로 돌보지 않는 것에 대해 직접적으로 불평하는 대신에, 가족들에게 감정 표현을 거의 하지 않고 더 열심히 일만 하게 되었다. 이것은 관계적 원장의 불균형에서 생긴 파괴적인 사이클인 것이다.

이런 불균형을 다루기 위해, 치료사는 그녀에게 남편과 함께 치료실에 오라고 요청했다. 아래의 대화에서 이 부부의 관계에 존재하는 이러한 불균형에 대해 치료사가 어떻게 도움을 주었는지 주목해보자.

치료사: 그러니까 두 분 관계에서 일어나고 있는 일은, (아내를 가리키며) 아내분이 집안일과 관련된 것은 거의 모두 다 하신다는 것이죠. 그래서 이에 대해 남편이 당연히 주어야 하는

존중과 애정을 주지 않는것이 불평이 되신다는 말씀이시군요. 그리고 (남편을 가리키며) 남편분은 사실은 아내의 불평 때문에 집에 거의 있게 되지 않고 아내를 피하게 된다는 그런 말씀이시네요. 맞습니까?

남 편: 네, 말씀하신 그대로입니다.

아 내: 네, 맞아요. 하지만 전 이제 불평을 많이 하지 않아요. 예전과 같은 요구를 하진 않아요.

치료사: 그건 확실해요. 왜냐하면 당신은 부모에게 당연히 받아야 할 사랑과 존중을 받지 못했고 그것을 대신해서 채워주는 것은 당신 남편의 책임은 아니라는 사실을 명확히 인식하셨기 때문이죠. 하지만, 전 여전히 두 분 사이에 있는 관계의 불균형이 신경 쓰이네요.

아 내: 그건 저도 마찬가지예요. 남편은 집안일은 아무것도 하질 않아요.

남 편: 제가 무슨 일을 해도 아내를 만족시킬 수가 없어서 아예 하질 않는거죠.

치료사: 그건 제가 중요하게 여기고 있는 불균형에 해당하는 것이 아닙니다. 문제는 두 분 사이의 정서적인 유대감과 표현의 양 인거죠.

아 내: (잠시 침묵, 괴로운 듯이) 우리가 정말 정서적인 유대감을 갖고나 있는지 모르겠네요.

치료사: 두 분 사이의 정서적인 유대감이 어떠셨나요?

남 편: 그냥 사이가 멀어져 왔던 거죠. 우리는 더 이상 같이 하는 일이 거의 없어요. 서로 신체적 접촉도 없고 대화도 거의 없죠. 그리고 아내는 이것을 다른 남자와 하는 거죠. 우리

는 계속 멀어졌고 이젠 상처만 남았어요. 그냥 아들들을 키우기 위해 같이 사는 거죠.

치료사: 상처받으신 것이 정말 이해가 되네요. 그런데 그 상처가 의미하는 것은 무엇일까요? 남편 분께서 느끼시는 그 고통이 말해주는 것은 무엇인가요?

남 편: 제가 무언가를 돌봐야 한다는 의미 같은데…….(긴 침묵) 어떻게하면 정상적인 상태로 돌아갈 수 있을지 잘 모르겠어요.

치료사: 아내에게 바라는 것을 이야기해 주시겠어요? 그것이 이루어질 가능성이 없다는 생각이 드시더라도…….

남 편: 전 그저 아내가 제가 해야 하는 일 이외에도 저를 좀 찾아 주었으면 좋겠어요. 제가 어느 정도는 그래도 괜찮은 사람이라는 것을 알아주었으면 좋겠고, 좋아해 주었으면 좋겠어요.

치료사: (남편에게) 이런 요구나 바람들을 아내에게 표현해 보신 적이 있으세요?

남 편: 아니요.

치료사: 아내가 괜찮은 여성이고, 당신은 아내를 좋아한다는 것을 아내에게 표현한 적은 있으세요?

아 내: 오랫동안 안한 것 같아요.

치료사: (아내에게) 당신은요? 남편에게 이러한 정서적인 유대감에 대한 표현을 한 적이 있으세요?

아 내: 저도 오랫동안 안한 것 같아요.

치료사: 바로 이것이 제가 가장 중요하게 생각하는 불균형이죠. 두 분은 남편과 아내로서 바람직해야 할 필요성은 인식하고 계십니다. 서로 신체적인 접촉이 필요하며 부부관계도 필요하다는 것을 알고 계시죠. 그런데 두 분은 해야 한다고 알고

있는 것을 실행하지 않고 있지요.

아 내: 느낌이 없을 때는 특별히 무언가를 한다는 것이 힘든 것 같네요.

치료사: 이해합니다. 그러나 두 분 모두 상대방이 요구하고 있는 어떤 것들을 갖고 있어요. 서로에게 아쉬워하고 있는 점들이 있지요. 그러나 그것을 상대방에게 표현하는 대신에 거리를 두거나 집안일을 하고 있는 것이죠.

남 편: 어떻게 하면 이 상황을 벗어날 수 있을까요?

치료사: 두 분이 보다 더 정서적으로 연결이 되도록 책임을 다하기 전에는 두 분의 관계가 좋아지지 않겠지요. 그래서 일단 내가 바라고 좋아하는 것을 상대방에게 표현하는 것부터 시작하는 것이 바람직한 출발일 것 같아요.

남 편: (긴 침묵) 난 모든 문제들에도 불구하고 당신을 사랑해. 내가 여전히 당신을 나의 아내이자 친구로 생각해.

아 내: (울기 시작한다. 긴 침묵) 내가 했던 일들에 대해 미안하게 생각해요. 다른 남자와 관계하고 있었던 것…….

치료사: (아내를 중단시킨다.) 아내분이 그 일에 대해서 사과를 하고 싶으신것 같은데, 그러나 지금은 아내분이 남편에게 느끼시는 감정을 표현 하시는 것에 집중해 주시길 바라요.

아 내: (울기시작. 긴 침묵) 나도 당신을 사랑해요. 난 당신이 나에 대해 그 어느 누구보다 더 잘 알고 있는 사람이라고 생각해요. 난 우리가 앞으로도 함께 살기 위한 이 작업을 잘 해 나갔으면 좋겠어요.

단지 이런 단순한 상호작용만으로도 이 부부에게는 중요한 효과가 있었다. 이 부부는 이전보다 훨씬 더 정서적인 교류가 많아졌고 서로에게 더 솔직해졌다. 치료사는 이 부부에게 다음 주까지 날마다 상대방의 새로운 바람직한 점을 한 가지씩 발견하여 상대 배우자에게 알려 주라는 요청을 했다. 부부가 다음 상담 회기에 왔을 때, 그들은 이전 보다 훨씬 더 기분 좋은 한 주를 보냈다고 이야기 했고, 그것은 아마도 자녀들이 태어난 이후 그들의 결혼 생활 중 최고였을 것이라고 했다. 치료사는 아내가 보다 더 많은 감정표현을 하게 되면, 아내의 조종 행동(남편이 보살핌의 표현을 하도록 하게 하려는 행동)이 줄어들 것이라고 가정했다. 남편도 자신의 감정표현에 균형을 찾아가면서, 아내와 거리감이 거의 사라졌고 해로운 비난을 하지 않게 되었다. 놀랍게도 이 부부는 그 주에 지난 일 년 중에 처음으로 부부관계를 했다고 보고했다. 게다가 아내는 남편이 집안일과 자녀들을 돌보는 일에 확실히 더 적극적이었다고 말했다.

한 주 만에 이런 드라마틱한 효과가 나타나는 사례는 드물다. 그러나 변화를 향한 분명하고 확실한 결과를 갖기 위해 균형을 잡으려는 노력은 특이한 것이 아니다. 개인이 신뢰하고 사랑하는 태도로 서로에게 책임감 있게 행동할 때, 스스로 자신의 권리를 획득할 수 있고 다른 관계에서도 이와 유사한 방식으로 책임감 있는 행동을 하게 된다. 관계 내에서 주고받음의 균형과 정의(justice)는 상호적 주기(giving)를 생성한다(Boszormenyi-Nagy & Krasner, 1986). 치료사는 '의무와 권리 균형 잡기' 기법에서 현존하는 불균형을 명확히 하고 그 불균형을 매우 구체적으로 다루어야 한다.

세대 간 가족에서 사랑과 신뢰 지향적 개입

용서, 구조, 그리고 복원

우리는 제8장(章)에서 복원치료 모델의 용서의 과정과 개념들을 전적으로 다루게 될 것이다. 여기서는 하나의 치료적 개입의 맥락 안에서 용서의 과정에 대한 개요를 다루고자 한다.

관계 행위 지향적 개입이 사랑과 신뢰에 대한 현재의 관계에 역동적인 영향을 미칠 때, 이런 일련의 개입들은 현재의 관계뿐만 아니라 미래의 관계(세대간 가족의 성장과 양육에 필수)를 다루는 데에도 좀 더 지향을 두게 된다. 우리는 이미 반응성, 사랑의 결핍, 그리고 불신의 문제들이 세대 간 가족들에게 어떻게 손상의 돌풍을 만들어 내는지를 보았다. 즉, 개인이나 가족 내에서 다루어지지 않은 채로 남겨진 외상과 피해는 다음 세대에서 더 큰 외상과 피해를 낳을 가능성이 크다.

개인이 용서를 다루는 개입에 가담할 때 치료사와 그 개인은 똑같이 세대 간 집단을 위해 사랑하고 신뢰할 만한 일들을 하기로 결정한 것이다. 물론 이런 결정은 개인에게 자신이 사랑과 신뢰의 행동을 할 수 있도록 역동적인 영향을 미친다. 그것은 현재의 관계에서 건설적인 행동권을 굳건하게 할 뿐만 아니라 개인이 가지고 있는 정체감을 긍정적으로 강화시키고 안전감이 있는 개인이 되게 한다. 또한 세대 간 집단 내에서 용서를 끄집어내어 말하고 용서하는 결정은 가족을 위한 방향을 바꿔 놓을 수 있다. 우주로 나아가기 위한 우주선의 목적지가 항로를 몇 도 조절하여 극적으로 변화되는 것처럼, 각 세대는 미래에 다르게 살게 될 것이며 점차로 오래된 파괴적인 것들이 사라지고 사랑과 신뢰에 있어서 보다 더 올바른 방향에서 있게 될 것이다.

용서의 문제를 다루는 개입은 사랑과 신뢰에 대한 단순한 위반 뿐만 아니라 극단적으로 잔인하고 모욕적인 위반, 모두를 다 다룰 수 있어야 한다. 단순한 위반은 심한 위반보다 더 나쁘지 않다는 믿음은 사실이 아니다. 우리가 임상적으로 관찰한 인간 구조 내에서는, 때때로 단순해 보이는 위반이 보다 더 극단적인 형태의 학대로 나타나는 반응성을 초래할 수 있다는 것에 항상 놀라고 있다(Hragrave, 2001). 정체감이나 안전감에 대한 보다 심각한 위반에 대해 용서라는 작업을 한다고 생각하는 것이 사실이라 하더라도, 용서의 개입은 다양한 경우의 사례에 적용될 수 있다는 것도 사실이다. 이 개입이 사용되었던 어떤 사례라도, 명확한 의도는 개인과 개인을 둘러싼 현재의 관계, 그리고 앞으로 생기게 될 세대 간 관계에서 정체감을 향상 시키는 것이다.

대부분의 문헌에서 용서란 과거의 부정의(injustices)나 상처, 그리고 부정의와 연관된 분노를 놓아 버리는 아이디어에 초점이 맞추어져 있다(Hargrave, Froeschle, & Castillo, 2009). 이것이 분명 좋은 아이디어라는 생각은 들지만, 훌륭한 용서의 모델이 수반해야만 하는 것으로는 부족하다고 느낀다. 용서란 과거를 그냥 흘려 보내는 것도, 되돌려 놓는 것도 아니다. 용서란 일차적으로 가능한 한 관계 내에서 사랑과 신뢰를 되돌려 놓는 것에 관한 것이다(Hargrave, 2001).

여기서 우리는 수년간 우리가 사용했던 용서의 모델에 대해서 자세히 살펴보고자 한다(Hargrave, 1994a, 2001; Hargrave & Anderson, 1992; Hargrave & Pfitzer, 2003). 그리고 제8장(章)

에서 그 모델의 임상적 사용법을 예시할 것이다. 이 모델은 그림 5.1에서 보는 바와 같이 용서의 작업을 *구조*(salvage)와 *복원*(restoration)의 두 넓은 범주로써 개념화한다. 구조의 작업은 가해자(victimizer)나, 또는 사랑과 신뢰를 위반한 사람과의 관계를 복원하거나 재건을 구할 필요가 없는 피해자, 모두에게 매우 중요하다. 이 작업에서 피해자는 가해자가 지속적으로 자신을 상처주지 못하도록 예방하며 또한 미래의 관계를 위해 자신의 파괴적인 성향을 예방할 수 있는 방법과 과거의 정서적 고통을 이해하고 다룰 수 있는 건설적인 방법을 추구해야한다(Hargrave, 2001).

복원의 작업은 피해자가 사랑과 신뢰의 손상을 일으켰던 바로 그 관계 내에서 사랑과 신뢰를 복원하려고 노력하는 관계적 함의를 가지고 있다(Hargrave, 1994a). 이 작업에서 피해자는 가해자가 예전만큼 자신에게 파괴적인지 아닌지, 그리고 보다 사랑과 신뢰가 있는지를 확인해가며 천천히 가해자와 관계를 맺어 사랑과 신뢰를 재건하게 된다. 피해자는 명백하게 과거 관계를 직면하고 다루는 것으로 가해자와 직접적인 관계를 맺고자 할 것이다. 이러한 복원의 작업을 선택할 경우 피해자와 가해자는 함께 과거의 위반에 직면하고, 보다 더 사랑하고 신뢰하며 충만한 관계가 되도록 결심하게 되는 것이다.

구조와 복원의 두 범주에는 네 개의 서로 다른 국면들(Hargrave

<table>
<tr><th colspan="4">용서의 작업</th></tr>
<tr><td colspan="2">구조</td><td colspan="2">복원</td></tr>
<tr><td>통찰하기</td><td>이해하기</td><td>보상의 기회주기</td><td>명백한 용서하기</td></tr>
</table>

표 5.1 하그레이브(Hargrave)의 용서의 모델

& Pfitzer, 2003)이 있다: 통찰하기(insight), 이해하기(understanding), 보상의 기회주기(giving opportunity for compensation), 명백한 용서하기(overt forgiving). 이 국면들(stations)은 피해자가 통찰하기에서부터 시작하여 최종적으로 명백한 용서하기까지 연이어 진행해 나가는 *단계*(stages)가 아니다. 단지 이 국면들은 피해자가 관계 내에서 용서하고 사랑하고 신뢰하는 작업에서 발견하는 서로 다른 방식을 나타낸다. 어떤 사람은 과거의 해로운 관계를 용서하는 유일한 작업이 통찰하기의 작업이 되는 반면에 다른 사람은 통찰하기뿐만 아니라 이해하기와 보상의 기회 주기까지를 다 작업할 수 있다. 다시 말해서, 이 모델은 어떻게 개인이 용서에 관한 문제에 다다를 수 있는지에 대한 규정된 경로나 지도가 아니다. 이 모델은 대부분의 사람들이 과거의 위반으로부터 개선되고 회복되기 위해 계속해야 하는 방법 또는 방법들의 과정을 나타낸 것이다(Hargrave, 2001).

통찰하기

구조의 범주에서 용서에 대한 작업의 첫 번째 국면은 통찰하기이다. 통찰하기는 사랑과 신뢰의 위반으로 상처를 입은 경험이 있는 사람들에게 피해를 받은 상호작용과 메커니즘의 탐색을 가능하게 해준다. 이 국면에서 치료사는 피해자가 위반과 손상을 일으켰던 연속적인 사건들과 상호 작용을 명확히 인식 할 수 있도록 도와야 한다. 피해자가 일단 이런 연속적인 사건들에 대해 확실히 인식하게 되면, 상대로부터 자신의 경계선을 분명하게 설정한다. 혹은 자신이 타인을 손상하는 결과가 되지 않도록 다른 행동을 취할 수 있는데 필요한 과정을 연습하거나 격려 받는다(Hargrave, 2001). 대부분,

이런 과정의 행동들은 심상(imagery)을 통해 이뤄지지만, 이것이 정체감과 안전감에 대해 손상을 입었던 사람들의 실제의 상호작용에서 매우 유용하다. 환자/내담자들은 대부분 자신들의 견고한 선택을 가지고 있지 않을 때 위반된다. 통찰하기의 국면에서, 치료사는 환자/내담자가 현재의 관계를 위해서 자신의 경계선을 분명하게 설정하고 다르게 행동하도록 결정하는 것을 도울 수 있다(Hargrave, 1994a).

많은 사람들은, 왜 통찰하기가 용서하는 작업의 한 부분인지 궁금해 할 수도 있다. 관계에 있어서 어떻게 하면 사랑과 신뢰를 제자리로 가져다 놓을 수 있을까? 우리는 통찰하기가 용서하는 작업의 첫 번째 국면이라고 믿고 있다. 왜냐하면 만일 위반이 지속적으로 발생한다면 그 어떠한 관계에서도 사랑과 신뢰를 복원할 수가 없기 때문이다. 통찰하기는 개인이 자신의 정체감과 안전감이 침해당하는 것을 막도록 한다. 또한 통찰하기는 개인이 다른 사람을 희생시키는 결과를 초래하는 파괴적인 자기-반응성을 스스로 멈출 수 있도록 한다. 이러한 관점에서 보면 역시 통찰하기는 용서의 작업이다. 간단히 말해서, 피해자는 미래의 관계에서 보다 사랑하고 신뢰를 쌓을 수 있게 된다(Hargrave & Pfitppr, 2003). 이러한 측면으로, 침해된 과거가 있는 환자/내담자는 통찰하기를 통해 자신을 미래의 사랑과 신뢰의 위반으로부터 보호하는 능력을 구조(salvage) 할 수 있고 지속적으로 자신의 파괴적인 경향에 대항할 수 있다.

이해하기

우리가 자기-치유를 하는 개입의 맥락 내에서 이해하기의 문제를 이미 논의하였지만, 구조의 범주 내에서 이해하기는 용서의 작업에서 강력한 자원 중 하나임을 언급하고 싶다. 이해하기는 피해자가 자신을 매우 고통스럽게 만든 사랑과 신뢰의 위반자에 대해 인간 동일시(human identification)를 하는 것을 가능하게 한다. 개인이 이러한 동일시를 하게 되면 개인은 위반과 피해의 결과인 분노, 자기 비난, 고통 등의 대부분을 완화 시킬 수 있는 능력을 가지게 된다. 이미 언급한 바와 같이, 사랑과 신뢰의 위반자는 타고난 악마가 아니라 그들도 역시 위반의 피해자이므로 파괴적인 것일 뿐이다. 피해자가 가해자 역시 사랑과 신뢰, 발달, 그리고 과거의 학대와 관련된 한계를 가지고 있다는 사실을 깨달을 때, 가해자가 악마가 아님을 알게 되는 기회가 된다. 이런 깨달음은 용서의 작업에서 매우 중요하다. 왜냐하면 개인이 다른 사람에 의해서 희생되었다고 느껴지면 그 고통은 종종 위반자에 대한 경멸, 증오, 혹은 혐오와 같은 반응성들의 형태로 나타나기 때문이다. 결국 이런 반응성들은 또 다른 관계에 손상을 주고 상처를 주게 되는 바로 그와 같은 종류의 반응성들을 부추긴다. 게다가, 피해를 입었던 경험이 있는 사람은 종종 자신이 학대를 당할만하다고 믿는다. 피해자는 종종 거짓 자아를 통해 반응하고 대응했기 때문에 자신이 사랑과 신뢰를 받지 못하는 방식으로 다루어 질 만하다고 느낀다. 이해하기가 없이는 이런 비난, 혹은 수치를 가진 피해자는 종종 가해자를 미워하거나, 자신을 미워하거나, 혹은 둘 다를 미워하는 정서적 위반의 굳어진 상태로 남아 있게 된다(Hargrave, in press). 이해하기의 국면을 통해 피해자는 가해자뿐만 아니라 자신에게도 열정적인 동일시를 할 수 있게 된다. 이것은 사랑과 신뢰에 관한 일차적 감정을 바로 잡을 수 있게 하여 피해자가 미래의 관계를 보다 건설적으로 할 수 있도록 도와준다.

이런 종류의 이해하기는 가해자가 자신의 책임이나 가해행동에서 자유로워지는 것을 의미하는 것은 아님을 기억하는 것이 중요하다. 그것은 변명을 허용하는 것도, 가해자가 자신의 짐을 내려놓도록 하는 것도 아니다. 대신에, 가해자에게 인간적인 특성을 인식시켜서 자신의 잘못된 행동, 학대, 태만에 대해 책임을 지도록 만드는 것이다. 상처를 주는 악마나 괴물로 여겨지는 대신에 자신의 행동에 대해 책임을 져야하는 사람이 되는 것이다(Hargrave, 1994a).

보상의 기회주기

사랑과 신뢰의 위반을 경험한 피해자가 복원의 범주로 들어설 때 반드시 기억해야 할 점이 있다. 그것은 피해자가 위반이 야기된 그 관계에 발을 들여 놓기 시작할 때, 거기에는 실제적으로 용인되는 관계적 위험성이 존재할 수 있다는 것이다. 넓은 범주에서 용서의 작업은 대개 교정에 초점을 두고 가해자가 파괴적인 패턴에서 사랑과 신뢰의 행동으로 나아가는 변화를 목적으로 한다(Hargrave et al., 2009). 이런 개입의 의도는 손상된 관계를 회복시키고 피해자와 가해자가 직접적으로 상호작용을 하도록 돕는 것이다. 여기서, 치료사와 피해자는 실제적으로 사랑과 신뢰의 관계로 나아질 수 있는 믿을 만한 근거가 관계 안에 존재하는지에 대해 신중을 기하는 것이 언제나 현명하다(Hargrave, 2001).

복원의 범주에서 첫 번째 국면은 *보상의 기회주기*이다. 이 국면에서, 손상을 입은 피해자는 가해자가 현재의 상호작용에서 보다 사랑과 신뢰를 줄 수 있는지를 알아본다. 가해자가 책임감 있고 건설적인 태도로 상호작용을 할 수 있는지를 알아보기 위해서 피해자가 가해자에게 적은 범위 내에서 상호작용을 하도록 할 수 있다. 이를테면 이메일 혹은 짧은 전화통화 같은 것들이다. 만일 그렇게 된다면 그 다음은 보다 더 심화된 단계로 긴 시간의 전화나, 혹은 공공장소에서의 만남까지도 가능하다. 만일 가해자가 신뢰를 줄 수 있다는 확신이 들면 피해자는 그 다음 단계로 더 나아가, 가해자와 무언가를 같이 한다거나 혹은 중립적인 장소에서 저녁을 함께 할 수도 있다. 이 용서의 단계에서의 핵심은 가해자가 사랑과 신뢰를 줄 수 있다는 것이 증명된다면 피해자가 가해자와 함께 점진적으로 향상된 상호작용의 단계를 밟아 나갈 수 있다는 것이다. 즉, 치료사는 오랜 시간에 걸쳐 조금씩 사랑과 신뢰의 관계에 대한 회복을 도울 수 있다(Hargrave, 2001). 이와 같은 방식의 상호작용은 피해의 위험요소를 최소화한다. 그러므로 만일 가해자가 사랑과 신뢰를 줄 수 없다면, 피해자는 가해자와의 관계에서 최소의 피해로 보다 쉽게 빠져나올 수가 있다(Hargrave, 1994a).

이 국면의 용서의 작업에는 다음과 같은 치료적인 이슈가 있다. 첫째, 가해자가 항상 올바르게 행동하고 항상 사랑과 신뢰를 줄 가능성은 거의 없다는 것이다. 변화는 느리기 때문에 이런 종류의 용서를 추구하려는 피해자는 가해자가 점진적으로 사랑과 신뢰를 배울 수 있도록 인내를 가지고 치료에 임해야 한다. 가해자는 완벽하지 않으며 또한 완벽할 수도 없다. 그러나 이 용서의 국면에서 가해자는 나아질 수 있기 때문에 개선과 향상을 지속할 수 있도록 피해자가 인내를 가져야만 한다(Hargrave, 2001).

둘째, 이 국면의 용서에 있어서 위반과 가해자 행동의 뿌리에 대해서는 피해자와 가해자 사이에서 논의 되어서는 안 된다는 것이다. 이 국면의 작업에서는 철저한 논의 혹은 심지어 교정안에 대한 논의를 하는 것이 아니라 행동을 수정하는 것에 집중해야 한다. 보상의 기회주기에서는, 이전의 위반에 대한 논의를 하지 않더라도 가해자는 사랑과 신뢰의 행동을 배울 수 있고, 피해자는 현재의 관계로부터 치유를 배울 수 있다. 이것은 종종 피해자에게는 받아들여지는데 치료사에게는 받아들여지지 않을 때가 있다. 치료사는 이 국면이 사랑과 신뢰의 회복을 돕고 또한 그렇게 함으로써 가족 내의 세대 간 건강에 기여하게 된다는 것을 알아야 한다. 또한, 치료사는 피해자에게 가해자의 가해 문제를 '철저하게 논의하는 것'은 실제적인 것을 회복하려는 사람들에게는 이차적인 것이라는 것을 확실히 해야 한다. 이 국면에서는 사랑과 신뢰가 재정립되기 때문에 용서가 받아들여지고, 현재의 행동으로 인해 위반의 기억이 희미해진다(Hargrave, 1994a). 이 작업은 가족에게 효과적이고 이 사실은 치료사에게도 충분히 좋은 일이다.

마지막으로 이 국면은 가해자에 의해서 피해자가 놓쳐버린 것들을 가해자로부터 되돌려 받는 시기가 아니라는 것이다. 사랑과 신뢰는 표현될 수 있고, 이런 표현은 피해자가 가해자와 건강한 관계를 만들어 나갈 수 있게 하는 보상의 일종이 될 수 있다. 피해자는 자신의 과거의 고통이나 괴로움을 지워버리는데 있어서 가해자가 할 수 있는 일이 없다는 사실을 감안해야만 한다(Hargrave, in press). 이 국면에서 과거의 기억을 지우기 위해 현재의 관계를 가지려 하는 것은 불행한 결말을 가져온다. 치료사는 피해자가 보다 더 현재에 포착이 가능한 것들에 대해 주목하고 인식하도록 도와야 하며 피해자가 과거를 다시 쓰고 싶은 고민과 슬픔의 덫에 걸리지 않도록 해야 한다(Hargrave, 2001).

명백한 용서하기

용서의 작업에 대한 마지막 국면은 명백한 용서하기이다. 대부분의 사람들은 이 국면의 작업이 바로 용서의 작업이라고 생각한다. 왜냐하면 이 작업은 피해자와 가해자의 미래관계가 사랑과 신뢰의 관계가 될 수 있도록, 관계에 있는 위반에 대해 명백하게 이야기하기 때문이다(Hargrave, 2001). 이런 과정을 할 수 있는 방법들은 많이 있을 것이다. 그러나 이러한 방법들은 피해자와 가해자 사이에 극단적인 감정이 생겨서 변덕스러워질 수 있는 가능성이 많다. 또한 서로 간에 단지 파괴적인 상호작용을 하게 되는 만남으로 그쳐버릴 수가 있다. 이런 이유로 우리는 대체로 숙련된 치료사가 이 과정을 진행시키도록 하여 그 과정의 진행이 상담 작업의 궤도에서 벗어나지 않도록 한다(Hargrave, 1994a).

명백한 용서하기의 과정은 세 단계로 이루어져 있다. 첫번째 단계는 피해자와 가해자가 위반의 가장 중요한 핵심 부분에 대하여 몇 가지 *동의*(agreement)를 하도록 돕는 것이다. 이 동의는 기본적으로 가해자의 사랑과 신뢰에 대한 위반의 사실과 행동을 확인하는 것이다. 대체로 피해자와 가해자 양쪽은 서로의 사이를 둘러싼 관계와 위반에 대해 서로 다른 기억을 가지고 있다. 그렇기 때문에 치료사는 피해자와 가해자가 그 과정을 진행해 나가는데 도움을 주고, 위반에 대해서는 사소한 부분에 집중하지 않고 폭넓은 관점에서 볼 수 있도록 도와야 한다. 예를 들어, 성적 학대의 경우 사건이 일어난 구체적인 시간이나 장소에 집중하는 대신에, 피해자와 가해자 사이에 실제로 성적 학대가 있었다는 것을 동의할 수 있도록 치료사가 도움을 주는 것이 대체로 더 성공적이다. 이런 식의 폭 넓은 동의는 치료적인 작업에 대한 노력을 계속할 수 있도록 하며 치료가 성공적으로 진행 되도록 한다(Hargrave, 2001).

두 번째 단계는 피해자와 가해자가 사랑과 신뢰에 해를 입혔던 파괴적인 행동과 손상에 대한 책임을 *인정*(acknowledgement)하도록 돕는 것이다. 이 인정은 근본적으로 관계적 상처에 대한 책임을 핵심으로 하고 있다. 위반이 일어나면, 가해자는 자신의 위반된 행동으로 인한 피해자의 정신적인 고통을 이해해야 하는 책임을 져야 한다. 가해자가 자신의 해로운 행동에 대한 책임을 인식하고 과거의 위반에 대해 책임을 질 때, 피해자는 더 이상 책임을 지라고 요구하지 않게 된다(Hargrave, 1994a). 피해자에게서 가해자로의 책임의 이동은 용서의 작업에 있어서 치료적 순간이 되는 열쇠이다(Hargrave, 2001).

마지막 단계는 가해자가 자신의 위반에 대해 반드시 *사과(apology)*를 하도록 돕는 것이다. 이 사과의 작업에서 가해자는 미래에 피해자와 함께 반드시 사랑과 신뢰의 방식으로 살 것을 약속하고 다짐하게 된다. 이런 지향을 가진 약속은 피해자가 사과를 받아들이거나 혹은 "당신을 용서합니다."라는 말을 하게 됨으로써 이 작업이 공고해진다(Hargrave, 2001).

많은 치료사들은 한 번의 대화가 과거에 위반과 손상이 있었던 관계에 매우 드라마틱한 영향을 미칠 수 있다는 것에 놀라곤 한다. 우리도 때로 매우 놀랍다. 사실 우리는 이런 형태의 회기가 있을 때 피해자와 가해자가 용서의 과정을 진행하면서 실제적으로 해야 할 많은 작업이 있다는 것을 알고 있다. 때로 그들은 뒤로 돌아가 다른 국면에서 작업을 하는 것이 필요할 수도 있다. 그렇다 하더라도 이 명백한 용서하기의 국면에서 가족의 치료 속도와 탄력에 무언가 의미 있는 변화가 일어난다는 현실은 부인할 수가 없다. 피해자와 가해자는 서로 적대감을 가진 상태로 치료에 와서 종종 손잡고 팔짱을 끼고 회기를 떠난다. 이것은 그들이 그들 자신과 다음 세대의 가족을 위하여 관계성이 치유될 것을 진정으로 갈망하고 있다는 증거일 것이다. 용서의 작업이 이 국면에서 이루어지든지 혹은 다른 세 국면에서 이루어지든지 간에, 이 작업에 대한 노력들은 개인 간, 관계 간, 그리고 다음 세대 간에 질적인 차이를 만들 수 있다는 것은 의심할 여지가 없다(Hargrave, 1994a).

제6장

뇌 안에서 변화를 확고히 하기

도입

오래된 개념(ideas)은 잘 죽지 않는다. 환자/내담자의 가슴 깊은 곳에는 자기 자신과 관계를 파괴하는 사고, 개념, 그리고 행동들을 유지하게 하는 그 어떤 것이 존재한다. 우리는 이러한 현상을 우리 주위에서 일상적으로 많이 보고 있다. 우울한 사람이 반복적으로 부정적이고 나약하고 자신을 수치화하는 행동을 하고 있을 때, 폭력적이고 학대적인 사람이 비난과 격노하는 행동을 할 때, 불안하여 통제감을 갖기 위해서 자신이 원하는 것을 상대에게 마구 강요하면서 상대의 생각과 행동을 바꾸려고 할 때, 고립과 깊은 관계의 부재로 행복하지 않은 개인이 관계에서 어떤 형태의 친밀감이나 취약성을 보이지 않으려고 할 때 등이다. 우리는 어떤 사고와 행동이 우리를 위해서 좋지 않다는 것을 알아도 자기-반응성에 뿌리를 둔 행위들로 돌아가 관계 안에서 자신의 정체감과 안전감을 더욱더 해치는 행위를 하게 된다.

치료사들에게도 오래된 개념은 죽기가 어렵다. 치료사로서 우리는 환자/내담자가 결국은 자신들의 삶이 파괴적으로 되는 행동을 해왔다는 통찰을 얻을 때, 그 치료적 순간을 사랑한다. 치료사가 이런 순간에 놓일 때 자신이 도운 사람들에게 중요하고 의미 있는 어떤 일이 발생했기 때문에 그들이 이제 세상에서 많은 변화를 할 것이라고 믿고 싶어 한다. 치료사는 이러한 순간에 살고, 그리고 이러한 순간들이 발생할 기회를 열정적으로 추구하고 있다. 그러나 우리가 보아 왔듯이 환자/내담자는 이러한 통찰이 자신들의 삶을 바꿀 것이라고 말은 하면서도 정작 자신들의 삶을 정말 바꾸지는 않는다. 치료사는 통찰 자체만으로 일생의 변화를 생성하기에 충분히 강력한 것이라고 믿고 싶어한다. 하지만 그것은 종종 그렇지 않다는 것과 환자/내담자는 자주 파괴적인 행동과 사고에 다시 빠져들어 간다는 것을 인정해야 한다.

우리가 신경과학(neuroscience)의 분야를 통해서 보면, 오래된 개념이 죽기가 어려운 이유는 뇌가 자동적으로 그러한 기능을 유지하고 있기 때문이다. 뇌가 한번 어떤 사고와 행동을 습득하면 뇌는 그것들을 완강하게 유지하며 실제적으로 새로운 학습보다는 오래된 학습과 행동들을 더 선호한다. 왜 뇌가 이렇게 하는 것일까? 치료사는 통찰이 주는 동기부여의 영향력과 연결되는 사고와 행동변화를 확고히 하기 위해서 어떻게 뇌와 작업해야 할까? 치료사가 치료적 통찰의 기법을 수년 동안에 잘 배워 왔지만, 이 통찰이 어떻게 생산적이고 오래 지속되는 변화를 향해서 나아가도록 해야 하는지를 조율해야만 한다.

신경변화에 대한 기본 이해

많은 뇌에 대한 연구는 대부분의 우리의 사고, 행동, 그리고 반응들이 자동적이거나 적어도 반자동적인 행정작동시스템(executive operating systems)의 결과라는 것을 보여주고 있다. 이 시스템은 일상의 환경에서 우리가 생존해 가도록 돕고 있다(Siegel, 2007). 이 시스템은 강력하고 필수적인 사항에 주목하게 하고 어떤 행동에 대한 동기를 부여한다. 일상생활에서 매일 이 시스템을 사용하기 때문에 이 시스템에 있는 뉴런은 거의 반응적이도록 프로그램 되어 있다(Atkinson, 2005). 뇌가 해석이나 반응을 촉구하는 정보나 자극과 만날 때, 뇌는 이 프로그램 안에서 자동적인 유형으로 해석 및 반응을 한다. 결과적으로 우리가 잘 학습해 온 신경상태는 우리가 반복적으로 돌아가는 바로 그 상태인 것이다. 그것은 심지어 우리가 좋아하지 않는 사고나 행동일 때도 마찬가지이다. 이미 언급했듯이, 이것은 특히 자아감과 안전감에 관한 기본 신념에 묶인 신경상태와 타인 비난, 자기-수치화, 통제 행동, 도피/혼란 행동의 자기-반응성 행동들을 둘러싼 학습된 행동을 다룰 때에도 발견된다.

대부분의 치료적 통찰은 행정작동시스템이 변화하도록 뇌 안으로 충분히 통합되지 못한다. 가장 강력한 행정작동시스템의 일부가 '도전-도주'의 반응을 다루는 것은 사실이다. 그러나 정서적 친근감, 타인 돌봄을 포함하여 결속의 여러 가지 양상과 호기심 등을 신속히 촉발하는 부가적 시스템들이 존재한다(Atkinson, 2005). 우리는 이러한 도전-도주 기능의 행정작동시스템이 정체감과 안전감의 위협에 주로 활발히 기능하는 반면, 학습과 결속에 초점을 두는 좀 더 긍정적인 다른 행정작동시스템은 덜 발달되었고 덜 활용되어졌다고 믿고 있다. 이 믿음에 대한 견고한 증거가 있는데 그것은 정서에 관여된 신경상태가 특히 사고와 행동을 통제하는데 영향력이 있다는 것이다(LeDoux, 1996). 우리가 정서에 취약한 정보나 해석에 부딪칠 때 실제로 사고와 행동에 대한 자유 의지의 선택은 잃어버리게 되고 우리의 감정은 이전에 배운 사고와 행동을 활성화한다.

일반적으로 감정은 뇌에서 강력하고 행정작동시스템에서 격렬하게 개인이 학습된 패턴으로 반응하게 한다(LeDoux, 1996). 감정과 반응은 교대로 신경상태를 더 복잡하게 하는 생리적인 반응을 만들 수 있다. 순식간에 우리는 우리자신을 공격하거나, 죄책감과 수치심, 철회, 그리고 상황에 대적하여 싸우기 등의 신경상태에 놓이게 할 수 있다. 인지의 힘에도 불구하고, 자기-반응성에서 행정작동시스템에 대한 감정적 트리거(trigger)는 매우 빠르고 강력하다(Atkinson, 2005). 간단히 말해서, 당신이 한 것을 깨닫기 전에 당신은 감정으로부터 자기-반응성으로 이동하게 되고 이것은 자신, 타인, 그리고 관계의 손상을 가져오게 한다. 손상이 일어난 후에는 그 후유증을 인지적으로 분석하는 일이 남게 되고 결국은 자기 자신을 안전과 사랑의 가치 면에서 공격하게 된다. 그것은 감정과 뇌에 의해서 충동되어지는 악순환인 것이다.

인간은 감정에 너무도 취약하고 행정작동시스템은 그토록 강력하다면, 환자/내담자가 그들의 변화를 실제로 자신들의 사고, 감정, 행동에 통합하고 확고히 할 수 있도록 하는 희망은 어디에서 찾을 수 있단 말인가? 우리는 2009년 1월에 1549편 뉴욕시 라과디아(LaGuardia) 공항을 이륙한 항공기의 이야기에서 그것에 대한 희망과 용기를 찾는다. 당시 비행기가 이륙한지 얼마 안 되어 기러기 떼가 두 개의 제트 엔진으로 빨려 들어가 엔진이 모두 망가져버리게 되는 일이 발생했다. 이 때 비행기의 기장이었던 체슬리 슐렌버거(Chesley Sullenberger)는 즉시 주도권을 잡고 부조종사와 함께 이 상황을 해결하기 위한 작업에 들어갔다. 부조종사가 엔진의 재시동을 작업하는 동안, 기장은 신속히 뉴욕 관제탑에 위기상황을 보고한 후 라과디아 공항에 착륙할 수 있도록 도움을 요청하였다. 그러나 잠시 후, 슐렌버거는 관제사에게 라과디아 공항으로 다시 돌아가는 것이 불가능함을 알렸다. 그리하여 관제사는 그에게 뉴저지에 착륙하도록 했다. 그러나 그 또한 당시 비행기의 고도와 속도를 고려해 볼 때 도저히 불가능하다고 판단한 슐렌버거는 과감하게 뉴욕의 허드슨 강(Hudson River) 수면 위로 비상착륙을 하기로 결정했다.

슐렌버거는 이것을 관제사에게 알렸고 관제사는 거의 공포에 질린 목소리였다. 왜냐하면 이러한 착륙은 무척이나 어려운 것이고 위험하여 치사율이 매우 높을 것을 알고 있었기 때문이다. 그러나 슐렌버거는 침착하게 부조종사와 함께 수면착륙을 위한 체크 리스트 작업에 들어갔고 승무원들은 충돌에 대한 대비를 하게 하였다. 잠시 후 슐렌버거 기장은 기체에 손상이 가지 않도록 하강속도와 평형 등을 최대한 맞춰서 기적적으로 큰 손상 없이 허드슨 강에 착륙하였다. 이로써 결국 비행기는 가라앉게 되었지만 155명의 승객들과 승무원들은 모두 안전하게 구조되었던 것이다.

우리가 엔진이 고장이 나서 작동하지 않는 상태에 있는 기장의 입장에 놓인다면, 아마도 그것은 정말로 공황상태에 빠진 순간이 될 것이다. 우리는 그 순간에 우리의 이성보다는 압도적인 감정상태의 행정작동시스템에 근거하여 결정을 내리게 될 것이다. 슐렌버거 기장도 그의 뇌에 우리와 똑같은 행정작동시스템을 가지고 있었지만 그는 자신의 감정을 극복하고 공황상태로 가지 않았다.

이것이 기적이었을까? 후에 슐렌버거의 이 착륙에 대한 말을 자세히 들어보면, 그가 계속적으로 공황상태에 빠져있지 않았으며, 단순히 자신은 자신이 훈련받은 대로 했을 뿐이라고 말하는 것을 들을 수 있다. 그는 그러한 새로운 행동이 작동시스템화 될 때까지 끊임

없이 훈련하고 되풀이하며 반복의 반복을 했던 것이다. 그는 자신의 감정에 직면하여 자신이 어떻게 해야 하는지를 알 때까지 계속적인 실습을 한 것이다. 만일 개인이 이와 같이 대단히 심각한 상황에서도 인지와의 연결을 유지하는 법을 배울 수 있다면, 자신이 자기-반응성과 자동적 반응에 지배받지 않고 사고와 행동의 면에서 인지와의 연결을 유지하는 법을 배울 수 있을 것이다.

다른 많은 기술과 마찬가지로 감정적 학습(emotional learning)과 반응도 실습에 의해서 학습되어진다. 통찰만으로 변화를 생성하기에 충분하다고 믿는 치료사가 있지만, 그러나 뇌는 실습이 될 때 새로운 행동을 통합시킬 수 있다. 신경과학은 뇌가 새로운 습관과 기술을 습득하는 주요 메커니즘은 '반복'에 기반을 두고 있다고 말한다(Atkinson et al., 2005). 반복되어 발생하는 뇌의 과정들은 새로운 신경연결 및 새로운 신경상태가 가능해지도록 만든다. 그러나 치료실에서 대부분 환자/내담자는 새로운 사고와 행동을 실습하는 것을 게을리 한다. 또한 치료사로서 우리는 환자/내담자에게 실습을 확실히 하게 하는 충분한 과제를 주지도 않는다.

복원치료 모델은 행정작동시스템에 존재하는 오래된 근본적인 상태를 변화시키는 일이다. 그것은 환자/내담자에게 그들의 과정에 대한 명확한 통찰을 제공하고, 사고와 행동이 효과적으로 변화될 때까지 실습할 수 있도록 분명하게 규명될 수 있는 인지적, 정서적 지도를 제공하는 일이 포함된다. 이러한 과정은 환자/내담자를 새로운 신경상태로 이동하게 하는 확실한 방식이다. 이 새로운 신경상태는 그들의 행정작동시스템이 다루는 학습과 정서적 결속이 좀 더 활동하도록 만든다. 우리는 환자/내담자에게 이미 존재하고 있는 그들의 패턴과 싸우는데 필요한 기술을 가르쳐야한다. 또한 좀 더 새롭고 효과적인 신경상태로 이동하게 하는 효과적인 방법을 가르쳐야한다.

4단계

자기-반응성을 초래하는 행정작동시스템에 인지적으로나 정서적으로 개입하는 데는 많은 방법과 버전(versions)이 있다. 그 작업의 대부분은 마음챙김(mindfulness)의 실행에 초점을 두고 있다(Siegel, 2007). 이것은 감정의 범람을 피하기 위한 대안적인 실행으로 마음을 훈련하는 훌륭한 방법이다. 또 다른 것들(Atkinson et al., 2005)은 치료적 메시지를 실행하는 단계와 환자/내담자가 자기 발의로 하는 과제로 이동하는 것에 초점을 둔다. 복원치료의 모델에서는 4단계로 알려진 과정을 과거 행동의 패턴을 중단시키기 위해서 활용한다. 이것은 환자/내담자가 인력에 따르는 행동을 선택할 수 있도록 새로운 정서 상태로 이동하게 한다. 이 4단계가 단순하게 보일지 모르지만 환자/내담자의 신경상태에 심오한 영향을 줄 수 있다. 이 방법은 환자/내담자의 과거 정체감과 안전감에 대한 사고와 느낌을 변화시킬 수 있는 대단한 기회를 제공하며, 관계 안에서 자원이 풍부하고 연대감이 있는 행동을 탐색할 수 있도록 한다.

단계 1: 일차적 감정을 말하기

제2장(章)과 제3장에서 우리는 개인이 사랑이나 신뢰의 결핍으로 스트레스를 받을 때 발생하는 느낌의 역동성을 명확하게 탐색했다.

이러한 정체감과 안전감에 대한 위협은 혼자인, 가치 없는, 존중받지 못한 느낌 등의 정체감 문제와 불안정한, 불공정한(unjust), 불확실한 느낌 등의 안전감 문제와 관련되는 다양한 일차적 감정을 생성한다. 치료사는 환자/내담자가 자신의 정체감과 안전감에 연관된 일차적 감정들을 규명하도록 돕고, 그 감정들을 크게 소리내어 말할 수 있도록 하는 것이 매우 중요하다. 우리가 보아 왔듯이, 환자/내담자가 느끼고 있는 일차적 감정은 보통 행정작동시스템에서 반복적으로 나타나는 감정과 같은 감정들이다. 환자/내담자들이 이러한 감정들이 무엇인지를 알게 되면, 그들이 감정적으로 자기-반응성을 하게 될 때에는 이 감정들을 쉽게 느끼게 된다는 것을 알아차리게 될 것이다.

대부분의 사람들은 "난 분노를 느낀다.", "나는 좌절감을 느낀다." "나는 수치스럽다."라고 말할 것이다. 치료사는 이러한 형태의 이차적 감정은 사실상 사랑받지 못하고 안전하지 못하다는 느낌과 연관되어 있는 일차적 감정에 대응하여 행하여지는 행위나 반응에 좀 더 관련되어 있다는 것을 지적하는 것이 중요하다. 환자/내담자는 정말로 분노를 느낄 것이나 그 분노는 자신이 느끼고 있는 더 규모가 큰 많은 양의 감정에 대한 반응인 이차적 감정인 것이다(Hargrave & Stoever, 2010).

과거 행동의 패턴을 중지하고 새로운 신경상태를 형성하기 위한 작업을 시작하는 것은, 환자/내담자가 실제적으로 자신이 느끼고 있는 일차적 감정을 크게 소리 내어 말하도록 하는 것을 포함한다. 감정을 크게 소리 내어 말하는 것에는 몇 가지 긍정적인 면들이 있다. 첫째, 이것은 환자/내담자가 과거 정보로부터 자신의 감정을 규명하고(인지의 사용), 그 규명된 감정의 정보를 실제 언어가 처리되고 생성되며 활성화되는 뇌의 왼쪽반구로 이동하게 한다. 또한 환자/내담자가 자신이 스스로 일차적 감정을 말하는 것을 자신이 들을 때 자신의 주목을 다르게 집중시키어 새로운 뇌의 활동을 불러일으킨다. 자신이 말하고 듣는 이러한 행위는 실제적으로 뇌의 주의를 환기시킨다. 그리하여 과거 패턴화된 경로로 이동시키는 행정작동시스템의 압도적인 감정에서 떠나 환자/내담자에게 변화가 가능하도록 필요한 주의를 준다(Arden & Linford, 2009).

둘째, 느낌을 명명하여 소리내어 말하는 것은 그 느낌을 환자/내담자가 *현실화*(actualization)하도록 돕는다. 우리는 사전의 논의에서 어떻게 뇌의 감정 범람이 행정작동시스템으로부터 자동적 반응의 결과를 초래하게 하는지를 보았다. 환자/내담자가 이러한 태도로 반응할 때, 그들은 자신들이 어떻게 느끼는지에 대해서 아무 개념이 없고 자신들을 침착하게 하기가 매우 어렵다. 만일 환자/내담자가 느낌을 명명하여 말할 수 있다면, 이러한 느낌을 마음에 쑤셔 넣거나 삭제하지 않을 것이다. 오히려 실제적으로 자신이 현재 느끼고 있는 방식에 대한 새로운 명확성을 발견하게 될 것이다. 이것은 뇌의 인지적 요소가 감정에 대하여 싸울 수 있는 기회를 제공한다.

우리는 자주 환자/내담자로부터 느낌을 소리 내어 크게 말하는 것이 정말 그렇게 필요한 건지, 단지 생각을 통해서 느낌을 규명하는 것만으로도 효과적이지 않겠느냐 라는 질문을 받는다. 신경상태의 위협이 정체감과 안전감의 언저리에서 촉발되면 실제적으로 뇌의 한 부분이 폐쇄된다(Atkinson et al., 2005). 그리고 모든 신경의 주의(attention)는 감정에 의해 통제된다. 우리의 정상적 신경상태에서는, 뇌가 순식간에 방대한 정보와 자극을 다룰 수 있다. 뇌가 무더기의 카드 전체를 취급하여 한 번에 각각의 카드를 살필 수 있으며 그것에 어떤 의미를 만들 수 있는 능력이 있다. 그러나 감정이 범람되어 있으면 뇌는 모든 다른 입력을 경청하는 것을 중지하고 거의 오로지 활성화에 속하는 사고, 감정, 그리고 행위에 집중하게 된다. 모든 주의는 반응성에 몰리게 되는 것이다. 내가 실제적으로 무엇을 느끼고 있는가에 관해서 단지 생각만 하는 것은, 감정을 다른 방향으로 유도하기에 충분히 강력하지 않다. 결과적으로 뇌의 인지부분에게 싸우는 기회를 제공하는 것이 필요하다. 느낌을 소리 내어 크게 말하여 느낌에 주의를 집중하게 하는 것은, 뇌의 인지부분에 감정촉발의 흥분을 다루기 위해서 싸우는 기회를 제공한다.

단계 2: 일반적으로 하는 행동을 말하기

제3장(章)에서 우리는 정체감과 안전감에 관한 일차적 감정과 그에 대한 반응 및 대처의 행동이 현저하게 일관적이라는 것을 볼 수 있었다. 만일 치료사가 환자/내담자와 함께 이러한 감정과 행동의 패턴 및 과정을 규명하는 작업을 한다면, 환자/내담자가 감정적으로 활성화될 때 자신들이 어떻게 행동하는지에 대한 명확한 그림이 출몰하기 시작할 것이다. 치료사는 이러한 과정과 패턴을 올바르게 규명해서 환자/내담자가 좀 더 마음속 깊이 자신의 반응성을 알도록 도와야 한다. 이렇게 해야만이 환자/내담자가 감정의 활성화가 발생됐을 때, 자신의 자기-반응성을 알아보는데 필요한 명료성과 동기를 가지게 될 것이다.

환자/내담자가 단계 1에서처럼 자신이 느낀 감정을 명명하여 소리내어 크게 말한 후에, 자신이 그렇게 느낄 때 일반적으로 어떤 행동을 하는지를 소리 내어 크게 말하는 것이 필요하다. 환자/내담자가 자신이 하는 행동을 소리 내어 크게 말하도록 지시하는 이유는 단계 1에서와 같은 이유이다. 그것은 뇌의 인지가 압도적인 감정에 맞설 수 있도록 돕고 또한 행동에 역설적인 제지를 제공한다. 환자/내담자가 실제로 자기-반응성의 패턴을 명명하여 부르면, 그와 같은 행동을 반복할 가능성이 적어진다(Haley, 1987). 다음의 50세 여성은 이러한 단계 2에 대한 자신의 반응을 다음과 같이 설명하고 있다.

> 처음에 내가 느낀 것을 소리 내어 크게 말했을 때 그것은 내게 매우 익숙한 것이었다. 왜냐하면 나는 거의 매 상황에서 내가 느끼고 있는 것을 말해왔기 때문이다. 그러나 내가 그렇게 느낄 때 일반적으로 내가 어떻게 행동하는가를 말했을 때, 그것은 나 자신을 위한 진실의 순간이었다. 마치 내가 그런 감정을 가진 행동을 어떻게 정당화하고 파괴적이 되는가를 정확히 규명하는 것과 같은 그런 순간이었다. 내가 그런 행동들을 감추고 있었을 때는 그것을 정당화할 수 있었다. 그러나 이제 그런 행동에 이름을 지어 소리 내어 말했을 때 사정은 크게 달라졌다. 만일 내가 그 사이클을 계속 돈다면, 마치 내가 나의 파괴적 행동에 대해서 책임을 져야 하는 것과 같았다. 책임의 문제는 치료의 단계를 계속 밟아 나가도록 했는데, 왜냐면 나는 내가 그것을 소리 내어 크게 말한 이상 내가 과거 행동을 계속할 수 없다는 것을 확실히 알았기 때문이다.

자기-반응성은 과거경험으로부터 우리 안에 너무도 잘 프로그램되어 있어서 우리의 어떠한 노력 없이도 자동적으로 나온다. 행동에 주의를 소집하고 환기시켜 현실화하는 것은 확실히 효과가 있다. 왜냐하면 그것은 행동에 소집된 주의가 감정의 범람을 중지시키고 반응성에 대한 환자/내담자의 의식을 높이기 때문이다. 치료사는 단계 1과 2를 조합하여 환자/내담자에게 그들이 느끼는 감정의 혼란(turmoil) 속에서 인지를 선택할 수 있는 특별한 특혜를 제공한다. 이것은 뇌의 자동적인 진행과정을 중지할 수 있게 하며 감정과 행동의 변화를 위한 장을 마련할 수 있는 강력한 개입이다.

단계 3: 자신에 대한 진실을 말하기

신경패턴을 바꾼다는 것은 쉬운 일이 아니다. '물'은 자동적으로 아무 저항 없이 위에서 아래로 흐른다. 뇌도 마찬가지다. 만일 뇌가 어떤 것을 다르게 할 수 있으려면 지향과 깊은 사려가 필요하다. 만일 명확히 실행된 대체가 아니라면 뇌는 가장 친숙하고 가장 많이 실행된 과거 패턴으로 되돌아갈 것이다. 새로운 감정과 행동을 얻기 위해서는 새로운 신경경로가 형성되어 뇌 안에 발달되어야만 한다. 장소에 방위(方位)를 표시하고 의도적으로 장애물을 없애는 등, 각고의 노력이 있어야 황무지에 만들어지는 새로운 경로같이, 과거의 신경경로는 변화에 의해서 붕괴되어져야만 한다. 새로운 경로가 더욱더 많이 사용되어질수록 미래에 그 경로에 접근될 가능성은 더욱더 커진다.

단계 3과 4에서 이 새로운 신경경로의 형성이 절대적으로 필요하다. 단계 1과 2에서 치료사는 단순히 환자/내담자가 일차적 감정의 과거패턴과 자기-반응성에 주의를 소집하는 것을 돕고 있다. 이것이 필요한 작업이고 환자/내담자에게 선택에 대한 힘을 제공하기는 하나, 환자/내담자가 어떤 것을 장기적으로 다르게 할 것이라는 것을 의미하지는 않는다. 우리는 치료사로서 환자/내담자가 감정이 활성화 될 때 새로운 신경경로를 형성할 수 있도록 돕는데 책임감을 가져야한다.

우리는 제5장(章)에서 요약한 치료적 개입이 다른 감정과 행동 조치를 유발할 수 있는 명확한 가능성을 만든다는 것을 믿는다. 그러나 우리는 또한 치료를 통해서 환자/내담자가 이러한 통찰을 새로운 인지적 진실에 통합하지 않는다면 감정이 촉발될 때 다르게 행동하기는 쉽지 않다는 것을 배워왔다. 만일 환자/내담자가 '이해하기'의 작업을 하여 자신의 양육자가 괴물이 아니었고 자신도 또한 무가치한 사람이 아니라는 것을 명확히 알았다고 하더라도, 이러한 사실을 자신에 대한 새로운 진실로 통합하지 않는다면 그것은 영향력이 없게 될 것이다. 예를 들어, "내가 애정이 없고 신뢰가 없는 형태로 취급되어졌다는 것이 내가 무가치한 사람이고 또한 누군가는 마땅히 벌을 받아야만 한다는 것을 의미하지는 않는다."와 같은 말은 이해하기의 개입으로부터 얻어내어 통합되어야하는 진실의 명확한 예가 될 것이다. 또 다른 예는 다음과 같은 것이 될 것이다. "사람들은 실수한다. 왜냐하면 그들은 인간이기 때문이다. 사람들이 내게 실수한다는 것이 그들은 반드시 비난받아야 마땅하다는 것을 의미하지는 않는다. 또한 내가 실수할 때 내가 나쁜 사람이고 쓸모없는 인간이라는 것을 의미하지는 않는다." 개인에 대한 이러한 진실을 좀 더 확장하는 문장은 "그들과 내가 어떠한 실수를 한다 해도 결국 본질적으로는 그들도 선하고 나도 선하다." 와 같은 것이 될 것이다. 이러한 진실이 더욱더 개인의 인지에 자리 잡게 될 때 더욱더 뇌와 과거 반응성 패턴에 영향력을 줄 수 있게 될 것이다.

자신에 대한 진실을 발견하고 규명하기 위한 개입에 있어서 이 보다 더 진실 되어야 하는 것은 없을 것이다. 우리는 개입에 대한 설명에서 환자/내담자가 사랑과 신뢰에 관련된 재양육의 메시지를 자신에게 제공해야만 한다는 것을 깨달아야 한다고 주장했다. 이러한 메시지를 자신에게 기꺼이 줄 때 환자/내담자는 그 메시지에 좀 더 마음을 열게 된다. 그리하여 영적인 자원뿐만이 아니라 타인으로부터 오는 사랑과 신뢰에도 귀 기울여 자신을 바로잡아 나가게 될 것이다. 이러한 일차적 감정에 대한 핵심 메시지가 개인의 뇌(메시지가 과거 행동을 대항하는 효과적인 무기가 될 수 있는 곳) 안으로 들어가면 그 다음, 그 진실이 반복되고 익숙해져 준비 완료된 상태가 되는 것이 필요하다는 핵심 문제가 남게 된다.

우리는 이 문제에 대한 답으로 재양육의 메시지와 진실이 치료의 과정 내에서 명확하게 반복되어야 한다는 것을 제안한다. 환자/내담자는 종종 자신이 혼자가 아니며, 고유하고, 가치 있고 능력 있으며 강력하고 사랑스럽다고 명명하는 개념에 대해서 저항한다. 이것은 이렇게 하는 아이디어가 바람직하지 않아서라기보다는, 환자/내담자가 재양육의 문장을 만드는 언어와 그에 관한 뇌의 연결에 익숙하지 않기 때문이다. 단계 1과 2는 쉽게 할 수 있을지라도 환자/내담자가 자신에게 진실을 말하는 데는 전전긍긍하게 되는 것이 이상한 일이 아니다. 우리는 이것을 4단계를 작업해 나가고 있는 다음의 38세 여성의 사례에서 볼 수 있다. 그녀는 직장에서 부적합함과 무가치함의 감정에 부딪치고 있는 여성이다. 여기서 이 여성은 첫 두 단계는 쉽게 작업을 했다. 그러나 그녀가 자신에 대한 진실을 다루는 데는 어려움을 겪고 있는 것을 주목하기 바란다. 또한 이 사례에서 치료사가 어떻게 진실의 문제를 그녀와 함께 재작업하고 있는지, 그리고 그녀가 실습을 좀 더 하도록 하기 위해서 단계의 과정을 어떻게 반복하고 있는지를 주목하기 바란다.

치료사: 당신의 직장과 오늘 있었던 문제에 관해서 생각할 때 어떤 느낌을 느끼시나요?

여 성: 부적합하고, 무가치하고, 실패자 같이 느껴져요.

치료사: 그렇게 느끼실 때 일반적으로 어떤 행동을 하십니까?

여 성: 저를 수치화하고 절망하고 모든 관계에서 철회해요.

치료사: 좋습니다. 그런데 당신에 관한 진실은 무엇인가요?

여 성: (긴 침묵, 울기 시작한다.) 진실은 나는 부적합하고 실패자라는 것이죠. 어떠한 것도 제대로 해내지 못하는…….

치료사: (잠시 침묵) 그것이 진정 당신에게 주고 싶은 메시지인가요?

여 성: 그건 아니죠. 제가 저한테 주고 싶은 메시지는 아니에요. 그렇지만 이것이 제가 저에 대해서 지금 믿고 있는 유일한 것이죠.

치료사: 이해가 갑니다. (잠시 침묵) 그것은 언젠가 당신이 타인으로부터 받은 메시지인 것이고 오랫동안 당신 안에서 살고 있었던 것이죠. (잠시 침묵) 눈을 감아 보세요. (여성이 눈을 감는다.) 잠시 당신의 어머니에 의해서 거부당한 어린 소녀로서의 당신을 보도록 해 보세요. (긴 침묵) 보이십니까?

여 성: (고개를 끄덕이며 운다.) 볼 수 있습니다. 아이는 혼자이고 너무도 맥이 없어 보입니다.

치료사: 아이에게 어떤 메시지를 주고 싶으세요?

여 성: (긴 침묵) 제가 주고 싶은 메시지는 "너는 사랑스럽고 능력

있으며 수용되어 질 수 있다."라는 것입니다.

치료사: 아이에게 직접 말해보세요.

여 성: 넌……. 넌 사랑스럽고 수용되어 질 수 있고 능력이 있어.

치료사: 그 어린 소녀에게 정말 그렇게 느끼십니까?

여 성: 네, 그래요. 아이에게 그렇게 말하는 것이 전혀 힘들지 않아요.

치료사: 그러면 다시 한 번 말해 보세요.

여 성: (깊은 숨을 쉬고 긴장을 완화한다.) 너는 사랑스럽고 수용되어 질 수 있고 능력이 있어.

치료사: 자, 이제 당신이 오늘 있었던 문제에 관해서 생각할 때 어떤 느낌이 드세요?

여 성: 부적합하고 실패자같이 느껴져요.

치료사: 그렇게 느낄 때 일반적으로 어떤 행동을 하게 되나요?

여 성: 저를 수치화하고, 절망하고, 철회하게 되지요.

치료사: 그런데 당신 자신에 대한 진실은?

여 성: (잠시 침묵) 저는 사랑스럽고 수용되어 질 수 있고 능력이 있다는 것입니다.

여기서 우리는 치료사가 심상을 사용하여 어떻게 여성이 자신을 재양육하고 재검토하여 진실의 문제를 재작업 하도록 돕는지를 볼 수 있다. 치료사는 그녀가 자신의 진실에 대해서 주고 싶은 메시지를 충분히 주어 재접촉시킨 후에 그녀를 현재의 상황으로 유도했다. 그런 다음, 여성이 아이인 자신에게 말한 것으로부터 얻어낸 통찰의 힘을 어른인 자신에게 그 진실을 말할 수 있도록 하는데 사용할 수 있게 하였다. 또한 여성이 진실을 말할 때 깊은 숨과 긴장완화의 생리적 반응이 일어난 것을 주목하기 바란다. 우리는 자주 개인이 느끼고 있는 일차적 감정을 진실로 말할 때는, 제2장에서 본 것과 같이 평온의 느낌을 갖게 된다는 것을 발견한다. 이 평온은 긴장완화의 생리적 현상을 반영하는 정서적 침착성을 가져온다.

치료사가 환자/내담자가 주장하기를 원하는 진실을 얻도록 돕는 것이 매우 중요하다. 그 진실은 '이해하기'의 기법이나 자신에 관한 진실을 규명함을 통해서 얻을 수 있는 정체감에 관련된 진실일 수 있다. 또한 그것은 개인이 '맞는 대본이나 틀린 대상', '의무와 권리 균형잡기', '구조와 복원'을 통한 용서의 작업 등의 개입에서 강력하고 책임 있는 행위를 규명할 때 신뢰와 안전감에 관련된 진실일 수도 있다. 그러나, 어떠한 진실이 규명되더라도 치료사는 그 진실에 대한 단순한 통찰이나 단 한 번의 의미 있는 접촉으로부터 새로운 신경경로가 형성되도록 하기 위한 반복적인 경험으로 이동해야 한다. 4단계를 걸쳐 단계를 작업하고 재작업하는 것은 반복과 실습이 일어나기 위한 확고한 방법론을 제공한다.

단계 4: 새로운 행동을 선택하기

개인이 자기-양육에 근거를 두고 자신에게 주고 싶은 진실과 정서적인 접촉을 할 수 있을 때, 사랑과 신뢰의 위반에 대한 부정적 감정을 자신에 대한 진실의 긍정적 감정으로 대체할 수 있는 기회를 가진다. 사랑받지 못한, 무가치한, 혼자인, 불안전한, 불안정한, 불확실한 등의 감정들을 느끼는 대신에 환자/내담자는 사랑받는, 가치 있는, 바람직한, 안전한, 안정한, 확실한 등의 감정들에 접촉하는 기회를 가진다. 이러한 감정들은 새로운 학습과 정서적 결속에 연관된 행정작동시스템을 훨씬 더 자극한다. 간단히 말해서, 평온의 감정은 그 감정을 인력의 위치로 이동하도록 하는 기회를 준다.

그림 6.1과 6.2는 평온에 기인한 사랑과 신뢰의 일차적 감정으로부터 올 수 있는 가능한 강점들의 예시들이다. 이 그림들에 제기된 용어들은 환자/내담자에게 자기-반응성에 기반을 둔 부정적인 행동 대신에 인력을 향한 긍정적인 신경경로를 형성하기 위해서는 어떤 행동을 해야 하는지에 대한 명확한 아이디어를 제공한다. 치료사는 이와 같은 새로운 행동의 옵션을 환자/내담자에게 설명하고 제공할 때, 과거행동과 반대되는 행동을 하게 하는 것에 초점을 두어야 한다는 것을 명심해야 한다.

예를 들어서 만성적으로 타인 비난을 하는 사람은 타인을 양육하는 것이 인력의 좋은 행동선택이 될 것이다. 통제 행동이 자기-반응성인 개인은 관계에서 좀 더 취약해 질 수 있는 작업과 균형있는 주고-받기를 하는 것이 좋은 선택이 될 것이다. 이렇게 하여 치료사는 환자/내담자가 항상 반복적으로 되돌아가는 과거 패턴을 방지하는데 있어서 직접적인 반응이 될 건설적인 행동을 규명하도록 돕는다. 치료사는 이런 형태의 작업을 하는데 있어서 환자/내담자에게 새로운 행동의 인지적 지도를 명확히 할 필요가 있다. 자신에 대한 진실을 규명함에 있어서, 환자/내담자는 정체감과 안전감에 관해서 이미 받은 부정적 메시지에 대해 세 가지 또는 네 가지의 항목으로 좁혀서 자신에게 직접적으로 가장 주고 싶은 진실을 규명하는 것이 가장 좋다. 이것은 환자/내담자가 행동의 선택으로써 통합하기를 원하는 새로운 행위를 규명할 때, 새로운 신경 경로를 형성함에 있어서 세 가지 또는 네 가지의 가장 적합한 행동으로 자신의 선택을 좁히도

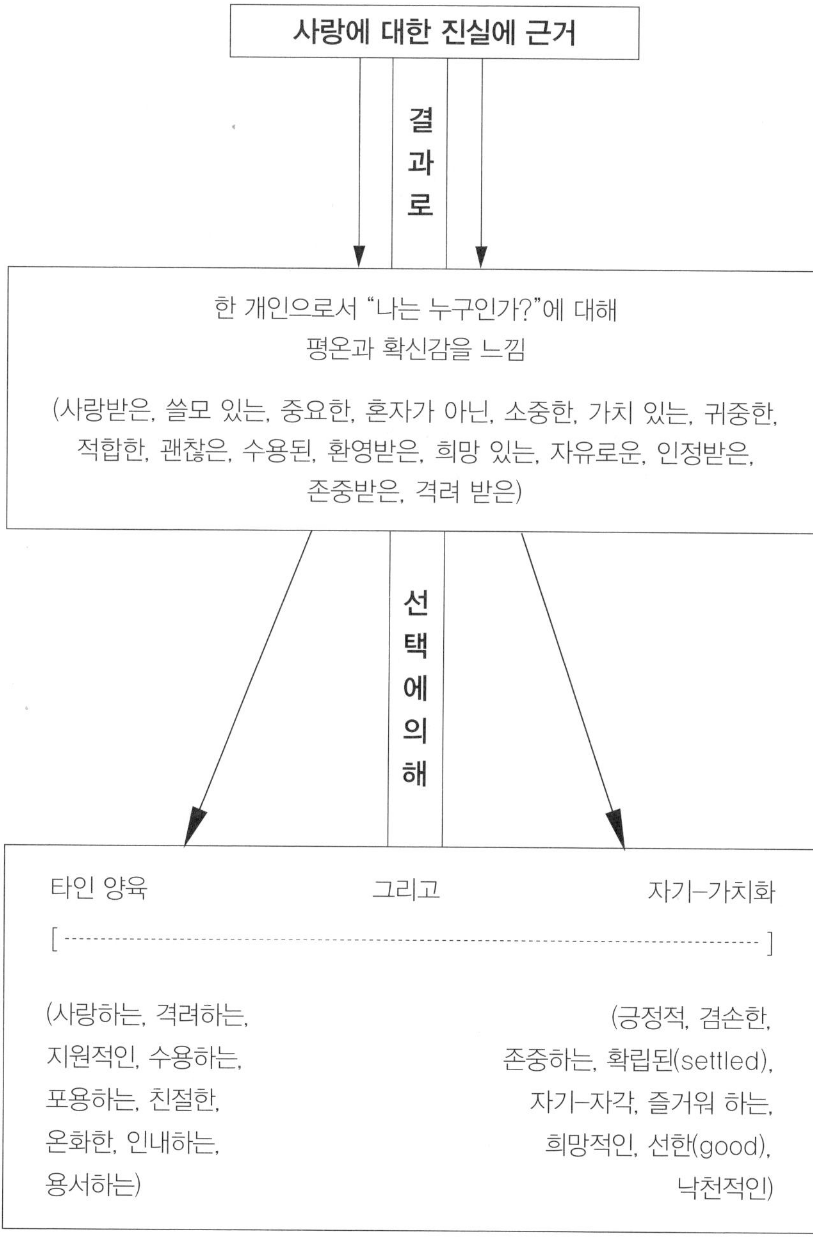

그림 6.1 사랑과 연결된 평온으로부터의 느낌과 행동

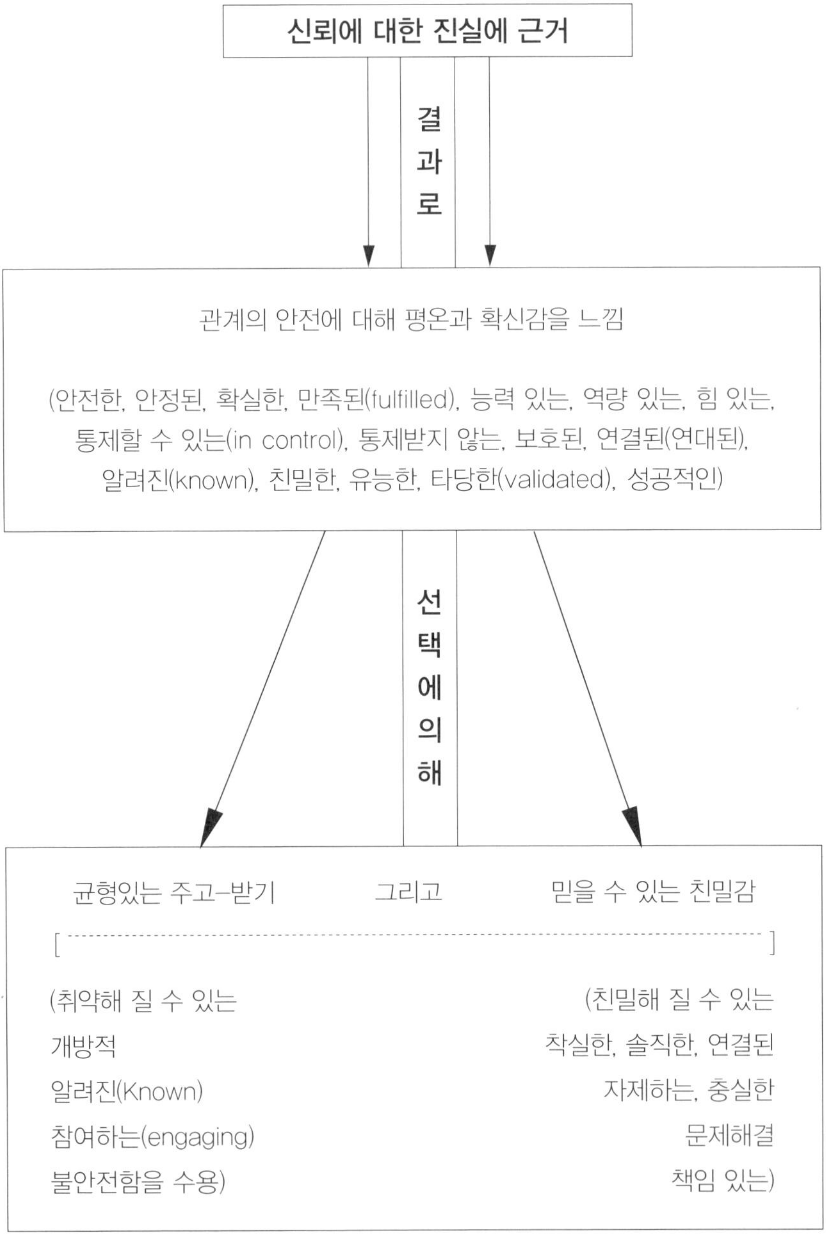

그림 6.2 신뢰와 연결된 평온으로부터의 느낌과 행동

록 돕는 것과 같다. 이러한 새로운 지도나 과정의 패턴은 환자/내담자를 위해서 제2장에서 예시를 든 것과 같은 형태로 쉽게 도출될 수 있다. 근본적으로, 치료사는 환자/내담자가 자신에 대한 진실과 자신이 선택할 행동을 규명하도록 돕는 것이다. 환자/내담자들이 새로운 행동을 선택하는 작업을 시작할 때 그들은 실제적으로 그 작업을 잘 완수할 수 있을까? 하는 염려를 할 수 있다. 그러나 우리는 그들이 단계 3에서처럼 자신들에 대한 진실을 감정적으로 접촉했을 때 건설적인 행동선택을 성공적으로 하게 된다는 것을 발견한다. 다음 사례의 부부에서 남편은 아내에게 만성적으로 사랑받지 못하고 중요하지 않게 여김을 받는다고 느꼈다. 그는 이러한 느낌에 대한 고통의 자기-반응성으로 자기를 수치화하고 부정적이며 지나치게 요구를 많이 하게 되었다. 치료사가 4단계를 사용했을 때 남편이 어떻게 그의 아내에게 다르게 반응하고 또한 부부의 상호작용이 어떻게 변화하는가를 주목하기 바란다.

아 내: (남편에게 말한다) 나는 당신이 내가 좋아하는 일들에 정말 관심을 갖고 함께 하고 싶은지를 모르겠어요. 우린 정말 너무 달라요.

치료사: (남편의 감정을 알아차리고) 아내가 방금 말씀하신 마지막 말이 당신의 마음을 건드린 것 같은데, 바로 지금 이 순간이 4단계를 사용해야 할 중요한 시간입니다. 당신은 지금 어떻게 느끼고 계십니까?

남 편: (잠시 바닥을 응시하다가 아내를 쳐다보고) 나는 지금 사랑받지 못하고 중요하지 않은 사람이라고 느껴져.

아 내: 나는 당신에 대해서 그런 말을 하려고 한 말은 아니에요.

치료사: (아내에게) 명확히 해주셔서 감사합니다만, 남편은 단지 그러한 느낌을 느끼고 계신다는 것입니다. 그리고 그러한 자신의 힘든 감정에 대한 작업을 해야 하는 것도 남편 몫이고요. (다시 남편을 쳐다보면서) 계속하시지요.

남 편: 나는 지금 사랑받지 못하고 중요하지 않은 사람이라고 느끼고 있어. 일반적으로 내가 이런 느낌을 느낄 때 나는 내 자신에 대해서 기분이 나빠지고 뿌루퉁하기 시작하고 절망적이고 부정적으로 반응하기 시작해.

치료사: 자신에 대한 진실은 무엇이죠?

남 편: 저에 대한 진실은 저는 사랑스럽고 중요하다는 것이죠. 저는 저를 사랑하고 그리고 아내도 나를 사랑하는 것을 알고 있습니다. 저는 중요한 사람입니다. (잠시 침묵) 그래서 제가 다르게 행동하려고 하는 것은 뿌루퉁하지 않고 아내와 제가 하고 있는 것에 대해서 희망을 가지려고 합니다.

치료사: 참 좋습니다. 그러나 당신이 다르게 하려는 것을 단지 말하는 것보다 실제로 그것을 여기서 아내에게 실행해 보는 것이 중요합니다.

남 편: (아내를 보며) 나는 당신이 말한 것을 개인적으로 받아들여 기분 나쁘게 듣지 않으려고 해. 당신이 말하고 있는 것은 실제로 사실이야. 그러나 나는 우리가 함께 잘해 나가도록 하는 것에 대해서 좀 더 배울 수 있고, 좀 더 가까워질 수 있다는 것에 희망적이야.

아 내: 우……. 정말 다르게 느껴지네요.

치료사: 무순 의미인지 남편에게 말해보세요.

아 내: (남편을 바라보며) 단지 작은 이 변화가 나를 희망으로 가

득 채우네요. 우리가 함께 할 수 있는 일들을 정말 생각하고 싶어지네요.

이 사례에서 치료사는 여러 번 부부와 함께 확실하게 4단계 과정을 거쳤고 그래서 부부는 그 과정에 익숙해져 있었다. 그러나 아내가 자신이 좋아하는 일에 남편이 정말 관심을 갖고 있는지를 말하면서 서로가 너무 다르다는 것을 말했을 때, 남편은 자신이 자주 느껴왔던 일차적 감정이 촉발되었다. 만일 치료사가 그 감정을 느끼도록 그냥 놔둔다면, 그는 자신이 항상 해왔던 대로 자기-수치화와 부정적이 되는 경로를 따라 갔을 것이다. 치료사는 애트킨손과 그 외 동료들(Atkinson et al., 2005)이 '게임 상태(game conditions)'라고 칭하는 이런 형태의 상황에 잘 맞추어 조율해야 한다. 이 게임 상태는 개인이 자신을 실제적으로 반응적이고 역효과적인 행동으로 밀어 넣는 감정 촉발을 수렴한 상태를 말한다. 이 중요한 순간에 개인에게 가장 중요한 것은 부정적 결과를 초래할 사고와 행동을 책임지는 방식을 학습하는 것이다. 이 사례에서 남편은 4단계를 실제로 시행했을 때 그가 자신에 관한 진실을 정말로 믿었기 때문에 감정적으로 자신을 다른 방향으로 전환시킬 수 있었다. 결과적으로 그는 관계가 앞으로 진전할 수 있는 기회를 제공하는 진술을 하게 되었다. 이것은 아내에게 유익한 것이었지만 무엇보다도 자신에게 가장 유익했다. 그는 자신이 수치심에 뒹구는 대신에 관계에서 좀 더 긍정적이고 유능하고 강력해질 수 있는 방식을 강화한 것이다. 이러한 행위는 자신에게 자신이 사랑스럽다는 것을 확인시켰다.

이 사례에서 치료사는 아내에게 남편의 감정을 이해해야 하는데 책임을 지고 남편이 사랑받는다는 느낌을 갖도록 노력해야 한다고 요청하지 않았다는 것을 주목하기 바란다. 정서중심치료 접근(Johnson, 2004)에는 우리가 좋아하는 많은 측면들이 있다. 그러나 그 접근법과는 달리 우리는 개인이 자신의 신경상태와 진실에 책임을 져야 한다고 생각한다. 애착손상을 위한 치유의 순간이 발생하도록 만들기 위해서 다른 사람에게 의존하는 것보다, 자신이 책임을 지는 것이 뇌를 조절하는 데는 훨씬 더 믿을만한 방식이다. 또한 우리는 남편이 자신의 신경상태와 자신에 대한 진실에 책임을 졌을 때 그 결과는 관계에 연결되어졌다는 것을 중요하게 생각한다. 우리는 이러한 개인적인 책임의 양상이 애착의 필요성에 의존하고 있는 애착보다 더욱더 긍정적인 애착의 가능성을 촉발한다고 믿고 있다. 또한 이 4단계는 개인이 스스로 어떻게 감정적으로 활성화된 상태에서 벗어날 수 있는 지에 대한 명확한 지도를 제공한다. 결과적으로 개인은 이 4단계를 다양한 관계와 심지어 안정애착을 제공하는 상대가 가능하지 않은 때에도 사용할 수 있다. 여기서, 우리는 정서중심치료에 대항하는 것이 아니다. 단지, 다소의 차이점을 말하고 있을 뿐이다. 다른 사람을 통해 애착손상을 교정함으로써 감정조절을 하는 것 보다는 4단계를 통해서 감정조절 하는 것을 왜 선호하는지를 말하고 있는 것이다.

실습, 실습, 실습

환자/내담자가 4단계를 학습하는데 어려움을 가질 수도 있다는 것을 항상 주의해야 한다. 우리는 보통 환자/내담자가 자신에 대한 진실을 규명함에 있어서 가장 힘든 때는, 그들이 감정적으로 촉발되어 있을 때라는 것을 발견한다. 이것은 이해가 되는 일이다. 치료사가 환자/내담자들과 함께 4단계 작업을 할 때 그들은 다음과 같이 말할 수도 있다. "나는 혼자이고 누구에게도 인정받지 못한다는 느낌이 들어요. 내가 그러한 느낌을 느낄 때 보통 하는 행동은 화를 내고 공격적이 되죠. 나에 대한 진실은 내가 인정받고 있지 못하며 혼자라는 것입니다!" 이러한 반응은 환자/내담자가 단순히 이 시점에서 자신에 대한 진실을 자신 안에 통합할 의지가 없거나 준비가 되어있지 않다는 것을 나타낸다. 환자/내담자가 말하고 있는 것은 자신에 대한 진실이 아니라, 단지 자신이 느끼고 있는 것을 말하고 있는 것뿐이다. 치료사는 이 시점에서 흥분하지 말고 단순히 다음과 같이 말하면서 단계를 다시 밟도록 한다. "그것은 당신이 느끼고 있는 느낌입니다. 자, 이제 그렇게 느낄 때 일반적으로 어떤 행동을 하시는지 말씀해 주세요." 치료사는 환자/내담자가 실제적으로 자신에 대한 진실을 말하기 전에, 단계 1과 2를 거치면서 이 과정을 여러 번 반복해야 할지도 모른다. 이러한 과정을 반복적으로 밟는 것에 대해서 인내한다면 환자/내담자는 결국 자신에 대한 진실을 말하게 되면서 평온해 질 것이다. 이 새로운 신경경로를 형성하는 것이 쉽지 않다는 것을 항상 기억하는 것이 중요하다. 때론 환자/내담자들이 그들 자신에 대한 진실의 단계로 이동할 수 없을 때가 있다. 이것은 치료사가 그들의 '고통을 추적' 하여서 그들이 충분히 이해받고 있다는 느낌을 느끼도록 해야 함을 의미하는 것일 수도 있다. 이것이 4단계를 치료적으로 현명하고 균형 있게 사용하는 방법이다.

또한 이 4단계와 관련하여 우리가 임상작업에서 발견하는 것은 때때로 어떤 사람들에게는 자신들이 느끼는 감정을 규명하는 것이 어렵다는 것이다. 특히 이것은 일반적으로 여성보다는 남성에게서 더 많이 나타난다. 이러한 경우에는, 먼저 고통과 함께 감정적으로 활성화 될 때 환자/내담자가 어떻게 행동하는지를 규명하는 것이 훨씬 더 쉽다. 치료사는 이런 경우에, 단계 2 (일반적으로 하는 행동을 말하기)에서 출발하여 단계 1 (일차적 감정을 말하기)로 되돌아가도록 한다. 일반적으로 치료사가 환자/내담자가 고통을 유발하는 자신의 주기에 점차 더 익숙해지도록 도와줌에 따라서, 일차적 감정과 그에 상응하는 자기-반응성을 규명하는 것이 더 쉬워지게 된다.

우리는 도전-도주 반응과 일차적 감정의 위반에 관련된 뇌의 행정작동시스템을 교정하고 시정하는데 4단계가 효과적이라는 것을 발견해 왔다. 그러나 이 기법은 많은 치료적 작업을 요구한다. 첫째, 치료사는 환자/내담자가 사랑과 신뢰의 결핍에 연관되어 있는 위반과 감정을 명확히 규명하도록 도와야 한다. 둘째, 치료사는 환자/내담자가 자신의 핵심감정뿐만 아니라 그 감정과 자기-반응성의 패턴의 결과로부터 오는 패턴과정을 규명하도록 도와야한다. 이것은 환자/내담자의 손상과 위반을 교정하기 위한 작업에 필수적인 것이다. 셋째, 치료사는 환자/내담자가 자신의 삶에 있어서 필수적인 자신에 대한 핵심 진실을 규명하도록 도와야 한다. 마지막으로, 치료사는 환자/내담자에게 긍정적인 결과를 가져오게 될 정서적 진실과 인력 행위에 대한 지도를 제공함에 있어서 도움이 돼야만 한다.

이 사항들은 의미 있는 치료적 작업을 나타낸다. 단순히 환자/내담자의 고통을 느끼고 치료적 순간을 통하여 핵심적인 임상적 통찰을 규명하고, 새로운 전략을 계획하는 것만으로는 충분하지 않다. 치료사는 환자/내담자와 함께 새로운 사고와 행동을 반복적으로 실습(practice) 해야만 한다. 이 실습은 치료사가 감정적 자기-반응성을 교정해야하는 상태인 '게임 상태'를 찾고 있는 중인 치료시간 내에서 일어나야 한다. 또한 이 실습은 환자/내담자가 평온과 인력에 대한 지도 및 반응성에 대한 패턴을 학습하도록 돕고 있는 시간 내에서도 발생해야만 한다. 환자/내담자들은 그들 자신의 마음으로 4단계를 알아차리고 감정이 활성화된 중요한 순간에 그 단계를 활용하는 것에 매우 능숙해져야 한다. 그들이 핵심적인 상황에서 실패했을 때, 치료사는 4단계를 반복하여 다른 결과를 상상하도록 심상을 사용하여 그 상황을 다시 밟도록 돕는다. 과거 반응성과 고통을 생성하는 반복주기를 중지하는데 성공했을 때, 치료사는 그들의 강점을 인지하도록 도우며 격려를 제공 한다. 4단계는 개인의 변화를 돕는데 엄청난 이익을 제공한다. 그러나 그것은 의미 있는 작업이 요구되며 이 4단계가 환자/내담자들의 일상의 삶의 부분이 될 때까지는 많은 실습이 필요하다.

이 접근의 희망적인 점은 4단계가 효과가 있다는 것이다. 심지어 감정조절이 불가능한 것 같아 보이는 경우에도 우리는 환자/내담자가 자기-반응성으로부터 침착성을 되찾고 대단히 양육적이고, 긍정적이고, 자원적이고, 그리고 균형적으로 변화되는 것을 보아왔다. 그들이 매 순간 성공할 수는 없고, 때로 고통을 수반하는 행동을 생성하는 과거 주기로 다시 떨어질 수도 있다. 그러나 기쁜 소식은 4단계를 실습해 갈수록 더욱더 인력 행위의 선택과 평온한 상태에서 작업할 수 있게 된다는 것이다. 우리는 개인이 이 과정을 약 90번

실습한다면 과거 반응성 주기의 모든 요소뿐만 아니라 새로운 인지 지도에 포함된 과정에 익숙해진다는 것을 믿고 있다. 개인은 또한 다소 과거의 상황이 재발되는 것과 싸워 물리친 성공의 역사를 가지고 있다. 또한 인력 행동의 결과로 얻은 강화나 호혜의 경험도 가지고 있다. 90번은 많은 실습이지만 우리는 그것을 치료 회기와 과제의 조합을 통해서 효율적이고 효과적으로 해 낼 수 있다고 믿고 있다.

제Ⅲ부

복원치료

복원치료 모델의 활용

제7장

복원치료와 부부

도입

관계 치료에 있어서 부부는 여러 면으로 혼란을 경험하고 있기 때문에 다소 도전적인 작업이 요구된다. 여기 서로가 상대의 사랑에 중독되어 항상 함께 하고 싶어서 결혼한 두 사람이 있다. 그러나 몇 달 혹은 몇 년이 지나지 않아서 서로를 견디지 못하고 치료실을 찾는다. 또한 많은 부부가 자신들의 배우자와 영원히 함께 할 수 없으며 배우자가 적이고 원수임을 확신하기도 한다. 어떻게 한때 서로 정말 사랑했던 부부가 이토록 멀어지고, 서로에게 이토록 환멸감을 느끼는 지경에까지 이르게 될까?

많은 부부가 종종 자신들의 관심의 초점 차이로 첫 만남에서부터 서로 멀어지는 관계가 되기도 한다. 부부는 각 상대의 배우자에게 정서적인 만족감과 행복을 기대하며 함께하고 싶어 한다. 그들은 기쁨과 친밀감을 나눌 배우자를 원하고 필요시에는 배우자가 자신을 위로해 주고 보호해 주기를 기대한다. 그러나 대부분의 경우 개인의 이러한 욕구들이 만족되지 못한다. 그래서 자신의 정체감과 안전감에 많은 의문을 가지고 질문을 던지게 되는 감정행정작동시스템(emotional executive operating systems)이 촉발된다. 안전감

보다는 불안전감을, 사랑보다는 사랑 받지 못하고 누군가에게 자신이 필요없는 존재이며 혼자임을 느끼게 된다. 만족감과 행복을 구하기 위해서 관계를 찾는 사람들은 일반적으로 관계가 지니고 있는 핵심을 간과하고 있다. 관계, 특히 배우자나 가족관계와 같이 깊은 관계는 우리로 하여금 성장과 성숙에 관점을 두게 한다는 것이다 (Hargrave, 2000).

근본적으로 관계라는 것은 늘 안전하지만은 않다. 이것은 이 세상에서, 내가 누구이고 내가 어떻게 유능하고 힘 있는 사람이 될 수 있을까를 배워나가는 과정에서 자신이 성장해야 할 부분을 다루는 것에 집중하도록 한다. 우리의 배우자는 우리에게 정체감을 주거나 험한 세상에 우리를 보호하기 위해서 존재하는 사람이 아니다. 그것은 수직적 관계, 즉 부모와 자식 간의 관계에서 존재하는 것이다. 수평적 관계인 부부관계에서는 함께 나누고, 고군분투하며 같이 성장해 나가는 기회를 가지는 것이다. 우리는 우리 자신의 자아감과 권력(힘)에 책임을 가져야 한다. 그렇지 않으면 배우자와 동행할 수 없게 되고 배우자에게 우리가 받지 못한 양육을 강요하며 의존하게 될 것이다. 또한 배우자가 이런 양육을 충족시켜 주지 않으면 갈등하고 싸우고 부딪치면서 상대 배우자가 계속 자신을 충족시키도록 다르게 행동하고 느끼도록 촉구하게 될 것이다. 관계는 우리를 행복하게 만들기보다는 성장하도록 만드는데 그 지향점을 가지고 있다 (Hargrave, 2000).

친밀감, '우리–움', 부부치료

어떤 사람들은 이런 의문을 가질 수도 있다. "배우자가 정체감과 안전감을 제공해주지 않는다면 친밀감은 어디에서 온다는 말인가?" "만약 관계가 개인으로서의 성장에 관한 것이라면 왜 부부에 대하여 논하는가?"

친밀감은 대단한 것이다. 그러나 친밀감이 대단한 주요 이유는 이것이 생성적(generative)이라는 것이다. 즉, 친밀감이 앞으로 새로운 관계와 창조를 가져다준다는 것이다. 결혼으로 맺어진 부부는 인생을 함께하고 그저 같이 사는 것에 그치지 않고 그들의 관계 자체로부터 새로움을 창조한다.

그것은 몇 년 전 가족 치료사 칼 위테커(Carl Whitaker)가 아직 생존해 있었을 때 내게(T.D.H) 한 그의 말에서 명확해진다. 한번은 내가 그와 함께 아침식사를 할 기회가 있었다. 그때 그가 50년 넘는 기간 동안 결혼생활을 한 아내 뮤리엘(Muriel)에 대해서 이런 말을 했다. "아내가 죽는다면 내가 아내를 그리워도 하겠지만, 함께인 우리(what we are together)를 보다 더 그리워하게 될 것이다." 칼은 이 함께인 우리의 경험을 '우리–성(we–ness)'이라 하고, 우리는 지금 이것을 '우리–움(us–ness)'이라고 부르기 시작했다(Hargrave, 2000).

이 대단한 품격의 우리–움은 너나 나를 뜻하는 것이 아니다. 두 개인으로 구성된 관계란 둘의 인격의 합 이상을 의미한다. 관계란 보이지 않는 것이지만 역동적이고 눈에 보이는 식별 가능한 부분을 가지고 있다. 우리–움은 좋아하거나 싫어하는 것 등의 그것 자체의 고유한 자신의 성격을 갖는다. 예들 들면, 내 아내는 발레를 좋아하지만 나는 발레를 좋아하지 않는다. 그러나 우리-움은 발레를 좋아한다. 이 말은 그녀가 발레를 좋아하므로 내가 그녀가 원하는 것에 동의하여 발레를 보러간다는 뜻은 아니다. 우리가 발레를 함께 보러 갈 때 옷을 갈아입고 공연을 공감하고 시간을 함께 보내는 것이 우리-움의 한 일부인 것이다. 개인으로서 내가 스스로 발레를 선택하여 보러 가진 않을 테지만 우리-움은 발레를 좋아한다. 우리-움은 또한 예측이 가능하다. 가족 치료사에 따르면 우리는 부부와 가족의 체계를 조사할 수 있다. 또한 체계가 언제 긴장이 고조되는지, 그 체계의 권력 제휴(power alignments) 및 신념의 패턴은 어떠한지를 알 수 있다. 예를 들어, 우리는 부부나 우리-움이 언제 다툼할 것인지, 그 다툼에서 다음에 무슨 말을 할 것인지까지 예측할 수 있다는 것이다(Hargrave, 2000).

우리-움이 눈에 보이진 않지만 정말로 눈에 보이는 은유적인 요소가 있다. 부부 사이에는 서로에게 서로를 주며 종국적으로는 오르가즘에 이르게 되어 자신의 자발적 반응의 통제를 온전히 잃는 깊은 신체적 친밀감의 성적 관계가 존재한다. 이것은 상대에게 영향을 받아서 실제로 자신의 통제를 잃는 의식적 경험의 유일한 시간이 될 것이다. 이 통제의 잃음은 두려움을 낳지 않고 대부분의 사람들에게 만족감과 평온을 가져온다. 우리가 누구인지를 알고 자신을 자유롭게 주는 이러한 종류의 것은 배우자가 같은 것을 우리에게 해줄 수 있을 때 평안하고 평온해 질 수 있다. 성적인 친밀함에는 수정의 견지에서 보면 친밀함의 가능한 결과물이 있다. 수정이라는 것은 정확히 한 개인의 유전 물질의 반과 개인 상대 배우자의 유전 물질의 반이 관여되는 것을 말한다. 이 두 유전자가 만나면 마법과 같은 방법으로 하나가 되어 두 부모의 모조품이 아닌 하나의 태아로 만들어진다. 이 새로운 생명은 온전히 새로운 인간이다. 같은 방법으로 아이들은 부모를 닮았지만 다른 하나의 인격적 개체이다. 부부사이에서 우리-움은 배우자와 비슷하지만 그 자체로서 정체성을 가지고 있다 (Hargrave, 2000).

부모는 어떻게 자녀들이 생존할 수 있도록 하는가? 예외적인 경우도 있지만, 부모는 자식들이 필요로 하는 사랑과 신뢰를 주고 싶은 불가항력적인 욕구가 있다. 부모는 자신을 온전히 희생할 만큼 자식을 유일하고 가치있게 여긴다. 또한 자식의 환경이 안전하고 예측 가능할 수 있는 장소이기를 원한다. 다시 말해서, 부모는 자식에게 기꺼이 사랑과 신뢰를 주고 싶어 한다. 비록 부모들이 많은 실수를 하는 경우도 있지만 자신의 안녕을 추구하기보다 자식의 안녕과 흥미를 먼저 고려한다. 부모는 그들의 흥미를 자식보다 우선시 하지 않는다. 부모와 자식 중 누구의 흥미가 우선시 되어야 하는지 아이들과 협상하지 않는다. 부모는 각자 자기 자신을 스스로 돌보지만 일반적으로 자식의 흥미와 관심을 제일 우선순위에 둔다.

이런 개념은 특히 배우자와의 관계에 적용할 수 있다. 서로 돌보는 부부 사이의 관계는 아이를 돌보는 것과 같다. 이것은 개인이 자신의 욕구와 원하는 바에 관심이 없다는 뜻이 아니라 그들의 관계를 돌봄에 있어 책임감을 느낀다는 의미이다. 아이와 마찬가지로 우리-움은 배우자들에 의한 사랑과 신뢰로 그 생존이 지켜져야 하며 양육되어져야 한다. 부모는 아이를 어떻게 양육하는지 배우면서 성장하게 되고, 개개인은 사랑과 신뢰를 우리-움에 주면서 불가피하게 성장하게 된다. 부부의 존재는 두 사람 사이에서 한 상대가 다른 상대로부터 더 많은 행복을 얻기 위해 투쟁하는 것이 아니다. 친밀감은 한 배우자가 다른 상대 배우자의 욕구를 충족시키는 것이 아니다. 부부의 존재와 친밀감은 우리-움의 관계를 위해 사랑과 신뢰를 나누는 것이고 거기에서 개인의 성장과 만족감, 친밀감을 증진시키는 것이다(Hargrave, 2000).

이러한 개념은 치료사에게 부부치료에 관해 많은 것을 가르쳐준다. 많은 치료사들은 개인의 행복이 부부가 함께 해야 하는지 여부의 원동력이라고 믿고 있다. 이런 결과로 많은 부부들이 부부치료가 자신들의 관계를 망치고 있다고 생각하면서 개인 치료를 통해 관계의 해답을 찾으려 하고 있다는 것은 놀라운 일이 아니다(Doherty, 2000).

복원치료에서 우리는 다측면 편파성이 관계 안에서 개인뿐만 아니라 관계 그 자체에까지도 확대된다고 생각한다. 우리는 치료사로서 관계 안에 있는 개인에게 열성을 다하지만, 또한 관계 자체도 치료적 지지가 필요하다는 것을 강하게 느낀다. 부부치료에 있어서 우선적인 일은, 부부가 협동하여 사랑과 신뢰로 특성 지어진 그들의 관계적 우리-움으로 옮겨갈 수 있도록 돕는 것이다. 그러면 부부관계는 도움을 받게 되고 관계 속에 개인은 성장할 것이다. 부부가 개인 치료 중 헤어지는 상황도 벌어진다. 그러나 부부관계에서는 드러나야 할 개인의 성장의 문제가 가장 확실하게 드러나게 된다. 또한 우리-움을 통해 서로가 하나로 연결되는 기회가 가능하다. 이러한 이유들로, 우리는 부부가 함께 해야 한다고 생각한다.

복원 부부치료

인지행동 부부치료(Baucom, Epstein, LaTaillade, & Kirby,

2008)로부터 시작하여 통합적 행동 부부치료(Dimidjian, Martell, & Christensen, 2008), 정서중심 부부치료(Johnson, 2004)에 이르기까지 다양한 부부치료 모델들이 있다. 이러한 모델의 대부분은 공통적으로 부부관계의 주기적(cyclical) 패턴을 인식하고 있다. 그러나 치유에 대한 해결책에서는 행동 개입, 양극을 피하고 수용하기, 과거 애착손상의 치유 등의 서로 다른 방법을 가지고 있다. 이러한 해결책을 토대로 한 모델들은 확실히 부부를 돕는데 효과가 있다.

복원 부부치료 모델은 부부에게 자신들의 문제를 다루고, 자신들의 건강한 관계를 유지하는 기술을 배우도록 하는데 효과적이고 관리하기 쉬운 방식을 제공한다. 대부분의 부부가 그들의 관계에서 불안정과 갈등의 이유로 치료실을 찾는다(Hargrave, 2000). 이들의 대부분은 원가족과의 관계에서 해결되지 않은 많은 문제를 지니고 있다. 그 미해결된 문제는 부부 사이의 갈등을 해결할 수 있는 그들의 능력을 방해하고 있다(Hargrave, 2000). 우리는 부부치료가 효과적이기 위해서 부부가 갈등과 곤경의 핵심에 신속히 도달하게 돕고, 그런 다음 이 갈등을 다루는 기술을 제공해 주어야 한다고 생각한다. 즉, 그들이 갈등의 핵심을 다루는 방법을 배울 수 있다면 그들의 우리-움이 찾는 가장 큰 관심사와 친밀감을 성취할 수 있을 것이다. 부부치료의 복원치료 모델은 네 단계를 가지고 있다: 고통의 주기 규명하기(identifying the pain cycle), 평온의 주기 규명하기(identifying the peace cycle), 전환으로 이동하기(moving to transition), 친밀감 창출하기(creating intimacy).

고통의 주기 규명하기

우리는 개인의 현재 관계뿐만 아니라 과거의 가족관계에 대한 이야기를 경청하며 치료 과정을 시작한다. 치료사는 개인의 정체감과 안전감에 연관된 고통을 들을 때 지혜와 인내력을 가져야 한다. 가계도는 이런 정보를 얻는데 유용하다(Hargrave, 2000). 만약 치료사가 치료의 시작부터 이 중요한 정보를 얻는데 시간을 들이지 않고 부부 갈등을 다루고 부부의 상호작용을 안정시키려고만 한다면, 매우 중요한 것들을 놓치게 될 것이다. 이것은 갈등을 다루고 불안정한 상황을 안정화시키려는 것에 저항한다는 뜻이 아니다. 이것은 효과적인 치료개입을 하기 위해 관계 속에서 불안정을 초래하는 감정적인 요소를 확실히 이해해야 한다는 의미이다. 부부들은 재정적인 요인, 가정사, 친구문제 등과 같은 많은 이유로 싸움을 한다. 그러나 열, 스물 또는 서른 가지의 일로 갈등을 일으키지는 않는다. 우리는 자기-반응성에 관계된 일차적 감정의 주요 패턴이 있다고 믿는다. 자기-반응성은 부부를 갈등에 가둔다. 그리고 현재 어떠한 문제의 주제를 가지고 있다 하더라도 문제의 해결을 불가능하게 하는 체계적인 역동성을 생성한다. 즉, 부부는 한 달에 스무 번의 싸움을 하고 있는 것이 아니라 스무 번의 서로 다른 시간에 하나의 싸움을 하고 있는 것이다.

복원치료의 모델에서는 주기적 패턴(cyclic pattern)을 초래하는 것이 무엇인가를 발견하는 데 관심을 둔다. 제3장에서 개인의 과정 패턴이 사랑과 신뢰에 관계하여 어떻게 일어나며, 이런 주기적 패턴이 보편적인 패턴(다가가는 자/거리 두는 자. 과기능자/저기능자 등)에서는 어떻게 발생하는지 알아보았다. 복원 부부치료에서 우리는 특히 배우자의 정체감과 안전감의 문제에 연관된 고통을 명확히 하기 위해서 부부의 이야기를 경청한다. 그리고 개인이 자신의 자기-반응성을 통해 어떻게 대처하는지를 명확히 이해한다. 우리가 항상 발견하는 것은 부부가 개인의 정체감과 안전감의 문제에 대한 고통을 교류하는 방식은 그 정체감과 안전감에 더한 고통을 만들어 낸다는 것이다. 우리는 복원치료에서 관계속에서의 이 주기적 패턴을 *고통의 주기*(pain cycle)라고 부른다. 이 고통의 주기는 협박, 스트레스, 도전-도주 반응에 관련된 행정작동시스템(executive operating system)의 감정 활성화에 대한 모든 감정적인 요소를 가지고 있다. 다음의 사례에서 42세의 남편과 41세의 아내는 결혼 한지 13년이 되었다. 슬하에는 2명의 자녀를 두고 있다. 그들은 결혼생활을 포기할 준비가 되어 있고 치료는 그들에게 있어 문제를 해결할 마지막 시도라고 말했다. 이 부부는 여러 해 동안 싸웠고, 싸움은 시간이 지날수록 점점 더 거칠어지고 빈번해졌다고 보고했다. 다음은 첫 회기에 나눈 대화로 치료사는 여기서 부부의 개인과정을 명확히 하는 기회를 가지고 있다. 그런 다음, 치료사는 이러한 과정을 거치는 동안 얻은 정보를 부부의 고통의 주기를 파악하기 위해 사용했다.

치료사: (남편을 향하여) 자라온 가족에 대해 말씀해 주실 수 있으신가요?

남 편: 우리 가족에 뭔가 어긋난 것이 있다고 항상 생각했어요. 학대는 없었지만 가족 같은 느낌은 없었어요. 저의 아버지께서는 제가 세 살 때 돌아 가셨고 어머니께서는 아버지에 대한 이야기를 절대 하지 않으셨죠. 전 아버지에 대한 기억이 없어요. 어머니는 제가 다섯 살에 재혼하셨지만 그것도 기

억이 거의 없어요. 저는 혼자였어요. 전 엄마랑 더 가까워져야겠다고 생각은 했지만 의붓아버지 사이에 딸이 둘이나 있었어요. 의붓아버지가 저를 학대하지는 않았지만 두 명의 의붓동생들과 더 많은 시간을 보내는 듯 했어요. 의붓아버지는 아주 적은 시간만 저와 보냈고 어머니는 특별한 날에만 저와 함께 했어요. 전 외톨이 같았죠. 제가 가족 구성원이란 생각이 전혀 들지 않았어요.

치료사: 자신이 가족에 소속되어 있지 않다는 것을 어떻게 아셨나요?

남　편: 그들은 저 없이 함께 했지요. 제가 11살이 되었을 때 저는 주로 혼자였어요. 그들은 가족 일을 함께 했지만 저에게 같이 하자고 물어보진 않았죠. 전 외톨이었어요.

치료사: 그렇게 자라면서 어떠한 감정을 느끼셨나요?

남　편: 저는 혼자이고 사랑 받지 못한다고 느꼈어요.

여기서 우리는 치료사가 남편의 경험에 관련된 일차적 감정을 찾아내기 위해 그의 성장 이야기를 어떻게 활용하는지 본다. 이 사례에서는 환자/내담자 자신의 이야기가 이미 준비되어 있다. 그래서 환자/내담자의 가족 경험에 관한 일차적 감정을 확인하는 것이 그리 어렵지 않다. 그러나 환자/내담자들의 이야기가 복잡성을 띨 경우 치료사가 그것을 탐색하는데 인내해야 한다. 그리고 그들이 일차적 감정을 찾는데 도움을 주어야 한다. 때때로 환자/내담자들에게 "부모에게 바랐던 점은 무엇입니까?" 또는 "어떤 것이 자신의 상황을 더 낫게 만들었을까요?" 같은 질문을 하는 것이 도움이 된다. 이런 질문은 직접적으로 감정을 물어보지 않고도 일차적 감정에 관한 느낌을 찾는데 도움을 준다. 위의 사례의 남편은 그가 감정적으로 홀로 자랐다는 것을 확인시키기 위해 치료사에게 유년시절에 대한 많은 이야기를 하였다. 그는 가족으로부터 숙식과 교육은 제공을 받았다. 하지만 그가 받은 메시지는 자신이 가족에 속해있지 않으며 그런 가족에게도 자신이 감사해야 한다는 것이었다. 그의 어머니는 의붓아버지가 그와 그의 어머니에게 제공한 것에 대해서 늘 감사하라고 말했다고 했다. 이러한 환경에서 자란 그는 누구에겐가 무엇을 부탁하는 것이 매우 불편하다고 말했다. 다음 대화에서 치료사는 그의 아내에게 초점을 돌린다.

아 내: 제 가족은 사랑은 많았지만 상황은 변화무쌍했어요.

치료사: 무슨 말씀이신지 좀 더 자세히 말씀해 주시겠어요?

아 내: 우리 가족은 모두 사이가 좋았지만 아버지가 불경기로 24개월이나 직장을 잃었었어요.

치료사: 긴 시간이었네요.

아 내: 그런데 그게 최악은 아니었죠. 우리는 캘리포니아 남부에서 살았는데 지진이 난 거예요. 그래서 집이 많이 손상되었는데 집을 고칠 돈이 없었어요. 잘 기억나진 않지만 결국 집을 잃었어요.

치료사: 고통이 얼마나 컸을지 짐작할 수 있을 것 같아요.

아 내: (눈물을 흘리며) 정말 고통스러웠어요. 우리 가족은 친척집과 친구 집에 나뉘어져서 서로 떨어져 살아야 했지요. 일년 반씩이나 그렇게 살았어요.

치료사: 어린 소녀로서 그렇게 떨어져 사는 것이 어땠나요?

아 내: 무서웠죠. 저의 부모님은 자신들이 할 수 있는 최선을 다했지만 어디서 지낼지, 지낼 곳이 있는지조차 모르는 상황이

> 참으로 비참했어요. 그것이 부모님의 잘못은 아니었지만 저에게는 정말 그때가 무서운 시간들이었어요.

이 아내는 자신의 과거 삶의 보편적인 경험을 이야기했다. 그녀의 불안전하고 신뢰할 수 없는 상황은 부모로부터 직접 온 것이 아니었다. 그것은 아버지의 실직에 의한 불안정한 상황과 자연 재해로부터 온 것이었다. 결과적으로 그녀는 불안정성에 의해 손상된 일차적 감정을 아직도 가지고 있었던 것이다. 그녀는 무섭고 불안하며 통제 불능함을 느낀다고 보고했다. 이런 감정들은 일들이 예측 불가능하며 불공평함에서 온 감정들인데 그녀는 어린 시절에 이러한 것들을 드러내 놓고 솔직히 말할 수 없었던 것이다. 부모는 아이들을 보호하기 위해 친척집과 친구 집에 나뉘어져서 사는 것 등의 노력을 했다. 하지만 그 결과로 이 여인에게는 깊은 안정성과 개방성의 결여가 생기게 되었던 것이다.

규명된 일차적 감정을 바탕으로 치료사는 부부의 주요 자기-반응성을 규명하기 위한 작업을 시작했다. 이 사례에서 아내는 부모가 그녀에 대해 걱정하지 않게 하려고 모든 일에 완벽을 기하는 행동으로 자신을 제어하면서 발달된 통제 행동의 반응성과 대처를 보고했다. 그녀는 모든 잠재적인 위협을 감지하는 감각이 극도로 발달된 최고의 수행자(performer)였다. 어린 시절에 그녀는 늘 자신을 편하게 하기 위해서 통제할 무언가를 찾았다고 말했다. 예로, 그녀의 가족이 이사를 많이 했을 때 그들이 어느 순간에 떠나야 할 때를 대비해서 항상 필요한 물건으로 정돈된 가방을 가지고 있었다고 했다. 다음은 치료사가 남편을 계속 탐색하고 있는 장면이다.

치료사: 아무도 자신을 원하지 않으며 자신은 혼자라는 느낌속에서 성장하면서 어떻게 살아가는 방법을 배우셨나요?

남　편: 그냥 배웠습니다. 저는 혼자였어요. 그게 전부에요. 저는 아주 몇 명의 사람들만 가까이 알고 지냈죠. 상처받고 싶지 않아 어떤 인간관계도 만들지 않았어요.

치료사: 살아남기 위해 일에만 전념하며 살아 오셨겠군요.

남　편: 맞아요. 감정적으로는 어떤 위험도 감수하지 않았어요.

남편은 자신의 행동과 이차적 감정에 대해 말했다. 그는 사랑받지 못한 것에 깊은 상처를 느꼈다. 그래서 인간관계에서 자신이 요지부동하기와 수행을 잘하는 것으로 자신의 정체감을 관리하며 열심히 일만 했을 것이다. 또한 그가 그의 어머니에 관해 분명한 미움을 가지거나 책망을 하지 않았다. 이런 점으로 보아 그의 상황에 대해 타인을 비난하기 보다는 자기-수치화를 했을 가능성이 크다.

치료사는 아내가 사전에 부부의 고통의 주기에 관해 다소 알고 있다고 느꼈다. 그러나 그들 관계 속에서 고통의 순차적 흐름들(sequences)을 이야기하면서 이 주기를 좀 더 확실히 인식하도록 도왔다. 일차적 감정 및 자기-반응성의 패턴과 그 패턴의 순차적 흐름은 흔히 어린 시절의 경험에서 배운 것임을 기억하는 것이 중요하다. 치료사가 부부가 마지막으로 한 싸움에 대해서 물었을 때, 그 싸움의 결과는 예전의 싸움들과 같았다고 말했다. 아내는 남편에게 높은 기대를 갖고 남편을 재정적인 면에서 계속 체크하고 고치려 했다. 남편은 자신이 하는 모든 일에 아내가 절대 만족하지 않으므로 포기하고 마음의 문을 닫았다. 남편이 아내가 원하는 일을 하는 것을 모두 멈추었을 때, 아내는 화를 내며 그가 그 자리를 떠날 때까지 비난하였다고 말했다. 치료사가 이것이 아직까지 부부가 싸움한 '전형적'인 형태의 다툼이냐고 물었을 때 부부는 그렇다고 말했다.

치료사는 아내가 부부의 고통의 주기를 그릴 수 있도록 하기 위한 충분한 정보를 얻었다. 이 그림이 완성된 후에, 치료사는 부부에게 그림을 보여주고 그것을 부부가 인식하고 습득하도록 도와야 한다. 고통의 주기에 대한 그림은 두 부부가 치료사에게 말한 이야기를 바탕으로 그려진 그림이므로 치료 과정이 더 진행되어 나가면서 변경되고 고쳐질 수 있다. 고통의 주기가 완벽할 필요는 없다. 그러나 관계에서 어떤 일이 있었는지 보여주는 정확한 묘사가 되어야 한다. 다음의 그림 7.1은 이 부부의 고통의 주기이다. 치료사가 부부의 고통의 주기를 부부와 함께 살펴볼 때, 부부는 이 주기가 자신들이 예

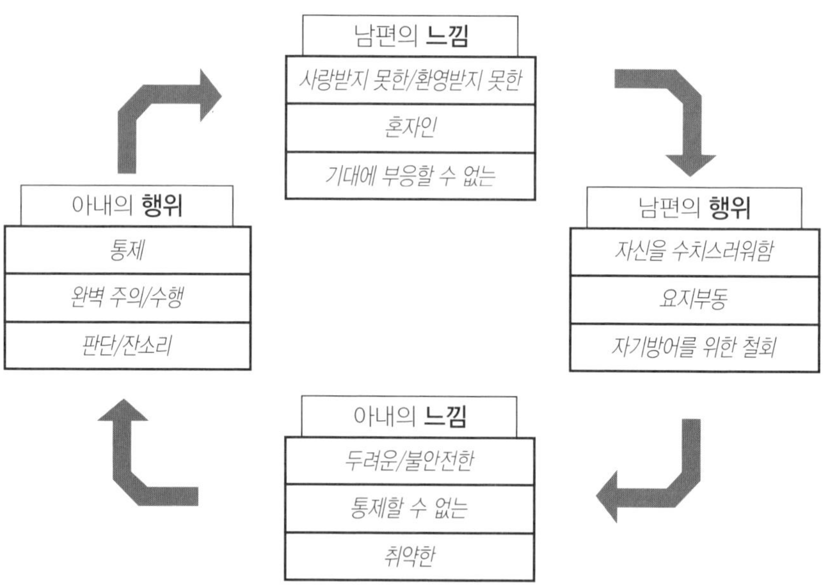

그림 7.1 부부의 고통의 주기

상한 대로라는 것을 확인했다. 이 주기에서 각각의 배우자가 자신의 일차적 감정의 위반에 대한 느낌에 대처하거나 반응했던 행동들은 상대 배우자의 일차적 감정의 위반을 더 자극하는 것임을 기억하는 것이 중요하다.

예를 들어, 이 사례에서 아내가 그녀의 두려움, 불안전감, 취약함을 완벽 주의적이고 판단적인 통제 행동의 자기-반응성으로 해결해 나갈 때, 이것은 남편의 사랑받지 못하고 환영받지 못하고 혼자이고 상대의 기대에 부응할 수 없는 실패자처럼 느끼는 감정을 더 자극하게 된다. 남편이 자신의 이러한 감정을 자기-수치화, 요지부동, 철회의 자기-반응성으로 대처할 때 아내의 불안전감, 통제 불능, 취약함의 감정은 더 강해지며 복잡해진다. 간단히 말해서, 아내는 생활이 잘 되도록 도와주고 자신을 보호해주는 그런 배우자가 있다고 느끼지 못한다. 남편은 아내가 자신에게는 전혀 관심이 없고, 오로지 아내 자신만을 위해서 남편이 무엇을 할 수 있는지에만 관심이 있다고 느끼게 된다. 치료사가 부부가 보고한 재정적인 다툼에 이 고통의 주기를 적용했을 때 아내는 이것이 '모든 분쟁 뒤에 숨은 분쟁'이라고 말했다. 그들은 그들이 다툴 때마다 이 고통의 주기에서의 일차적 감정을 항상 느끼고 있다는 사실을 말했다. 치료사가 부부가 올바른 치료의 궤도에 있느냐는 질문을 했을 때 남편과 아내는 그렇다고 말했다. 다음은 남편의 말이다.

> 이것이 정확히 우리에게 필요한 것이에요. 제가 이와 같이 느낄 때 취하는 것들이 바로 이런 행동들이죠. 우리 분쟁에서 무엇이 우리를 충동질하는지에 관한 명확한 그림을 이처럼 확실하게 가져 본 적이 없어요. 정말 도움이 되네요.

평온의 주기 규명하기

부부가 고통의 주기를 확증하는 것은 흔한 일이다. 치료사가 부부에게 올바른 고통의 주기를 얻도록 도와주면 그들은 치료에 대해 더 많은 흥미와 통찰과 동기를 가지게 된다. 다음 몇 차례의 회기에서 치료사는 부부가 자신들의 고통의 주기에 대체되는 일차적 감정과 인력행동을 규명하도록 도울 것이다. 이것은 하나의 인지적 지도인데 이 지도를 우리는 *평온의 주기*(peace cycle)라고 부른다.

고통의 주기와 마찬가지로 평온의 주기도 다소 부부에게 호혜적이다. 부부 각자가 자신들의 관계 안에서 양육, 자기-가치화(self-valuing), 믿을만한 연대, 그리고 균형 있는 주고-받기와 같은 인력의 행동을 실행하면 상대 배우자의 사랑과 신뢰에 대한 일차적 감정이 자극된다. 이런 방법으로 평온의 주기는 각 상호작용이 긍정적인 상호 작용을 낳음에 따라서 부부가 더욱더 사랑과 신뢰의 관계로 소용돌이 쳐 치솟는 나선형과 같은 주기가 된다. 치료사는 과거 상처의 감정을 자세히 찾아야 한다. 그리고 이 상처의 감정의 고통이 어떻게 생겨났는지 추적하기 위해 여러 회기를 필요로 한다. 그런 다음 치료사는 자신에 대한 진실을 규명하기, 이해하기, 의무와 권리 균형잡기, 맞는 대본이나 틀린 대상, 그리고 용서의 작업 등과 같은 작업과 개입에 이 고통의 감정을 사용한다. 이런 기법들을 통해서 치료사는 개인이 자신에 대한 통찰과 새로운 행동에 대한 사고를 가지고 고통의 일차적 감정을 바로잡도록 돕는다. 치료사는 이 작업이 효과적으로 신속히 진행될 수 있는 것이라고 생각할 수도 있다. 그러나 환자/내담자가 이런 고통을 느끼는 것에 대한 과정과 그것을 바로잡는 교정의 과정은 시간이 많이 소비된다.

본 장의 사례에서 치료사는 '자신에 대한 진실을 규명하기'의 기법을 사용해 남편과 함께 그가 놓치고 있는 몇 가지 핵심 영역을 규명하는 작업을 했다. 이 과정을 통해 그는 자신이 사랑받고 환영받는 느낌을 주는 사람을 갈망하고 있었다는 것이 확실해졌다. 그의 아내에게 매력을 느꼈던 대학 시절에 그는 황홀했고 마침내 자신이 사랑받고 소속된다는 느낌을 주는 사람을 만났다고 믿었다. 그러나 후에 그는 아내가 자신이 안정적이고 정서적으로 변함이 없어 보였기 때문에 자신에게 매력을 느꼈다는 것을 알았을 때 좌절했다. 치료사는 심상을 사용해서 그가 성장할 때 스스로 혼자 자신을 돌보고 관리하도록 내버려졌던 어린 시절의 상황으로 그를 이끌었다. 그런 다음, 자신의 어린 시절의 아이에게 부모의 입장이 된 그가 긍정적인 사랑과 소속감의 메시지를 주도록 도움을 주었다. 이 작업은 매우 성공적이었다. 치료사는 여기서 그의 아내와 아이들이 그에게 사랑을 표현하는 상황을 만들어 자신에게 스스로가 준 메시지를 강화하도록 하였던 것이었다.

아내의 경우 치료사는 '맞는 대본이나 틀린 대상' 기법을 사용하여 그녀의 관계적인 요구(claim)를 인지하도록 도와주었다. 치료사는 그녀로 하여금 예측 불허한 그녀의 상황이 어떻게 그녀의 불안전감, 두려움, 자기통제의 장애로 이끌었는지 이해시키는데 많은 시간을 보냈다. 이러한 과정을 통해서 그녀는 결국 "내 자신이 한 행동은 이해가 가능한 일이지만 나는 내가 남편과 아이들을 너무 많이 통제했다. 내 불안감이 우리의 대부분의 분쟁을 야기했다."라고 말하기에 이르렀다. 이러한 종류의 통찰은 매우 값진 것이었으며, 그녀가 자신의 파괴적 권리를 통해서 행사했던 부적절한 시도를 바로잡으려는 그녀의 의지에 대한 명확한 표시였다. 다음 치료의 과정은 그녀가 과도한 통제를 하지 않고 자신의 안전감을 충족하는 적절한 방법을 찾는 것을 돕는 것이다. 치료사가 그녀에게 "두려움이 엄습해옴으로써 아이인 소녀가 자신이 통제가 안 될 때, 그 두려움을 잠재울 수 있는 무엇인가가 있었나요?"라고 물었을 때 그녀는 잠시 생각하다 다음과 같이 대답했다.

> 저는 그저 아무것도 모른다는 것이 제일 무서웠어요. 만일 그때 우리가 앞으로 무언가와 마주친다는 것을 누군가가 말을 해줬더라면 훨씬 나았을 거라 생각해요. 저의 부모님은 저와 함께 있어주는 것은 대단하셨지만 제게 정보를 제공하는 데는 매우 미숙하셨어요. 제 남편이 돌처럼 한결같다는 것은 저는 알아요. 만일 남편이 우리가 당면한 일을 잘 수행하기 위해서 마음을 열고 그것에 대해서 저와 함께 대화한다면 저는 훨씬 균형이 잡혔을 거예요.

치료사는 복원 부부치료 모델의 4단계 과정 중에 사용 될 수 있는 진실(truth)의 요소를 이끌어내기 위해서 각 배우자가 규명한 자신들의 강점을 사용하였다. 또한 치료사는 부부가 이러한 진실의 형태를 접촉할 수 있다면, 관계에서 어떻게 다르게 행동할 것인지를 그들에게 묻고 인력에 대한 긍정적인 요소를 규명하도록 했다. 남편은 만약 그가 사랑받고 환영받는 감정적 진실을 유지할 수 있다면, 자신을 성숙시킬 뿐만 아니라 관계에 더 관여할 것이라고 말하였다. 아내는 자신이 영향력 있고 능력 있고 자신 옆에 남편이 있다고 느끼는 감정적 진실을 유지할 수 있다면, 주고-받는 관계에서 더 균형적이 될 것이고 상대에게 더 양육적이며 수용적이 될 것이라고 말하였다. 이런 요소들을 바탕으로 치료사는 부부의 평온의 주기에 대한 지도를 만들었다. 다음, 치료사는 각 배우자와 함께 이 주기의 요소들을 규명하면서 부부가 각자 이런 방법으로 성공적으로 행동한다면 관계에서 엄청난 변화를 만들 것 이라고 말했다. 그림 7.2는 이 부부의 평온의 주기이다.

전환으로 이동하기

"악마는 세밀한 것 속에 존재한다."는 말이 있다. 첫 다섯 회기의 치료 과정 동안 부부는 고통의 주기를 명확히 규명하고 자신들의 진실을 자신과 통합하는 것을 학습했다. 그리고 부부는 그러한 과정

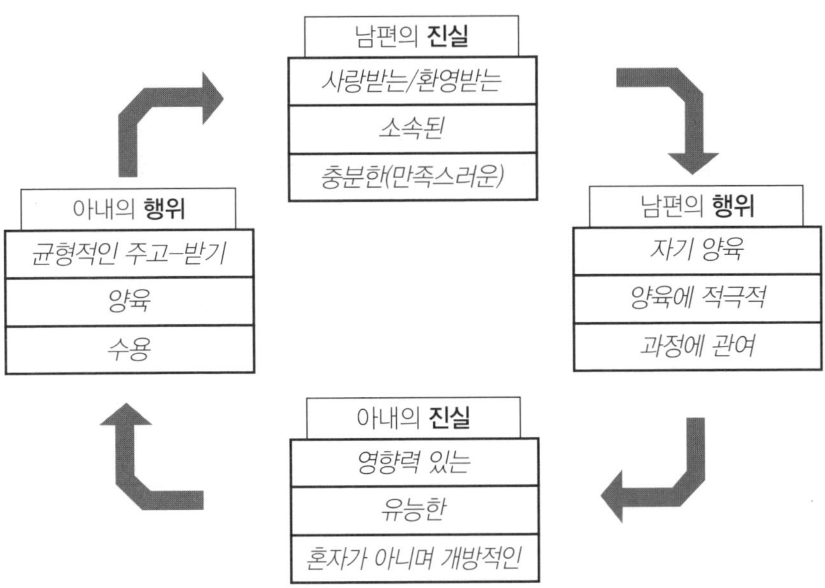

그림 7.2 부부의 평온의 주기

이 평온의 주기에서 어떻게 작동하는지를 배우며 벅찬 희망과 통찰력을 경험 하였다. 그러나 고통의 주기에서 평온의 주기로 전환하는 과정은 부부뿐만 아니라 치료사에게도 매우 중요한 도전이다. 많은 경우, 부부 치료사는 부부가 더 나아지기를 너무도 간절히 바란 나머지 부부의 잠재적인 문제가 되는 이슈를 피하는 경향이 있다. 제6장에서 논의했듯이, 오래된 행정작동시스템에 반하는 새로운 생각과 행동을 실습하는 것은 개인이 새로운 습관을 배우기 위해서 매우 중요하다. 뇌는 감정적인 상황에 새로운 반응을 생성하는 새로운 신경계적 연결을 형성하기 위한 단순 반복이 필요하다. 치료사는 부부가 '게임 상태'로 가도록 하는 문제적인 이슈를 직면하도록 해야 하며, 전환의 작업이 성공적인지를 확실히 해야 한다는 것을 명심해야 한다.

치료사는 부부가 고통의 주기를 중지하고 상호작용을 평온의 주기로 바꾸도록 하기 위해서 4단계를 활용하여 부부를 돕는다. 이 4단계라 함은 제6장에서 기술한 바와 같이, 1) 일차적 감정을 말하기 2) 일반적으로 하는 행동을 말하기 3) 자신에 대한 진실을 말하기 4) 새로운 행동을 선택하기 등이다. 우리는 개인의 뇌가 통합하고, 현실화하고, 행정작동시스템 때문에 작동하는 오래된 자동적 고통의 주기에 반하는 인지적인 지렛대를 얻게 하기 위해서, 개인이 이 4가지의 단계를 '말'로 표현하는 것이 매우 중요함을 강조한다.

본 장에서 치료사는 두 회기를 할애하여 부부가 고통과 평온의 주기에 관련된 용어들을 습득하게 하고 4단계의 과정에 능숙하도록 돕는 작업을 했다. 다른 모든 학습과정과 마찬가지로 부부는 이 회기 동안 천천히 4단계를 밟아가야 했다. 이 두 회기 중의 첫 회기에서 부부는 서로에게 눈에 띄게 화가 난 채로 치료실에 왔다.

치료사: 저는 분명히 당신들을 이렇게 화가 나게 만든 일이 있다고 생각되는데 무슨 일이 있었던 거죠?

아 내: (매우 화가 나서) 우리는 다시 원상태로 돌아간 것 같아요. 저는 다시 제 자신을 잃었고 그리고 남편은 철회하고 뿌루퉁해 하고 있죠.

치료사: 무슨 일이 있었나요?

아 내: 저는 아들의 병원 약속을 몹시 걱정하고 있었어요. 제가 아들을 데리고 갈 수 없는 상황이어서 남편에게 (남편을 손으로 가리키며) 아들을 병원에 데려가라고 하고 의사에게 아들에 대해서 우리가 알아야 할 것이 무엇인지 물어보라고 했어요. 저는 남편에게 그가 무엇을 했으면 좋겠는지 말하기 시작했는데 그는 철회하기 시작했어요. (매우 흥분하며) 제가 좀 강요한 건 알겠는데 아들 일이라 워낙 중요했어요. 그리고 우리가 잘 대처해야 하는 것도 중요했고요. 그런데 그는 내말을 들으려 하지 않았고 다른 방으로 가버렸어요.

치료사: (남편에게) 그런 다음에는 무슨 일이 있었나요?

남 편: (조용히 상처 입은 어조로) 아내는 제가 예전처럼 항상 똑같이 이런 일에 있어서 자기 일을 도와주는 배우자가 절대 될 수 없다고 말하며 화를 냈어요. 가족의 일을 결정하는 것은 언제나 자기 일이고 자기는 절대 저를 의지할 수 없다는 거죠.

치료사: 그래서 어떻게 하셨나요?

남 편: 제가 어떻게 했냐고요? 저 사람이 그렇게 나올 때 제가 할 수 있는 일이 무엇이 있을까요? 전 아무 것도 없어요. 그냥 그 자리를 피할 수밖에 없는 거죠. 그리고 우리는 각자 다른 차를 타고 여기 왔어요.

치료사: 그렇군요. (잠시 침묵) 저는 이런 일이 발생한 것이 그리 나쁜 일이라고는 생각하지 않습니다. 우리가 하고 있는 이 치료 작업과정에 좋은 기회라는 생각이 들어요. (남편에게) 아내가 마치 당신이 능력이 없고 어른이 아닌 것처럼 당신에게 아들에 관해서 필요한 무엇을 하라고 말할 때 당신이 고통 속으로 갇히게 되는 것이 정말 이해가 갑니다. 그때 어떤 느낌이 드셨는지 말씀 해 주세요.

남　편: (처음엔 망설이다 고통의 주기를 보며) 제가 항상 느끼는 느낌이죠. 저는 상대의 기대에 부응하지 못하며 환영받지 못한다는 느낌, 완전히 무능하고 혼자라는 느낌이 들죠.

치료사: 이런 느낌이 들면 보통 무엇을 합니까?

남　편: (다시 망설이다 고통의 주기를 보며) 항상 그렇듯이 제 자신에게 매우 기분이 나빠지고 철회하게 됩니다. 더 이상 기분 나쁘고 싶지 않으니까요.

치료사: 이해합니다. 하지만 당신에 대한 진실은 무엇이죠?

남　편: (잠시 망설이며 눈물을 보인다.) 몰라요.

치료사: 이 시점에서 당신의 뇌는 진실에 관한 길을 당신이 찾을 수 없다고 말하고 있지만 당신은 할 수 있어요. 당신에 대한 진실은 무엇입니까?

남　편: (평온의 주기를 바라보며) 저는 사랑 받고 환영받는 존재입니다. 저는 소속되어 있고 만족스러운 사람입니다.

치료사: 자, 조용히 눈을 감고 다시 말해보세요.

남　편: 저는 사랑받고 환영받는 존재입니다. 저는 소속되어 있고 만족스러운 사람입니다. (깊이 한숨을 쉰다.)

치료사: 그것이 당신에 대한 진실이라면 어떻게 다르게 행동하고 싶

으신가요?

남　편: (긴 침묵) 저는 제 자신을 기분 나쁘게 느끼며 수치스러워 하지 않겠습니다. 저는 괜찮은 사람이고 능력이 있어요. 저도 아들을 많이 걱정하며 철회하지 않고 아내가 해야 하는 말을 들을 수 있습니다.

치료사: 좋습니다. 아주 좋아요. (잠시 침묵) 당신이 말씀하신대로 정말 그렇게 느끼시나요?

남　편: 네. 저는 이것이 저에 대한 진실이라 믿어요. 그리고 이 진실과의 접촉을 유지할 수 있습니다.

치료사: (아내에게) 오늘 당신의 아들에게 일어난 일에 대해 당신은 어떻게 느끼시나요?

아　내: 두려웠고 불안전하고 통제 불능을 느꼈어요. 완전히 취약해 있었죠.

치료사: 당신이 그런 느낌이 들면 무엇을 하나요?

아　내: (고통의 주기를 보며) 이 주기가 정말 맞네요.

치료사: 당신의 뇌는 당신에게 직접 들어야 합니다. 두렵고 불안전하고 통제 불능을 느낄 때 당신은 무엇을 합니까?

아　내: 저는 통제 모드로 돌아가 제가 생각한 대로 일이 되어야만 한다고 판단하게 됩니다.

치료사: 당신에 대한 진실은 무엇이죠?

아　내: 제가 혼자인 것이 마땅하다는 것. 그리고 저는 제 자신에 갇혀 있고 이성적이지 않다는 것. 그게 나에 대한 진실이죠.

치료사: 그것은 당신에 대한 진실이 아니에요. 당신은 고통의 주기로부터 나오기 위해서 자신을 자책하겠지만, 이것은 전혀

효력이 없고 당신을 더욱 좋지 않게 만들 뿐이죠. 당신이 오래된 고통에 직면하려는 의지를 가질 때 이 상황을 바꿀 수 있습니다. 당신에 대한 진실은 무엇입니까?

아 내: 저에 대한 진실은 저는 영향력 있고 제가 하는 일에 유능하다는 겁니다. 저는 또한 혼자가 아니고 신뢰할 수 있는 배우자를 가지고 있다는 것입니다.

치료사: 그게 진실이라면 어떻게 다르게 행동하고 싶으십니까?

아 내: (잠시 멈추고 평온의 주기를 바라보며) 제 생각을 남편과 나누고 그가 무슨 걱정을 하는지 물어 볼 것입니다. 저희가 서로의 짐을 나누길 바랍니다. 그리고 그에게 제가 그를 믿고 의지하고 있다고 말하고 싶어요.

이 4단계를 통한 작업의 과정 동안에 이 부부의 감정적인 고조가 극적으로 바뀌었다는 것을 주목하기 바란다. 이것은 4단계를 통해 부부가 고통의 주기에서 평온의 주기로 전환을 했다는 분명한 증거가 된다. 또한 각 단계와 연결된 감정과 행동을 상기시키기 위해 치료사가 치료실 벽에 걸어 놓은 고통과 평온의 주기 차트를 부부가 사용하도록 했다는 것을 주지하기 바란다. 이것은 부부로 하여금 변화에 필요한 자료와 기술을 배우고 능숙하게 되는데 매우 필요한 것이다. 마지막으로 치료사가 부부 각 개인에게 4단계를 거쳐 치료 작업을 수행하도록 한 것을 명심하기 바란다. 이렇게 하는 것은 친숙한 고통과 행동을 고수하고 싶은 습관이 몸에 깊게 배었기 때문에 그것에 도전하기 위한 것이다.

친밀감 창출하기

치료사는 부부와 함께 4단계를 반복적으로 작업해야 한다. 치료사는 부부가 지난 한 주 동안에 겪은 분쟁을 4단계를 밟으면서 어떻게 극복해 나갈 수 있는지를 분석하도록 도와주어야 한다. 또한 치료사는 의지적으로 회기 중에 부부사이에 존재하는 분쟁을 꺼내어 부부가 자신들의 게임 상태에 4단계를 적극적으로 적용하고 활용하도록 도와야 한다. 그리고 개인에게 일어난 감정의 활성화가 크고 작음에 상관없이 분쟁과 게임상태를 찾아 낼 수 있도록 숙달시켜야 한다. 이런 도움으로 부부는 분쟁 중이든 분쟁을 피하는 중이든 그들이 스스로 능숙해 질 수 있도록 과거 고통의 주기에서 새로운 평온의 주기로 바꾸는 과정을 학습하게 된다.

그들이 능숙해지면 치료사는 친밀감을 창출하기 위해서 단계 4(새로운 행동을 선택하기)를 사용한다. 이것은 흔히 치료사가 부부 각자가 자신들이 무엇을 원하는지를 단순히 말하게 하는 것으로 그치지 않고, 그 원하는 내용을 직접 상대 배우자에게 말하도록 하는 것이다. 이것은 거의 항상 부부의 결속을 생성하는 깊은 친밀감을 유발한다. 다음은 본 장 사례의 10번째 회기이다. 여기서 남편은 부부가 재정 문제로 스트레스를 받아 어떻게 일을 풀어나가야 할지 모르겠다고 치료사에게 말했다. 그때 즉각적으로 아내의 고통의 일차적 감정이 촉발되었다.

치료사: 당신에게 무슨 일이 있는 것 같군요.

아 내: (잠시 멈추고 천장을 바라보며 깊은 한숨을 쉰다.) 무슨 말씀을 하려고 하시는지 알겠어요. 노력해보죠. (남편에게 몸

을 돌리며) 당신이 우리의 재정 상태에 관해 말을 했을 때 저는 두려움, 취약함, 압도감, 그리고 통제 불능의 느낌이 들었어요. 보통 이런 감정들을 느낄 때 나는 과다하게 통제하고 당신이 해야만 하는 것들에 대해서 잔소리를 퍼붓게 되죠. 그러면서 내 방식대로 모든 것이 되기를 원하며 당신을 힘들게 하죠. 하지만 진실은 나는 유능하고 영향력 있으며 당신은 내가 기댈 수 있는 신뢰할 만한 사람이라는거죠. 그리고 나는 우리가 함께 이 문제를 해결해 나갈 수 있다는 것을 알고 있다는 것이죠. 그래서 이 상황에서 내가 다르게 행동하고 싶은 것은 이 상황을 통제하지 않고 당신에게 신뢰를 가지고 내가 원하는 바를 표현하는 것이에요.

치료사: 참 좋습니다. 여기서 당신을 고통의 주기로 이끌었던 감정을 어떻게 조절했고 다르게 행동했는지 명심하세요. 이제 어떤 느낌이 드나요?

아 내: 놀랍도록 평온해지네요. 힘을 부여 받은 것 같은 느낌이 들어요. 마치 내가 앞으로도 이렇게 할 수 있다는 그런 느낌…….

치료사: 네. 당신은 정말 그렇게 하실 수 있습니다. 당신이 지금 앞으로 전진했으니 여기서 조금 더 나아가도록 해보죠. 당신이 남편에게 어떻게 다르게 행동하고 싶은지를 이야기 한 것을 실제로 지금 직접 남편에게 말해보도록 해 보죠.

아 내: (긴 침묵 이후 남편을 바라보며 손을 잡으며) 당신은 바위같이 견고한 아주 좋은 사람이에요. 나는 당신이 우리의 재정과 관련해서 매우 정직하다는 것에 늘 감사하고 당신을 의지하고 있어요. 나는 당신이 우리가 이 상황에 무엇을 해

야 한다고 생각하는지 알고 싶어요. 우리가 어떻게 헤쳐 나가야 하는지에 대한 당신의 의견을 듣고 싶어요.

남　편: (감동하여 잠시 멈춘 후) 우선 나는 당신이 우리 집안을 위해서 해왔던 일에 내가 감사하고 있고 당신이 얼마나 훌륭한 사람인지를 내가 알고 있다는 것을 당신이 알았으면 좋겠어. 우리 함께 앉아서 이 문제에 대해 의논하고 계획을 짜 봅시다. 나는 우리가 이 일을 잘 해결할 수 있고 괜찮아질 것이라 믿어. (잠시 멈추고 둘은 껴안는다.)

위의 사례는 복원치료 모델의 전형적인 특징 중의 하나를 보여준다. 우리는 친밀감을 감정조절을 위해 사용하지 않고, 대신 감정조절을 위해 치료적 통찰과 4단계를 활용한다. 도전-도주 반응과 연결된 행정작동시스템의 통제 상태에서 이제 개개인은 뇌에서 친밀감을 창출하는 다른 작동시스템과 함께 새로운 선택을 자유롭게 탐색할 수 있다. 다른 말로 표현 하면, 복원치료 모델에서는 친밀감의 순간들을 창출하기 위해서 감정조절을 이용한다. 이 친밀감은 뇌에 새로운 경로의 패턴을 만들게 하고 부부가 서로 호혜적이 되도록 할 것이다. 고통의 주기 때문에 수년 동안 결혼 생활에서 친밀감이 없었던 이 사례의 부부는 그들의 갈등에 대한 역사의 과정 속에서 변화를 만드는 친밀감의 순간을 명확히 경험하게 되었다.

우리는 이러한 부부와의 작업과정이 결코 쉽지 않음을 기억해야 한다. 그리고 이 사례의 부부의 결혼생활은 끝에 달해 있어서 그들은 치료 작업을 할 만한 에너지가 거의 고갈되어 있었다. 그러나 놀라운 사실은 10주 동안의 치료 과정 속에서 그들이 많이 달라졌다는 것이다. 이것은 부부가 복원치료 과정을 활용하여 그들의 감정을 어떻게 조절하는지를 배워서 성공적으로 치료를 통해 얻은 통찰을 그들 문제에 적용할 때에 가능하다. 이 사례의 부부는 확실히 그들의 고통의 주기를 규명하는데 많은 시간을 보냈다. 그리고 평온의 주기와 4단계를 통해서 학습한 기술로, 부부는 자신들이 힘들어 하는 부분에서 나오기 위해 스스로 작업 할 수 있는 도구를 갖게 되었다. 이 부부는 계속 작업하고 실습해야 한다. 그러나 그들은 관계에 대한 희망, 감정조절, 그리고 정서적인 친밀감을 회복하고 창출해내는 방법을 가지고 있다. 부부는 12주 후 치료를 마쳤고, 그들 스스로 평온의 주기와 4단계의 과정을 계속 이어갈 수 있었다.

제8장

복원치료와 용서

도입

용서의 작업에 관해서 말할 때 우리는 복원치료 모델만큼 더 근본적인 모델이 없다는 것을 발견한다. 용서의 작업에 대한 핵심은 개인, 관계, 세대 간의 가족 안에서 실현이 가능한 만큼 최대한 사랑과 신뢰를 복원하는 것이다. 개인이나 가족이 이 작업을 할 때, 사랑과 신뢰의 관점에서 근본적으로 개인의 욕구뿐만 아니라 다가올 혈통의 욕구도 고려가 된다. 모든 생성적(generative) 작업과 마찬가지로, 현재 개인이 하고 있는 작업은 보이지 않는 세대의 삶도 변화시킨다. 이리하여, 이 작업은 항상 초월(transcendence)적인 것에 대한 노력이 되는 것이다(Hargrave & Pfitzer, 2003). 개인이 현재 사랑과 신뢰를 복원하기 위해서 하고 있는 일은 잠재적으로 지나간 개인의 삶에 오랫동안 존재했던 것에 관한 일이기도 하다.

제5장(章)에서 우리는 개인과 가족을 사용하여 용서의 작업에 대한 치료적 과정의 개요를 서술했다. 치료사는 이 영역에서 하는 작업의 과정에는 모든 것을 고려하는 통합성(integrity)이 들어 있다는 것을 명심해야 한다. 예를 들어서, 개인이 용서하지 않는 것을 선택할 때 분노와 적대감을 간직하며 단지 자신만을 해롭게 하는 것

은 아니다. 용서를 하려는 피해자 대부분은 살인, 심각한 신체적 학대 및 성적 학대, 성매매, 버림받음에서 조종, 고립, 착취, 방치에 이르기 까지 진실로 엄청난 피해를 입은 사람들이다. 개인이 그러한 극도의 침해에 의해서 상처를 받을 때, 그 상처 및 잠재된 상처는 현실적으로 실재하는 것이다. 치료사로서 우리는 개인이 누군가에 대해 용서를 하지 않을 때 그러한 극악무도한 침해의 형태를 똑같이 그 누군가에게 하게 된다는 것을 발견한다. 용서는 우리가 그 과정을 개념화 해 볼 때 항상 관계적이며 치유에 대해 막대한 함의(implications)를 지니고 있다. 그러나 치유의 그러한 잠재력은 또한 우리가 용서한 상대가 사랑과 신뢰의 결핍으로 우리를 다시 침해할 잠재된 위험성도 지니고 있다(Hargrave, 2001).

이러한 염려때문에 우리는 항상 용서의 과정이 통합성을 가지는 것에 관심이 있다. 용서의 네 가지 국면들(통찰하기, 이해하기, 보상의 기회주기, 명백한 용서하기)은 피해자, 가해자, 그리고 아직 탄생하지 않은 세대 간 혈통의 모든 관계들에게 유익이 되는 용서의 관계적 요소들이다.

복원치료 모델의 용서의 과정은 첫째, 피해자 개인에게 유익하다. 왜냐하면 그 과정이 사랑과 신뢰의 위반을 중지시키는 것을 확실히 하는 것에 관련되어 있기 때문이다. 통찰하기는 피해자 개인이 자신을 보호하기 위해서 가해자에게 경계선을 명확하게 긋는 것에 초점을 둔다. 또한 통찰하기는 피해자 개인이 소유한 파괴적 권리를 가지고 무고한 사람들을 가해하지 않도록 자신이 받은 손상 및 피해를 잘 다루게 하는 책임감을 준다. 이해하기는 침해로 인해 개인의 정체감에 발생한 손상이 치유되도록 돕는 방법론을 제공한다.

둘째, 이 모델은 가해자를 돕는 데 있어서도 통합성을 지니고 있어서 가해자에게도 유익하다. 이 모델은 가해자를 불공정하게 비난하지 않으며 사랑과 신뢰에 도달할 수 없는 괴물이라고 여기지 않는다. 대신, 가해자 또한 대부분 사랑과 신뢰에 있어서 위반의 피해를 가진 한 인간으로 본다. 가해자를 인간답게 만들어 자신이 맡은 책임감의 위치로 갈 수 있게 하여 미래에 사랑과 신뢰에 대하여 책임지는 것을 선택할 수 있도록 돕는다. 보상의 기회주기와 명백한 용서하기는 가해자에게 현재의 사랑과 신뢰의 행동으로 과거를 회복하는 기회를 제공한다. 그러한 행동은 피해자의 안전감과 정체감에 대한 치유작업에도 유익이 될 뿐만 아니라 가해자 자신의 새로운 정체감을 형성하고 관계 안에서 가해자가 안전하다는 것을 증명하게 한다.

마지막으로, 이 모델의 용서의 과정은 아직 탄생하지 않은 세대간 혈통에게도 유익을 준다. 우리는 인력이 건설적인 목적을 위해서 어떻게 사용되어지고 있으며, 사랑과 신뢰가 관계 안에서 어떻게 세대에 전달되는지, 그래서 정체감과 안전감을 경험한 사람들이 미래의 관계를 어떻게 좀 더 좋게 만드는 지를 보아왔다(Hargrave, 1994a). 용서가 다가올 세대의 치유를 계속적으로 할 것이라고 완전히 보장할 수는 없다. 그러나 용서하지 않고 사랑과 신뢰에 대한 위반이 계속 일어난다면, 미래 세대의 관계적 안전감과 건강한 정체감은 기대하기가 어렵다.

권력, 정의, 사랑

통합성을 가진 용서는 항상 권력, 정의, 그리고 사랑에 대한 균형을 포함한다(Tillich, 1954)는 것을 기억하는 것은 매우 중요하다. 우리는 진정한 안정성 및 인력이 존재한다면, 권력, 정의(또는 신뢰), 사랑이 서로 조화와 균형 속에서 작동하는 안정된 세력이 된다고 믿고 있다. 그러한 균형이 있을 때 근본적으로 이 세 요소는 서로를 의미 있게 만든다.

만일 한 개인이 권력만을 가지고 있다면 그 개인은 다른 사람, 심지어 가족도 고려하지 않고 자신의 만족을 위해서 그 권력을 사용할 수 있다.

만일 개인이 단지 권력과 정의에만 관계한다면, 침해당한 개인은 관계에서 자신이 당한 침해와 비슷하거나 보다 더 나쁜 보복적인 침해 행위를 응징 또는 복수에 기반을 두고 할 가능성이 크다. 또한 세상의 모든 악에 대하여 사랑이 답이라는 것을 세대를 통하여 보아 왔지만, 만일 사랑이 사랑 자체로 고립되어 있다면 그것은 의심스런 결과를 생성하게 된다. 개인이 자신이 당한 침해의 대응으로써 단지 상대를 무조건 수용하고 사랑한다면 그것은 관계에서 안전감이나 정체감을 정립하게 되든 말든 상관없이 모든 것을 수용한다는 의미가 되어버린다. 그렇게 되면 결과적으로, 사랑은 사랑하는 사람을 보호하기에 보잘 것이 없고 나약한 것이 되어 버리고, 개인은 권력의 남용과 정의의 위반으로 인한 피해자가 되기 쉽다.

우리는 용서에 관한 다른 모델에서 이러한 개념들이 종종 부족하다는 것을 발견한다. 그러나 이러한 개념들은 우리가 용서의 작업을 하려할 때 가장 근본적으로 고려해야 하는 것들이다. 통합성을 추구하는 용서의 모든 모델은 그 심장부에 권력, 정의, 사랑을 위한 균형을 가지고 있어야 한다. 관계에서 이 세 요소가 분리되어 있는 어떤 순간에도 우리는 조종과 이용 및 착취가 잉태되는 기회를 가지고 있는 것이다. 이 세 요소의 질(quality)이 분리될 때 관계는 산산

조각이 나고 개인과 관계에 고통이 생기게 된다. 또한 지역적, 국가적, 그리고 세상과의 관계에서도 역기능적인 요소들이 많이 발생하게 될 것이다.

그렇다면 우리는 안정성과 온전한 정신 및 기능을 어떻게 회복할 수 있을까? 우리는 이것이 통합성을 가진 용서가 매우 필요한 까닭이라고 믿고 있다. 우리가 제안한 복원치료의 용서의 모델은 과거에는 남용되어 왔던 이 세 요소의 세력(forces)을 안정화(정상화)하려는 시도가 중심부에 있다. 또한 이 모델에서 권력, 정의, 사랑의 안정화뿐만 아니라 이 세 요소의 조화를 가져오는 개입도 추구하고 있다. 예를 들어 통찰하기에 있어서, 우리는 피해자에게 미래에 가해자가 사랑과 신뢰의 위반행위를 중지할 수 있도록 하는 권력(힘)을 준다. 또한 피해자 자신이 다른 관계에서 사랑과 신뢰의 잠재적 위반을 인식하고 중지하도록 돕고 있다. 이해하기에 있어서는 피해자와 가해자가 인간적인 연대감을 가지도록 하는 사랑의 작업에 초점을 두고 있다. 그러나 이러한 작업에서 우리는 가해자가 과거의 무책임을 변명하는 것을 저지한다. 대신에 피해자와 가해자 모두 인간적이 되도록 하여서, 그들이 사랑과 신뢰에 대한 책임성을 갖도록 한다. 보상의 기회주기와 명백한 용서하기에서는 치유적으로 신뢰(정의)를 안정화하고 건설적으로 사랑과 신뢰를 표현하는 기회를 갖도록 한다.

이 모든 세 요소에 안정화와 신중한 고려가 주어지면 개인은 그들의 권력을 사랑과 신뢰의 행동을 위해서 사용하기 시작할 것이다. 사랑과 신뢰의 행동을 하게 되면 개인은 자신의 정체감에 있어서 좀 더 많은 권력과 안전한 관계를 만들 수 있는 능력을 얻게 된다. 다시 말해서 용서가 진행되고 권력, 정의, 사랑이 안정화 될 때 이 세 요소는 더욱더 하나가 되는 것이다. 피해 및 손상의 정점에서 이 세 요소는 서로 고립되어 있고 고통의 증가를 생성한다. 그러나 권력, 정의, 사랑이 함께 어우러질 때, 이 세 요소는 인력을 통한 치유의 강력한 한 힘으로 결합되어진다.

통찰하기의 국면에서 치료 작업

용서에 대한 복원치료 모델의 주된 요점은 사랑과 신뢰로 향하는 네 국면의 어떠한 작업도 개인뿐만 아니라 관계의 기능까지 증진시킨다는 점이다. 하나의 국면이 다른 국면보다 더 낫지는 않으나 특정한 시점에 있는 관계에서 특정한 국면이 더 적절한지를 살피는 것이 중요하다. 예를 들어서 변화의 기미가 없는 성적학대를 당한 피해자인 경우 실현 가능한 작업은 단지 통찰하기의 작업이 될 것이다. 또 다른 경우에는, 개인에게 의미 있고 관계의 만족을 위해서 오로지 할 수 있는 작업은 명백한 용서하기 작업이 될 수 있다. 어떤 상황에서는 이 국면들 중 단지 하나가 사용되고 또 어떤 때는 특정한 순서 없이 둘이나 셋, 또는 모든 네 국면들이 다 사용될 수도 있다. 요점은 용서의 작업은 개인과 가족이 그들의 관계를 다시 결합하려는 고된 작업으로써, 종종 명확하지 않고 혼란스럽기(messy)까지도 하다는 것이다(Hargrave, 2001).

다음의 사례에서 46세의 부인은 남편의 두 번째 외도 후 다시 관계를 정립하려고 한다. 부인은 남편의 첫 외도를 용서하고 회복한지 2년 후, 다시 남편이 외도한 것을 발견했다. 부인은 이 두 번째 외도에 대해서 용서를 고려하는 것이 첫 번째 외도 때보다 훨씬 더 어려운 것임을 발견한다. 그러나 부인은 남편이 마음 깊은 곳에서는 그녀를 사랑하고 있기 때문에 다시 관계를 회복하는 것이 좋겠다고 확신하고 있다. 부인은 또한 사춘기 초기에 있는 두 자녀들의 안녕과 안정성을 위해서도 관계를 유지하는 것을 원했다. 그러나 그녀는 남편의 외도에 큰 상처를 받았고 남편과 정말 관계를 진행해야하는지, 말아야하는지 무척 혼란스러워 했다. 많은 이슈를 가지고 있는 경우, 통찰하기의 국면은 종종 용서의 작업에 대한 좋은 출발점이다. 통찰하기는 치료사로 하여금 피해자에게 힘(권력)을 부여하여 상대가 자신에 대한 사랑과 신뢰의 위반을 중지하게 하는 방식으로 작업한다. 다시 말하지만, 사랑과 신뢰의 위반이 계속되는 곳에는 용서가 결코 가능하지 않다(Hargrave, 1994a). 첫 회기에서 부인은 외도가 중지되기를 원하는 것과 결혼생활을 끝내야 하는 것 사이의 진퇴양난 속에서 혼란스러워 했다. 그녀는 외도에 의해 깊은 상처를 받았지만 결혼생활을 위한 치료 작업을 바라기도 했다. 또한 그녀가 남편의 외도에 대해 남편에게 강경하게 맞선다면 남편이 다른 여자에게로 가버릴 것 같은 두려움도 느꼈다. 이 초기 회기에서 치료사가 그녀의 감정과 남편과의 상호작용을 둘러싼 순차적인 흐름을 어떻게 명료화하는지 주목하기 바란다.

부 인: 저는 때로 제가 제 몸을 떠나서 반쯤만 살아있는 것 같이 느껴져요. 어떻게 다시 이런 일이 제게 벌어졌는지, 생각하면 할수록 몹시 화가 나고 그와 끝이 났다는 생각이 들어요. 그러다가 힘이 쭉빠지면서 삶을 살아 갈 수 없을 정도로 마음이 힘들어져요. 제가 무엇을 느끼는지조차도 모르겠어요. 단지 제 인생이 무너지지 않은 것처럼 행동하면서 그냥 해

야 할 일만 간신히 하고 있어요. 제 아이들의 삶이 망가지지 않기를 바랄 뿐이죠.

치료사: 아직도 남편의 외도에 대한 충격으로 매우 혼란스러우시지요? 정말 큰 정신적 외상입니다.

부　인: 네. 외상이에요. 전에는 그런 단어를 생각해 보지도 못했어요. 청천벽력 같아요. 깊은 상처가 돼요.

치료사: 그 외도에 대해서 당신과 당신 남편이 어떤 결정을 했나요?

부　인: 전 정말 모르겠어요. (울기 시작한다.) 그 사람도 마찬가지고요. 남편은 아직도 그 여자에게 마음이 있고 또 동시에 나와 가족을 잃고 싶지 않다고 말해요. (잠시 침묵) 그렇게 말하는 그가 증오스러워요. (잠시 침묵) 끔찍한 감정들이 느껴지는 것 같아요.

치료사: 네, 많은 감정들이 느껴지실 것 같아요. 그리고 남편을 증오한다고 하셨는데 무엇이 증오스러운지 좀 더 말씀해 주시겠어요?

부　인: 저를 배신한 것은 바로 그 사람인데 그의 결정을 보면서 기다려야 하는 입장으로 그가 나를 몰아넣은 것이 증오스러워요.

치료사: 그 말씀은, 지금 관계에서 당신이 더 많은 힘을 가져야만 하는데 남편이 오히려 힘을 더 가지고 있다는 것이 증오스럽다는 그런 말씀이시네요.

부　인: 맞아요. 관계에 대한 결정의 주도권을 내가 가져야 하는데 그가 가지고 있다는 것이죠.

치료사: 그래서 당신이 가져야한다고 믿는 그 주도권을 남편이 취하고 있을때 정말 화가 나시는 군요. 그러다보니 남편을 증오

하게 되고요.

부　인: 네. (잠시 침묵) 남편의 배신이 깊은 상처가 돼요. 또한 저와 잠재적으로는 아이들에게도 너무나 큰 상처가 되는 이 상황이 증오스러울 때가 있는데 그 때는 남편을 증오하지는 않아요. 그때는 제가 상처를 받고 있지요. 그런데, 그가 외도를 한 이 관계에서 그가 관계에 대한 결정의 힘을 유지하고 있다는 것이 정말로 화가 나요.

치료사: 충분히 이해가 됩니다. 남편의 배신과 당신 자신과 가족에게 그 배신이 어떤 것을 의미하는 지에 대해서는 깊은 상처가 되는데, 그가 관계에서 부당하게 당신의 힘을 빼앗아 간 것 같은 느낌을 느낄 때는 정말로 화가 난다는 말씀이시죠?

부　인: 네. 맞아요. 그 두 감정을 명확히 하는 것이 내게 많은 도움이 되네요. 제가 좀 더 화가 나야만 한다고 생각하는 지점에서는 그렇게 안느껴지고 또 제가 상처를 받아야한다고 생각하는 지점에서는 상처가 안 느껴지고 그러는 것 같아요. 언제 상처를 받고 언제 화가 나고 있는지를 구별하는 것이 정말로 제가 분명해지는데 도움이 되네요.

치료사: 도움이 돼서 기뻐요. (잠시 침묵) 남편이 당신과 그 여자 사이에서 결정을 하지 않으면서 관계에 대한 결정권의 힘을 가지고 있기 때문에 당신이 정말 화가 날 때 어떤 반응을 하게 되시나요?

부　인: 보통 저는 부동체가 되어버리고 아무 것도 하지 못해요.

치료사: 무엇을 해야 할지 모르신다는 말씀이시죠?

부　인: 한편으로는 무엇을 해야 할지 모르겠고, 조금은 제가 남편으로 하여금 더 그 여자에게로 가도록 부추기게 될까봐 두

럽기도 하고 그래요.

치료사: 당신이 관계에서 힘이 없는 상태에 있는 것에 대해 화가 나서 어떤 행동을 하려고 하면 당신은 두려움으로 얼어붙어 어찌할 바를 모르겠다는 말씀이시죠?

부 인: 맞아요.

치료사: 이것들은 정말로 구체적이고 강력한 감정들입니다. 남편의 외도와 가족 상실에 대한 생각으로 당신은 슬프고 깊은 상처가 생기죠. 당신과 그 여자 사이에서 결정하는 주도권의 힘을 아직도 남편이 가지고 있을 때 정말 화가 나고 분개하게 되죠. 그러면서도 남편을 잃을까봐 두렵죠. 당신이 남편의 외도에 대해서 정말로 슬플 때는 무슨 행동을 하게 되시나요?

부 인: 그때도 전 얼어붙어요. 저는 아이들에게 제 슬픔을 보이지 않아요. 왜냐면 아이들이 불안하게 될 것이 두렵기 때문이죠. 또 남편에게도 보이지 않으려고 하는데 보이면 그가 멀리 가 버릴까봐 두렵기 때문이죠.

첫 회기에 적절한 작업으로써 치료사는 부인과의 교류에서 능숙하게 부인 자신의 감정을 명확히 하도록 도왔고, 그녀의 반응성 행동이 두려워 얼어붙는 것임을 그녀가 인식하도록 돕기 시작했다. 이 지점에서 치료사는 그녀가 두려워 얼어붙는 것이, 자신을 방어하기 위한 철회로써 자신을 통제하려는 노력에 해당하는 것인지 아니면 상황을 도피하기 위한 철회인지를 알 수는 없다. 어쨌든 둘 다의 경우라 하더라도 치료사는 통찰하기의 작업으로 이동해야만 했다. 이것은 부인이 고통, 슬픔, 두려움, 분노에 처하게 되는 순환 고리 과정(circular process)을 인지하도록 돕기 위해서이다. 이 이동을 위한 연결 지점으로 치료사는 남편의 무책임을 허용하는 것에 대해 부인을 비난하지 않았다. 대신에 남편의 규제되지 않은 위반 행동으로부터 부인 자신을 보호 하는 행동을 취하도록 힘을 부여했다. 더 나아가, 치료사는 2-3회기에서 배신과 관련된 느낌이 안정되도록 도왔다. 4회기에서는 이 순차적인 흐름의 과정을 확고히 하는 것으로 이동하기 시작했다.

치료사: 지난 몇 주 동안 우리는 당신이 느끼는 깊은 상처와 분노에 대한 반응성이 대개 두려움으로 얼어붙는 것이라는 것을 논의했습니다. 잠시동안 이 분노에 대해서 집중해 봅시다. 당신 남편이 "나는 그 여자에 대해서 아직 마음이 있다. 난 정말 어떤 결정을 해야 할지를 모르겠다."라고 말할 때 당신은 어떤 느낌이 드시나요?

부 인: 그때가 정말 화가 나는 때이죠. 지금도 느껴지네요. 이용당한 것은 저인데 우리 관계를 계속 할 것인지 아닌지에 대해서 결정하려고 하는 것은 남편, 자기 자신이라고 말하고 있잖아요.

치료사: 그렇게 느끼실 때 어떤 행동을 하세요?

부 인: 꼼짝 못하게 돼요. 만일 제가 결정할 것이라고 말한다면, 그가 떠나가도록 부추기거나 떠나가는 변명거리를 주게 될까봐 두려워서 어찌할 바를 모르겠어요. 그래서 그냥 입을 꼭 다물게 되죠.

치료사: 당신이 꼼짝 하지 못하고 입을 꼭 다물면 남편은 어떻게 행동하시나요?

부 인: 자기 방식대로 하죠. 그는 정말 그것이 얼마나 저를 화나게 하는지 모르는 것 같아요. 제 행동을 보면서 그는 아마도 제

가 자기를 이해하고 있다고 생각하는 것 같아요.

치료사: 그래서 당신의 반응성이 당신을 나약하게 만들고, 또 남편이 같은 형태의 말로 다시 당신을 위반하도록 하게끔 허용하고 있는지도 모르겠군요.

부 인: (긴 침묵) 당신 말이 맞을지도 모르겠군요. 그가 저를 극도로 분노하게 하는 그런 말을 제가 하도록 허용하고 있는지도 모르겠어요. 하기야 그는 제가 많이 인내를 하고 있는 것에 대해서 많이 감사하다고 말하고 있기는 하죠.

치료사: (긴 침묵) 여기서 저의 주된 염려는, 당신 남편이 신뢰에 대한 위반을 중지하도록 하기 위해서 당신이 할 수 있는 어떤 것을 꼭 해야 한다는 것입니다. 그것은 당신의 정체감과 자아감에 큰 영향을 끼칩니다. 또한 관계에서 당신이 안전한지 아닌지에 대한 느낌에 대해서도 확실히 영향력을 갖습니다. 남편이 이 결혼 생활을 떠날지 말지에 대한 결정, 그 자체에 대해서는 당신이 통제력을 가질 수 없는 것이 사실입니다. 그러나 관계에 대한 주도권을 그가 가지고 있다고 추정하여, 그가 당신을 피해자로 만들게 할 것인지 말지에 대한 통제력의 힘은 당신이 가지고 있다는 것을 고려하시기 바랍니다.

부 인: (긴 침묵) 저의 약함이 저를 더 상처 입게 하고 있군요. (잠시 침묵) 제 두려움 때문에 제 자신을 상처주고 있다는 것을 알 것 같아요.

치료사: 당신의 결정을 자유롭게 하기 위해서 두려움에 대해서 좀 더 깊게 말씀하실 수 있습니다. 그러나 저는 당신이 남편이 당신을 분노하게 하여 무기력한 느낌을 가지게 하는 말을 하도록 그냥 내버려 둘지 말지에 대한 결정을 할 수 있을 정

도로 당신이 충분히 강력해지시기를 바랍니다.

치료사는 부인이 남편의 언급에 의해서 부당하게 대접받도록 허용하는 행동의 순차적인 흐름을 규명하도록 도왔다. 부인은 이것을 확인했고, 자신의 두려운 무반응이 점점 더 부당한 대접을 받도록 열어주고 허용하고 있다는 것에 동의했다. 이 위반의 행동을 중지하도록 하는 핵심은 통찰하기를 통해 이 순차적인 흐름의 핵심을 규명하는 것이다. 다음, 피해자의 행동을 변화하도록 하여 그것으로써 가해자가 위반을 중지하는 변화를 갖게 하는 것이다.

이 사례에서 치료사와 부인은 그녀의 두려움에 대해서 많은 것을 규명했다. 또한 외도나 결혼에 관한 남편의 결정을 그녀가 통제할 수 없다는 것에 대해서도 논의했다. 남편이 결혼생활을 이어갈 것인지에 대한 결정력을 남편 자신만이 가지고 있다고 믿고 있는 것으로부터 그녀를 보호하기 위해서 그녀가 어떻게 행동해야 하는지를 알아보았다. 결국 부인은 남편이 마음의 결정을 할 때까지 집을 나가게 하는 것으로 결정했다. 그리고 자신은 남편이 마치 자기 혼자 관계에 관한 결정력을 가지고 있는 것처럼 행동할 때에 염려되는 예상과 감정에 대하여 구체적으로 솔직해지기로 결정했다. 여섯 번째 회기에서 부인은 남편과 교류한 것을 보고했다.

부 인: 저는 남편에게 우리의 미래 관계에 대한 결정을 제가 할 것이라고 말했어요. 제가 그 말을 했을 때, 그는 즉각적으로 저에게는 공평하지 않다는 것을 알고는 있지만 그러나 아직 그가 결혼 생활을 이어 갈지말지에 대한 결정을 할 수 없다고 말하면서 자기의 힘을 취하는 것에 정말 놀랐어요.

치료사: 그래서 어떤 느낌이 드셨어요?

부 인: 이번에는 확실히 무엇이 일어나고 있는지 알 수가 있었어요. 저는 몹시 화가 났죠. 그러나 저는 연습한대로 그대로 했어요. 그가 우리의 관계를 계속할지에 대한 통제력을 가지고 있는 것처럼 행동할 때, 저는 무척 화가 났으며 실질적으로는 제가 바로 우리 관계를 어떻게 할 것 인지에 대한 결정력을 가지고 있다고 말했어요. 저는 남편에게 그의 충실성을 원하며 그가 결정을 내릴 때까지 마냥 기다리면서 나를 희생시키면서 영향력을 잃는 짓을 하지는 않을 것이라고 말했어요.

치료사: 남편이 어떻게 반응하시던가요?

부 인: 갑자기 조금 얼어붙더라고요. 그는 자기의 의도는 그런 것이 아니었다고 말하면서 제가 무엇을 원하는지를 물었어요. 저는 우리의 결혼 생활이 잘 작업 되었으면 좋겠으나 그가 우리 관계에 남을 것인지 아니면 그 여자와 관계를 지속할 것인지에 대해서 결정해야 한다고 말했어요. 그것을 결정할 때까지는 그가 집에서 나가 있는 것이 가장 좋겠다고 말했어요. 그가 집에 머물러 있으면서 아직 그 여자와 관계를 정리하지 않고 있는 것을 보고 있는 것은 저를 다시 계속 상처주는 일이라고 말했죠.

치료사: 이런 말들이 오고가는 동안 느낌이 어떠셨어요?

부 인: 이 말을 하기 전에 그에게 제가 화가 나서 이 말을 하는 것이 마음속에 그려졌었어요. 그런데 실제적으로 말을 할 때는 제가 전혀 두렵지도 않고 침착하고 명확하고 이성적이었어요.

치료사: 남편의 반응은 어떠셨나요?

부　인: 제가 그렇게 명확한 것에 대해서 믿을 수가 없는 것 같았어요. 제가 제 주장을 고수했기 때문에 지금 그는 집에서 나가 친구와 함께 있어요. 조금 두렵기는 하지만 그러나 더 이상 남편의 외도에 의해서 제가 희생당하지 않을 거예요. 또한 남편이 떠나든 안 떠나든 저는 제 삶이 제게 준비한 것을 발견하려고 해요.

이 부인이 보인 진전된 반응은 단순히 남편의 외도와 그녀의 감정을 구체적으로 파악하고 명료화한 것으로부터 온 것이다. 이 과정을 통해 확실히 부인은 자신이 책임질 수 있는 것을 책임지는 것에 대해 힘을 부여 받았다. 즉, 그녀는 그녀의 남편이 결혼생활을 이어가고 그녀에게 충실할 것인지 아닌지에 대한 결정을 하도록 하게 한 것이다.

다음 회기에서 치료사는 통찰하기의 작업을 더 발전시켜 부인이 감정적으로 명확해지도록 하여 이 감정으로 자녀들에게 솔직히 상황을 설명하도록 도왔다. 통찰하기에 관련된 주요 문제 중의 하나는 피해자가 가해자로부터 사랑과 신뢰의 위반을 중지하도록 돕는 것이고 또한 무고한 사람들을 가해하지 않도록 하는 방법을 습득하는 것이다. 이 부인이 사랑과 돌봄이 있는 여자지만 자녀들에게는 감정적으로 솔직하지 않았고 감정에 대한 핵심 요점을 살펴보지 않았다. 다음 회기에서 부인은 자녀들에게 자신과 남편사이에 일어난 것에 대해서 솔직하게 말했다. 그런데 자녀들은 그녀에게 그들이 이미 알고는 있었으나 어찌할 바를 모르고 있었다고 말했다. 특히 한 딸이 매우 반응적이었는데 엄마가 깊이 상처받고 있다는 것을 알았기 때문에 엄마를 돌봐야한다는 책임감을 느꼈다고 전했다. 이것은 부인으로 하여금 자신의 부적절하고 혼돈스런 행동 방식이, 자녀들에게 많은 피해를 주고 있었음을 발견하는데 도움이 되었다. 부인이 자신이 더 이상 피해자가 되지 않도록 하는 힘을 가지게 되었을 때 비로서 무고한 사람들을 피해자로 만드는 것을 중지할 수 있는 강력한 힘을 갖게 되었다. 이것은 통찰하기의 국면에서 용서에 대한 고전적인 작업으로 부당한 이용 및 착취가 중지되도록 하면서 피해자의 관계 안에 사랑과 신뢰를 세우도록 돕는다.

이 사례에서 부가된 유익이 있었다. 남편이 아내가 관계를 끝낼 수 있는 힘이 있다는 것을 깨달았을 때, 남편은 결혼을 보호하고 결혼생활에 자신을 더 전념하게 된 것이다. 그는 외도를 끝냈고 아내와 치료사를 보기로 결정했다. 부인은 자신이 부부치료를 받을 준비는 안 되었지만 남편이 외도를 끝냈다는 증거를 제공한다면 3주 후에 집에 다시 들어와도 좋다고 하였다. 이것은 부인이 남편의 모든 재정 및 전화에 대한 기록을 다 볼 수 있고, 또한 그녀 없이 그가 외출할 때 자유롭게 남편을 확인해 보는 것을 의미하였다. 이 용서의 작업에 있어서 피해자는 더 이상의 위반으로부터 자신을 보호할 수 있게 됐고 자신과 남편사이에 사랑과 신뢰를 재정립하는 희망의 가능성을 갖게 되었다.

이해하기의 국면에서 치료 작업

용서의 작업은 단계적인 작업이 아니라는 것을 기억하는 것이 중요하다. 몇몇의 환자/내담자에게는 사랑과 신뢰를 복원하는 데 있어서 한 국면만이 적당할 수가 있다. 그러나 어떤 경우에서는 다른 국면들의 용서의 작업이 가능하고 더 나을 수도 있다. 위에 논의된 사례의 치료과정에서 부인은 그들이 결혼생활을 이어갈지를 결정하는 데에 있어 극적인 힘을 얻었다. 그녀는 또한 자신의 사고와 감정을 명료화함으로써 극적인 힘을 얻게 되었다. 그래서 자신의 상처, 두려움, 혼돈, 분노를 자녀들을 위반하는데 사용하지 않을 것을 확실히 했다. 부인은 남편이 집으로 다시 들어왔을 때 종국적으로는 부부치료를 받을 것이다. 그러나 그전에 부인은 몇 번의 개인 치료 회기에서 자신의 분노와 다른 감정들을 작업하기를 원했다.

외도의 피해자들에게 힘이 부여되면 일반적으로 그들은 자신들 상대의 외도를 참고 견디면서 많은 분노로 거의 통제할 수 없이 가해자를 비난하고 있다는 것을 깨닫게 된다. 동시에, 그들은 자신들은 상대의 불충실을 마땅히 당할만한 부족한 존재라고 여기기도 한다. 그리하여 상대의 외도는 모두 자신의 잘못이라고 느끼게 되는 것 또한 드문 일이 아니다. 이런 형태의 과정에 대한 반응은 직접적으로 피해자의 정체감이 위반되었다는 의미와 관련이 있다. 피해자는 가해자를 괴물(evil monster)로 보거나 아니면 자신을 그러한 학대를 마땅히 받을만한 무가치한 사람으로 본다. 이것은 전에도 언급했지만 사랑과 신뢰의 위반에 대한 보편적 반응성이다. 치료적으로, 가해자에 대한 비난이나 자기-수치화는 극도로 고통스런 정체감의 상실로 개념화하는 것이 도움이 된다.

이것들은 이해하기의 국면에서의 용서 작업이 특히 도움이 될 수 있는 상황의 형태들이다. 이 국면에서 작업의 초점은 피해자가 가해자의 한계, 발달, 사고, 반응성에 있어서 인간 동일시를 하도록 돕는 것이다. 피해자가 가해자와 이러한 인간 동일시를 할 때 둘 모두 인간적이 된다. 피해자로 하여금 가해자가 괴물이 아니며, 단지 가해자는 심각한 결과의 관계적 실수를 저지른 한 인간일 뿐이라는 것을 깨닫게 한다. 마찬가지로 피해자 또한 자신이 학대나 부당한 대우를 받는 것이 마땅하지 않으며, 가해자가 단지 관계적 실수를 한 것이라는 것을 깨달음으로 해서 인간적이 된다. 용서의 작업에서 이것이 온전히 성취되면 가해자는 자신이 한 행동에 대한 책임성을 갖게 되고 피해자는 자신에 대한 가치와 소중함에 대한 감각을 회복하게 된다. 피해자와 가해자, 둘 모두는 지극히 인간적이 되는 것이다. 피해자가 가해자에 대해 이러한 온정적인 유대감을 만들 때 자신의 정체감에 관련된 큰 고통이 감소됨을 느끼게 되고 타인 비난과 자기-수치화도 감소하게 된다.

제시된 사례에서 부인은 남편의 외도와 부부관계의 지속성에 대한 결정에 있어서 남편이 힘을 가지고 있다는 것에 대해 화가 나 있었다. 또한 그들의 결혼 과정에 대해서 그가 그녀를 조종한 방식에도 화가 난다는 것을 발견했다. 부인은 남편이 아이들에게 어떤 형태의 아버지였으며, 그가 어떤 방식으로 가족을 부양했는지, 그리고 남편이 계속적으로 부재였던 것 등에 대해서 화가 났다. 물론, 그녀는 자신이 이러한 분노의 양상들을 통제하지 않으면 부부 치료는 별로 좋은 성과가 없을 것이라는 것을 인지하고 있었다. 전체로는 아홉 번째 회기이고 남편이 집에 들어온 후로는 첫 번째 회기에서 치료사는 부인의 감정을 경청하면서 천천히 인간 동일시로 이동하기 시작했다.

부　인: 남편에 대한 분노를 다스려야 해요. 그렇지 않으면 제가 망가질 것 같아요. 이제 저는 관계에서 제가 어떻게 다소의 힘

을 가져야 하는지를 배웠는데, 저는 지금 모든 것에 관해서 말 그대로 화가 나요.

치료사: 당신이 오랫동안 두려워하면서 두려운 방식으로 반응하곤 했을 때, 때로 힘은 두려움을 느끼게 만드는 것에 관해서 화가 나도록 만드는 하나의 방식을 가지고 있습니다.

부 인: 맞아요. 저는 수년 동안 그가 등한히 한 모든 일들과 그리고 자신의 과제를 제게 얼마나 많이 밀어 붙였는지에 대해서 화가 나요. 또한 그가 저를 화나게 만드는 방식에서도 화가 나요.

치료사: 당신에 대해서 어떤 느낌이 드세요?

부 인: 너무도 바보같이 느껴져요. 그리고 너무나도 나약하게 느껴져요. (울기 시작한다.) 남편이 그렇게 하도록 허용한 제 자신에게 너무 속이 상해요. 때로 왜 그런지는 몰라도 제가 이렇게 된 상황을 만들었다는 느낌이 들어요.

치료사: (긴 침묵) 다른 사람의 무책임에 대해서 당신은 결코 책임이 없어요. 물론 당신이 결혼 생활에서 당연히 해야 할 것을 소홀이 한 부분들도 있겠지만, 그러나 당신이 밖에 나가서 두 번이나 외도를 한것은 아니죠. 그 책임은 남편에게 있는 것이죠.

부 인: 알고 있어요. 그가 무책임했다는 것을 알고 있어요. 전에는 단지 그가 모든 힘을 가지고 있다는 생각을 제가 하도록 만드는 방식에 화가 났어요. 지금은 그가 저에게 한 모든 것에 화가 나요.

치료사: 당신이 남편과 결혼할 때 남편의 어떤 점이 매력적이었나요?

부 인: 잘 생긴 것. 그러나 주로 그가 확신에 차 보였던 것이 마음

에 끌렸지요.

치료사: 남편이 확신에 찬 것이 사실이었다면 그것을 어디서 습득했을까요?

부　인: 아시다시피 남편은 항상 자신을 증명하려 하죠. 항상 그는 다른 사람에게 인상적이 되도록 애를 써요. 그는 정말 힘든 배경에서 자랐는데 아버지가 술을 너무 많이 드셨어요. 술은 많이 드셨지만 아주 부드럽게 말하는 사람이셨죠. 아직도 그래요. 사람들을 무엇이든지 믿게 하면서 당신 편이 되게 하실 수 있으시죠. 그러나 술을 너무 많이 드셨기 때문에 자신이 한 말은 이행하지 못했는데 이것이 남편에게 큰 상처가 된 것 같아요.

치료사: 상처란 아버지가 술을 드신 사실, 아니면 이행하지 않았다는 사실인가요?

부　인: (이 시점에서 분노가 확실히 사라지면서) 조금씩 둘 다죠. 그러나 주로 아버지가 사람들과 잘 어울릴 수 있고, 아버지를 믿게 하도록 하는 그런 재능은 가지고 있는데 이행은 하지 않았다는 것이죠. 제 남편도 같은 형태의 재능이 있는데 아버지로부터 배운 것이 확실하죠. 그러나 차이점은 그는 이행을 한다는 거죠. (긴 침묵) 저에게 한 약속을 빼고는……. (울기 시작한다.)

치료사: 당신 남편의 인간적인 면을 생각할 때, 그의 아버지처럼 사람들을 설득하는 것을 배운 부분, 이행하지 않는 아버지에 대한 실망을 지고 살아야 했던 것 등……. 그런 남편에 대해서 어떤 느낌이 드세요?

부　인: (긴 침묵) 제 생각에는 그는 단지 남자죠. 아직도 자신을 증

명하기 위해서 애쓰고 있는 그런 남자, 그러면서 누군가 자신이 부드럽고 항상 이행을 잘 해서가 아니라 자기를 있는 그대로 사랑해 주기를 갈망하는 그런 사람이죠. 항상 자신이 최고라는 것을 증명하고 최고가 되어야만 하는 사람….

치료사: (긴 침묵) 어떤 행동을 하지 않아도 나를 있는 그대로 누군가가 사랑해 주기를 바라는 느낌을 가져본 적이 있으십니까?

부　인: 항상 그렇죠. 저는 항상 제가 엄마, 친구로서 할 수 있는 것을 하기 때문에 사랑받는다고 느껴요. 때로 사람들이 정말 제가 누구인지 알까하는 생각이 들어요. 그들이 나에 대해서 아는 것은 단지 제가 할 수 있는 것들에 관한 것이죠.

치료사: 당신이 원하는 대로 사람들이 계속 당신을 좋아하도록, 사람들의 기대에 자신을 맞추고 있는 자신을 발견하신 적이 있나요?

부　인: (잠시 침묵) 늘 그래요. 계속 잘해서 타인에게 비친 제 페르소나(persona)를 유지해야한다고 느끼죠. 그래서 사람들이 저에 대해서 실망하지 않도록 말입니다. 만일 제가 사람들을 실망시키면 그들이 저를 사랑하는 것을 모두 중지할 거라고 느끼죠.

치료사: 그들이 당신을 있는 그대로 사랑하지 않을지라도 그들에게 당신을 있는 그대로 내보이는 것이 어렵죠. 그래서 당신은 단지 계속 수행하고 있는 건가요?

부　인: 네. 그런 거죠. 악순환인 거죠.

치료사: 더 이상 이럴 수는 없다고 느끼시면서 그런 자신의 페르소나를 벗고 싶은 적이 있었나요?

부　인: 있었지만, 만일 제가 손들고 수행하지 않으면 저는 아주 심

하게 스스로를 괴롭히죠. 그런데 누가 진정 제 친구인지 알아봐야 할 것 같다는 생각은 좀 드네요.

치료사: 제가 지금부터 하는 말을 아주 신중하게 잘 들으셨으면 해요. 당신이 외도를 한 당신 남편과 같다는 말은 아니지만, 남편의 인간적인 면을 당신이 잘 이해하고 계신 것 같아요. 남편은 항상 마음 안에 자신이 최고여야 하고 최고로 수행해야 한다는 압박감을 가지고 있다는 거죠. 만일 그가 그렇게 하지 않는다면 그가 직면해야 할 것들을 그 누가 알 수 있겠어요. 당신은 그와 같은 남편의 수행에 대해서 잘 이해하고 있는 것 같아요. 또한 당신은 있는 그대로 사랑받지 못하고 보여주기 위해서 계속 수행해야만 자신이 괜찮다는 것에 대한 두려움도 잘 이해하시는 것 같네요.

부　인: 네, 맞아요.

치료사: 그래서 남편이 그런 수행으로 힘겨워지면 어떻게 한다고 생각이 되세요?

부　인: 외도요?

치료사: 외도에 합당한 이유가 있다고 생각하는 것은 아니지만, 자신을 다스리기에 힘겨워지면 남편이 무엇을 한다고 생각하고 계신지에 대해서 궁금해요. 당신이 남편을 누구보다도 잘 아시니까요.

부　인: (긴 침묵) 남편이 자신의 두려움을 말하는 사람은 아니에요. 술을 많이 마시거나 감정을 억누르죠. (긴 침묵) 그렇지 않으면 나가서 외도하는 그런 유형의 사람이죠.

치료사: (긴 침묵) 그가 나쁜 사람이라서요?

부　인: 아뇨……. 그건 확실히 아니죠. 두려움으로 불안해서이겠

죠…….

치료사는 이 회기에서 매우 신중했고 후반 회기에서는 남편의 외도를 변명하지는 않았다. 또한 부인이 남편에 대한 인간 동일시를 하도록 하는 것을 명확히 해서 새로운 가능성을 생각하도록 진행했다. 부인은 남편도 그녀가 느끼고 있는 수행에 대한 두려움의 느낌을 상당히 느낄 것이라는 것과 그래서 이것이 남편의 불충실한 행동의 실행에 대한 설명이 될 수도 있다는 것을 생각하게 되었다. 치료사가 이것이 사실인지를 알 길은 없다. 단지, 그녀와 같은 형태의 두려움을 남편도 가질 수 있다는 그러한 가능성에 대한 인간 상태에 부인이 함께 할 수 있었다는 사실이 남편과 아내, 둘 모두를 인간적이 되도록 한다. 이 회기 후에 남편에 대한 분노는 크게 감소됐다. 사실상 그녀는 남편에게 구체적으로 그의 아버지와의 관계에 대해서 말했다. 그리고 정말로 부인이 추정한 것처럼 그가 수행에 대한 압박감을 받는지에 대해서도 물었다. 남편은 자신의 외도를 저지른 근거로써 어떤 감정도 정확히 찾아 낼 수는 없었다. 그러나 그는 항상 수행해야한다는 압박감을 느끼며 대부분 시간동안 압박감을 느끼는 것에 대해서 두려워하고 있다는 것을 확인했다. 또한 그는 때때로 그 두려움을 진정시키려고 술을 마신다는 것도 확인했다. 부인은 남편의 외도를 이해하지는 않았지만 그의 두려움과 수행에 대한 충동은 확실히 이해했다. 치료사가 이 런 사실들을 남편과 아내의 인간적인 면 안에서 함께 연결했을 때 이해하기의 국면에서 용서의 작업은 성취된 것이다. 부인은 남편이 자신을 버릴까봐 하는 두려움 때문이 아니라 그의 인간성을 이해함으로써 이해와 온정을 다시 가지게 되었다. 동시에 그녀는 더 이상 남편을 느낌이 없는 괴물이나 힘의 투쟁자로 보지 않고 그녀와 같이 두려운 겁 많은 한 인간으로 보았다.

인간이 실수할 수 있다는 사실이 명백해지자 부인은 더 이상 남편의 개인성이나 자기 자신을 증오할 필요가 없게 되었다.

우리가 제5장에서 보았듯이, 이해하기의 국면은 다양한 개입전략에 사용되어 질 수 있다. 그러나 근본적으로 피해자와 가해자가 인간 유대를 만들 때 거기에 힘이 생긴다. 치료사는 그 힘을 책임에 대한 변명으로 사용하지 않고 가능한 한 많이 피해자의 고통을 제거하기 위해서 사용한다. 이 사례에서 부인은 자신의 정체감에 대한 고통이 가라앉기 시작했다. 분노와 수치심도 감소하기 시작했다. 그녀는 자기-반응성이나 자기파괴가 훨씬 덜한 방향으로 변화될 것이다. 이와 같이, 이해하기의 국면은 구조(salvage)에 대한 전체적인 작업과 잘 맞는다. 반응성 보다는 좀 더 사랑과 신뢰의 행동 방식으로, 개인이 자신을 피해당하도록 하는 것을 중지하고 사랑과 신뢰의 고통을 다스린다.

보상의 기회주기 국면에서 치료 작업

본 장(章)의 사례에서 부인은 3개월 동안 용서에 대한 의미있는 작업을 했다. 그녀는 자신의 안정화와 감정의 명료화를 위해서 많은 작업을 했다. '구조'의 작업에서 그녀는 관계에서 자신의 힘을 선언했고 관계에 대한 기대를 유지할 수 있는 능력을 보이는 의미있는 진전을 했다. 또한 그녀는 자신의 감정과 관련하여 예리한 통찰을 얻었고 이러한 감정들을 적절한 방법으로 자기 자신, 남편, 자녀들에게 개방하였다. 부가적으로 그녀는 자신의 분노와 수치심의 감정을 오가며 '이해하기'의 작업을 충실하게 하였다. 그녀는 부부가 복원치료를 통해서 용서의 작업을 계속 진행할 준비가 됐다는 것을 확신했고 치료사도 이것에 지원적이었다.

'보상의 기회주기' 국면에서 작업의 주요 초점은 피해자와 가해자가 천천히 긴 시간에 걸쳐 신뢰의 재정립을 시작하도록 돕는 것이다. 이것은 관계에 어떤 종류의 위반이 발생하여 신뢰의 역사를 재정립하는 가운데, 피해자가 연속적으로 좀 더 위험스러울 수 있는 상호작용에 노출된다는 것을 의미한다. 또한 그 노출은 피해자가 신뢰가 가장 부족할 때 다소 초기 위험을 무릅쓰고 관계에 들어가는 것을 의미한다. 가해자가 신뢰를 입증해 감에 따라서 더욱더 복잡하고 위험스러울 수 있는 상호작용의 증가와 노력이 요구되어질 것이다(Hargrave, 2001).

이 치료작업의 국면에서 가해자와 피해자사이에서 발생하는 첫 협상의 하나는 가해자가 자발적으로 *한 자리-아래*(one-down) 자세를 취하는 것이다(Haley, 1987). 근본적으로 피해자는 관계에서 잠시 동안은 좀 더 강력한 사람이 된다. 왜냐하면 기본적으로 신뢰를 위한 교류를 할 수 있는 것에 대한 결정은 피해자의 몫이기 때문이다. 만일 가해자가 '한자리-아래 자세 취하기'를 주저한다면, 피해자는 이 국면을 통해 용서의 작업을 진행할 의지가 없어질 것이다. 또한 피해자는 관계를 위한 힘을 내놓을 수 없게 될 것이다. 이 국면의 첫 회기에서 치료사는 능숙하게 이 사례의 부부와 한자리-아래 자세 취하기에 대해서 협상했다.

치료사: 이것이 잠시 동안이기는 하지만 (아내에게) 당신이 남편에게 남편이 신뢰를 재정립하는 것이 필요하다고 말을 하는 힘을 가지는 것은 매우 중요합니다.

남 편: (초조하게) 그것이 좋다는 생각은 들지만, 왜 우리가 문제에 대한 작업으로 바로 들어갈 수 없는 것이죠.

치료사: 좋은 질문이에요. 그런데 저 대신 그 질문에 대한 답을 말씀해 주시기 바랍니다. 예를 들어서 두 파트너가 자신들의 사업을 잘하기 위해서 고군분투하고 있다고 생각해 봅시다. 두 파트너는 열심히 일했지만 아직도 사업은 성공적이지 못했습니다. 그런 중에 파트너 한 사람이 사업에서 돈을 훔쳤습니다. 그리고 후에 상대 파트너는 돈이 없어졌어도 그 파트너와 함께 사업을 계속하기로 결정했습니다. 여기서 질문은, 두 파트너가 다시 함께 사업을 시작하는 일에 관한 것입니다. 그들은 신뢰성의 문제와 돈을 훔친 파트너의 문제로부터 시작해야 할까요? 아니면 그들이 어떻게 사업을 운영해야 하는지에 대한 문제로부터 시작을 해야 할까요? 제가 찾아낸 답이 저도 퍽 편안하지는 않지만 당신이 다른 답을 가지고 그것을 제게 설명하실 수 있다면 저는 정말 듣고 싶습니다.

남 편: 전 단지 아내가 다시 저를 믿었으면 하는 바람을 가졌던 것 같아요.

치료사: 당신 같으면 돈을 훔친 파트너를 무조건 믿을 수 있으시겠습니까? 그것도 두 번이나 그랬다면 믿으시겠습니까?

남 편: 당신이 무얼 말씀하려 하시는지 이해가 되네요.

치료사: 물론 어느 적절한 시점에서 두 분이 모두 당신들 부부 관계 안에 존재하는 문제를 살펴봐야 할 것입니다. 그러나 먼저 이 짧은 한 기간 동안 대략 한 달에서 세 달 사이에 관계 안에 신뢰를 다시 세우기 위한 순차적인 방법을 작업하시기를 제안합니다. 이 기간 동안에 당신들이 다소의 신뢰를 세우

고 서로 용서하며, 관계를 복원할지 안할지에 대한 결정을 해야만 합니다. 그런 후에, 당신들 부부 관계에서 오랫동안 지속되어 왔던 부부 문제를 작업하실 수 있습니다.

치료사가 남편과 논쟁하지 않고 신뢰를 재정립하기 위한 대안에 대해서 어떻게 남편에게 말하도록 하는지 주목하라. 이 회기 동안 남편은 확실히 신뢰를 세워야하는 논리와 필요성을 보았다. 치료사는 아내에게 신뢰를 다시 세우는 과정을 시작하기 위해서 자신이 남편으로부터 필요한 것이 어떤 형태의 일들인지 물었다. 그녀가 요청한 것 중에 몇몇은 재정과 휴대전화 기록을 통해서 남편이 계속 책임성 유지의 의지를 보이는 것이었다. 또한 남편이 하루 동안 일어난 자신의 일과 관계를 개방하여 자신과 자녀들에게 점점 더 많이 개인적 수준에서 접촉하기를 원했다. 이것은 아주 좋은 출발점이어서 치료사는 재정과 휴대전화에 대한 문제뿐만 아니라 하루 동안 남편이 접한 일들을 매일 부부가 교류하도록 요청하는 과제를 하게 했다. 여기서 치료사는 이 작업을 하는 동안에 아내에게는 아무것도 요청되지 않으며 단순히 남편의 보고에 대한 수령인이 된다는 것을 명심해야 한다.

2주 후, 치료사는 아내에게 훨씬 더 많은 신뢰를 요구하는 좀 더 복잡한 교류를 요청하기 시작했다. 그러한 교류에 대해서 아내는 남편의 외도에 대해서 남편이 온전히 정직하게 모든 걸 다 말하는 것을 원했다. 그러나 아내가 외도에 관한 특정한 사실을 알고는 있는데도 남편은 그에 대한 많은 이야기를 의도적으로 피했다. 왜냐하면 그는 자신이 한 일들을 다 말해버리면 아내가 더욱더 고통스러워지고 용서가 더 어려워질 것이라고 생각했기 때문이다. 이것은 개인이 자신의 부정을 다룰 때 두드러진 특징 중의 하나다. 대부분, 피해자는 외도의 전체 이야기를 모르기 때문에 그 전체 이야기는 피해자에게 또 다른 외상이 될 수도 있다. 이러한 견지에서 치료사는 정직과 투명성을 통해서 피해자가 발견한 것이 너무 당혹스러워 용서할 수 없을 정도로 혼란스러울 수도 있다는 것을 피해자에게 분명히 알려야 한다.

이 사례에서 치료사는 아내에게 이러한 정보를 주었는데도 그녀는 그래도 자신이 알아야만 한다고 완강히 주장했다. "내가 당신으로부터 얻고자 하는 것은 당신이 나에게 얼마나 정직하게 개방할 수 있냐는 것입니다. 당신은 나에게 어떠한 것도 다 말 할 수 있어야 합니다. 나는 항상 당신이 솔직한지 아닌지를 잘 알 수가 있죠. 우리가 정말 결혼생활을 계속 이어가려면 당신이 온전히 나에게 개방적일 수 있는지를 나는 알아야 합니다." 남편은 마지못해서 고통스런 결과가 있을 지라도 아내의 말에 동의했다.

치료사는 이 개방성을 관계에서 고통을 초래하는 것이 아닌 정직성으로 두 사람 관계에서 세워질 신뢰성에 대한 잠재력의 관점에서 구조화하였다. 부부는 이 작업을 두 회기에 걸쳐서 하였다. 성(性), 돈의 낭비, 가족보다는 외도한 여자와 더 함께한 시간들 등과 관련된 많은 고통스런 개방이 있었다. 이것이 다소의 고통을 초래하기는 했지만 아내는 남편이 온전히 정직했던 두 회기에 만족해했다. 그 결과로써, 그녀는 이 작업이 신뢰성 재정립 복구의 노력을 나타내는 작업으로 간주할 수 있었다. 다음은 아내의 보고이다.

> 지난 몇 주가 쉽지는 않았지만 적어도 제 남편의 삶에 대해서 이 부분만은 다 안 것 같이 느껴져요. 더 이상 발견할 것은 없어요. 그가 제게 말한 사실들이 고통스러웠지만, 그 고통은 상처를 깨끗이 씻어

내는 고통과 같은 것이었어요. 적어도 고통이 다소 좋은 일을 한다는 것을 당신도 알고 계시잖아요.

부부는 여섯 회기 동안 보상의 기회주기의 작업을 더 계속하였다. 치료 작업은 주로 남편과 아내가 서로 솔직하게 개방하고, 좀 더 긴 교제의 시간을 함께 보내도록 하는 것이었다. 이것은 교류의 수준이 좀 더 깊어지도록 하는 것에 대한 과제와 문제를 추적하는 것이다. 신뢰성 재구축의 과정에서 아내가 불안감과 싸우고 남편은 개방성에 대해서 고심하면서 갈팡질팡하는 예견할 수 있는 기복들이 있었다. 그렇지만 부부는 일반적으로 작업의 궤도를 벗어나지 않고 잘 해냈다. 치료사는 이 국면의 용서의 작업에서 가해자와 피해자의 주고-받기가 이렇게 오락가락하는 고군분투를 기꺼이 인내해야한다. 언급한대로, 사람들은 신뢰와 사랑을 다시 형성하는데 완전하지 않을 것이고 실수도 있을 것이다. 치료사는 항상 어떤 문제가 관계에서 발생할 손상을 나타내는 것인지 아니면 진실로 그것이 관계적 실수인지를 측정해야만 한다.

8주 후에 아내와 남편은 확실히 진전했다. 부부치료를 통해서 그들의 관계에 존재하는 오랫동안 지속되어온 문제를 다루는 것을 시작할 준비가 되었다. 치료사가 두 사람의 힘을 재조정하는 전환기를 시작할 때 아내는 다음과 같이 말했다. "나는 준비가 되어 있습니다. 우리가 서로를 향해서 용서의 말을 할 수 있었으면 좋겠습니다." 남편은 이에 동의했다. 치료사의 도움으로 부부는 제7장에서 요약한 부부치료 작업을 시작하기 전에 '명백한 용서하기'작업을 위해서 한 회기를 더 계획했다.

명백한 용서하기 국면에서 치료 작업

치료사가 가해자와 피해자, 둘과 함께 명백한 용서하기를 통한 용서의 작업을 한다는 것은 치료사가 경험이 없는 두 사람이 매우 힘든 산을 올라갈 수 있도록 준비시키는 것과 같다. 치료사는 치료의 진행과정에서 무엇을 살펴야 하는지를 잘 알아야 한다. 또한, 가해자와 피해자가 치료 작업의 궤도를 벗어나 사랑과 신뢰에 손상이 될 어떤 일을 할 때, 그들을 어떻게 도울 수 있는 지에 대한 풍부한 경험과 지식을 가져야 한다. 가해자와 피해자, 두 사람이 명백한 용서하기 과정의 작업을 할 때 그들은 관계를 더 좋게 하려는 마음과 과거 상처를 치유하려는 노력을 가지고 임해야 한다. 그들의 감정이 북받칠 때 실제적으로는 가능하지 않을 수도 있지만 적어도 회기는 사랑과 신뢰를 위태롭게 해서는 안 된다. 이러한 이유로 치료사는 치료에서 성취되어야 할 것, 치료 진행과정을 위해 가해자와 피해자에게 기대하는 것, 그리고 만일 명백한 용서하기가 어긋나기 시작하면 회기를 중지하고 용서의 다른 국면으로 돌아갈 의지 등을 잘 준비해야 한다(Hargrave, 1994a).

본 장에서 논의 된 사례에서 치료사는 부부에게 제5장에서 요약된 대로 동의, 인정, 사과의 과정을 통한 명백한 용서하기의 작업을 이번 회기에 한다는 것을 지난 주 회기에서 확실히 했다. 덧붙여 치료사는 두 사람에게 외도에 의해서 초래된 상처를 대표할 만한 어떤 물건을 이번 회기에 가져오도록 요청했다. 회기의 첫 부분에서 치료사는 남편과 아내에게 모두 남편의 외도에 의해 발생한 위반의 핵심에 관한 것을 물었다. 이 사례에서 부부는 보상의 기회주기의 국면을 통해서 서로 작업했으므로 그들은 위반의 핵심이 남편이 정절을 깨뜨린 것과 외도에 대한 개방성의 부족으로 신뢰의 손상이 계속된 것이라는 점에 서로 쉽게 동의할 수 있었다. 그러나 많은 피해자와 가해자가 이 문제에 대해서 서로 동의하는 것이 어려운데 특히 명백한 용서하기 회기가 수 년 후에 서로 함께 해야 하는 첫 번째 시간이 될 때가 어렵다. 여기서 치료사는 위반 역사에 대한 각자의 진술과 견해를 듣는데 인내를 가져야 하고 다측면 편파성의 기술과 가치를 기억해야 한다(Hargrave, 1994a). 명백한 용서하기 회기로 전형적이고 표준적인 시간은 약 90분인데 동의는 종종 회기의 80분을 차지할 것이다(Hargrave, 2001). 치료사는 피해자와 가해자가 작업의 궤도에서 벗어나지 않도록 돕고 그들의 정서적인 긴장의 힘든 지점은 다시 작업하는 것을 꺼려해서는 안 된다. 또한 치료사는 이 형태의 회기에서 동의는 위반에 관련된 무수한 세부사항에 대한 것이 아니고 폭 넓은 일치 및 동의라는 것을 기억해야 한다.

이 사례에서 치료사는 부부가 명백한 용서하기의 '인정'의 단계 지점으로 이동하도록 할 수 있었다. 다음의 대화에서 치료사가 남편이 외도를 인정했을 때 그가 어떻게 특정적인 책임을 짓도록 돕는지 살피고, 그것이 아내의 반응을 어떻게 달라지게 만드는지 주목하기 바란다.

치료사: 만일 두 분 모두 위반의 핵심에 대한 동의가 된다면-외도의 부정 그 자체에 대한 손상과 계속적인 개방성의 부족-이 손상에 대해서 누가 책임이 있습니까?

남　편: 많은 경우 우리 둘 다이죠. 우리 둘 다 우리의 결혼생활을 어렵게 만들었죠. (아내가 한숨을 쉰다.)

치료사: 만일 당신이 잘 되어야 하는 결혼생활이 잘 되지 않은 책임이 두 분 모두에게 있다고 생각하신다면 당신은 그것을 좀

더 구체적이고 명확하게 하셔야 합니다. 또한 외도에 대해서도 두 분 모두에게 책임이 있다고 생각하신다면, 그것도 명확히 하셔야 합니다.

남 편: (매우 놀라며) 제가 말하려고 했던 것은 그런 뜻이 아니었어요. 제가 좀 앞서 간 것 같아요. (아내의 손을 잡으며) 내 말은 우리의 결혼 문제를 직면함에 있어서 당신과 작업하는 것이 신나고 들뜬 마음에서 나온 말이야. 내 외도가 당신의 책임이라고 말한 것은 전혀 아니야. 당신이 나와 똑같은 결혼생활을 했지만 당신이 외도는 하지 않았어. 우리가 함께 어려움을 경험했지만 내가 사업에서 돈을 훔쳤을 때 당신은 계속 일을 하고 있었어. (아내가 한숨을 쉬면서 좀 더 희망적인 모습을 한다.)

치료사: 명확히 해 주셔서 감사해요. 그러면 방금 전에 한 질문으로 다시 돌아가 묻겠습니다. 부정과 개방성의 부족으로 인한 손상의 책임은 누구에게 있나요?

남 편: (아직 아내의 손을 잡은 채로) 외도로 우리의 결혼으로부터 훔친 것은 바로 나야. 그리고 그것을 당신으로부터 숨겼어. 당신이 나를 전적으로 떠날 권리가 있고 내가 당신이 내 아내가 되어 달라고 요구할 수는 없어. 그렇지만 당신에게 요청해. 당신이 다시 내 아내가 되어 줘.

명백한 용서하기의 마지막 단계는 '사과'이다. 사과는 "내가 미안하다." 또는 "나는 너의 용서를 청한다."와 같이 할 수도 있으나 근본적으로 사과는 미래에 다르게 산다는 것을 약속하는 것이다(Hargrave, 1994a). 대부분 이 부분이 매우 중요한 순간이므로 많은 치료사들은 용서에 어떤 의식(ritual)을 함께 합하는 것을 선택한다. 이것은 정서적 교환을 둘러싸고 고조된 의미를 생성하려는 것이다. 대부분 의식은 피해자, 가해자, 그리고 많은 경우 치료사의 제안에 의해서 선택되어 진다. 의식의 범위는 상처를 나타내는 물건을 땅에 묻는 것으로부터 시작하여 회기에서 옛 문제를 태우는 것, 심지어 무릎을 꿇고 사과하는 것에까지 이른다(Hargrave, 2001). 어떠한 의식이 사용되어지더라도 그 지향은 피해자와 가해자가 모두 관계에서 사랑과 신뢰의 유산의 중요한 새로운 출발점으로써 명백한 용서하기 이벤트를 기억하도록 돕는 것이다.

남 편: (아내의 손을 잡으며) 내게 두 번째 기회는 마땅한 것은 아니지만, 외도와 그것을 숨긴 것에 대해서 당신에게 용서를 청해. 당신이 다시는 기억하지 않기를 요청하는 것이 아니야. 나는 단지 나에게 좀 더 나은 남편이 될 기회를 달라고 진심으로 요청하는 것이야.

아 내: (남편의 다른 손을 잡으며) 나는 당신을 용서합니다. 완전히 용서할 수 있는지는 잘 모르겠지만 우리가 새 출발을 하는데 최선을 다하려고 해요. (부부가 포옹한다.)

치료사: 이 순간, 당신들이 가져온 외도의 상처를 나타내는 물건을 꺼내 놓으시기 바랍니다. (아내는 손수건을, 남편은 휴대전화를 가져왔다.)

아 내: 이 손수건은 두려움과 의심에 대해서 남편에게 말하는 대신에 혼자 두려움 속에서 울었던 시간들을 나타냅니다. 더 이상 저는 혼자 울거나 혼자 두려워하지 않기를 원해요.

남 편: 이 휴대전화는 제가 외도를 시작했을 때 사용하던 것입니

다. 이것은 제가 저와 아내를 분리하고 아내를 숨긴 것을 의미합니다. 저는 이것을 영원히 중지하기를 원합니다.

치료사: 좋습니다. (잠시 침묵) 이제 이것들을 이 금속 상자 안에 넣으시기 바랍니다. 그리고 이것을 집에 가지고 가셔서 함께 뒷마당에 묻으시기 바랍니다. 두 분 중에 혼자 울고 싶거나, 혼자 두려운 느낌이 들거나, 또는 숨기고 싶고 은밀하게 무엇을 하고 싶은 순간, 어느 때라도 상자를 캐내서 침대 옆에 두시기를 바랍니다. 다음, 두 분이 여기서 이룬 진전과 작업이 상기될 때까지 문제와 느낌에 관해서 말씀을 나누셔서 용서의 작업이 다시 정상으로 되돌아 오도록 하십시오.

치료사는 의식을 명확히 하는 것으로 회기를 끝내고 부부는 집에 돌아가 뒷마당에 상자를 묻었다. 남편은 다음과 같이 보고했다. "상자를 묻는 것은 과거를 묻는 것과 같았다. 그러나 우리가 회기에서 배운 것을 실행하지 않으면 그 과거는 우리를 괴롭히기 위해서 다시 되살아 나온다는 것을 아는 것이 도움이 됐다." 부부는 용서의 작업을 끝내고 한 주를 쉬었다. 그리고 외도와는 분리되어 존재하는 부부의 결혼생활에 대한 문제를 다루기 위해서 복원치료의 부부작업을 시작했다. 이 작업의 대부분은 고통과 고통의 주기에 대하여 학습하고 자기-반응성을 떠나서 어떻게 정서 조절을 잘 할 수 있는가를 배우는 것을 수반했다. 부부작업은 8회기 동안 진행됐고 성공적으로 치료를 마쳤다. 그들은 사랑과 신뢰를 통해서 자신들의 정체감과 관계적 안전감을 재형성하는데 있어 복원치료 작업의 역할에 대해서 매우 흡족해 했다.

참고문헌

Aggleton, J. P. (Ed.). (1992). *The amygdala: Neurobiological aspects of emotion, memory, and mental dysfunction.* New York: Wiley.

Ainsworth, M. D. S., & Bowlby, J. (1991). An ethological approach to personality development. *American Psychologist, 46,* 331-341.

Arden, J. B., & Linford, L. (2009). *Brain-based therapy with adults: Evidence-based treatments for everyday practice.* Hoboken, NJ: Wiley.

Atkinson, B. J. (2005). *Emotional intelligence in couples therapy: Advances from neurobiology and the science of intimate relationships.* New York: Norton.

Atkinson, B. J., Atkinson, L., Kutz, P., Lata, J, Lata, K. W., Szekely, J., et al. (2005). Rewiring neural states in couples therapy: Advances from affective neuroscience. *Journal of Systemic Therapies, 24,* 3-16.

Balswick, J. O., King, P., & Reimer, K. (2005). *The reciprocating self: Human development in theological perspective.* Downers Grove, IL: InterVarsity Press.

Bandura, A. (1989). Human agency in social cognitive theory. *American Psychologist, 44,* 1175-1184.

Bandura, A. (1997). *Self-efficacy: The exercise of control.* New York: Freeman.

Baucom, D. H., Epstein, N. B., LaTaillade, J. J., & Kirby, J. S. (2008). Cognitive-behavioral couple therapy. In A. S.. Gurman (Ed.), *Clinical handbook of couple therapy* (4th ed., pp. 31-72). New York: Guilford.

Beck, A. T., & Weishaar, M. (2008). Cognitive therapy. In R. J. Corsini & D. Wedding (Eds.), *Current psychotherapies* (8th ed., pp. 263-294). Belmont, CA: Thomson Brooks/Cole.

Boszormenyi-Nagy, I., Grunebaum, & Ulrich, D. (1991). Contextual therapy. In A. S. Gurman & D. P. Kniskern (Eds.), *Handbook of family therapy* (Vol. 2, pp. 200-238). New York: Brunner/Mazel.

Boszormenyi-Nagy, I., & Krasner, B. (1986). *Between give and take: A clinical guide to contextual therapy.* New York: Brunner/Mazel.

Boszormenyi-Nagy, I., & Spark, G. (1984). *Invisible loyalties.* New York: Brunner/Mazel.

Boszormenyi-Nagy, I., & Ulrich, D. N. (1981). Contextual family therapy. In A. S. Gurman & D. P. Kniskern (Eds.), *Handbook of family therapy* (pp. 159-186). New York: Brunner/Mazel.

Bowen, M. (1978). *Family therapy in clinical practice.* New York: Aronson.

Bowlby, J. (1988). A *secure base.* New York: Basic Books.

Bradbury, T. N., & Karney, B. R. (2010). *Intimate relationships.* New York: Norton.

Broderick, P. C., & Blewitt, P. (2006). *The life span: Human development for helping professionals* (2nd ed.). Columbus, OH: Pearson Prentice Hall.

Buber, M. (1958). *I and thou.* New York: Charles Scribner and Sons.

Chomsky, N. (1972). *Language and mind.* New York: Harcourt Brace Jovanovich

Corey, G. (2008). *Theory and practice of group counseling* (7th ed). Belmont, C A: Brooks/Cole.

Crowell, J. A., Treboux, D., & Waters, E. (2002). Stability of attachment representations: The transition to marriage. *Developmental Psychology, 38,* 467-479.

Davies, C. T., & Cummings, E. M. (1998). Exploring children's emotional security as a mediator of the link between marital relations and child adjustment. *Child Development 69,* 124-139.

DeMaria, R., & Hannah, M. T. (2003). *Building intimate relationships: Bridging treatment, education, and enrichment through the PAIRS® program.* New York: Routledge.

de Shazer, S. (1985). *Keys to solutions in brief therapy.* New York: Norton.

de Shazer, S. (1988). *Clues: Investigating solutions in brief therapy.* New York : Norton.

Dimidjian, S., Martell, C. R., & Christensen, A. (2008). Integrative behavioral couple therapy. In A. S. Gurman (Ed.), *Clinical handbook of couple therapy* (4th ed., pp. 73-103). New York: Guilford.

Doherty, W. J. (1996). *Soul searching: Why psychotherapy must promote moral responsibility.* New York : Basic Books.

Doherty, W. J. (2000). How therapists threaten marriages. *The Responsive Community, 7, 31-42.*

Ellis, A. (2008). Rational-emotive behavior therapy. In R. J. Corsini & D. Wedding

(Eds.), *Current psychotherapies* (8th ed., pp. 187-222). Belmont, CA: Thomson Brooks/Cole.

Erikson, E. H. (1963). *Childhood and society* (2nd ed.). New York: Norton.

Fairbairn, W. D. (1952). *An object-relations theory of the personality.* New York: Basic Books.

Freud, S. (1905). *Fragment of analysis of a case of hysteria. Collected papers.* New York : Basic Books.

Friedman, F. H (2007). *A failure of nerve: Leadership in the age of quick fix.* New York : Seabury Books.

Goldenthal, P. (1996). *Doing contextual therapy: An integrated model for working with couples, and families.* New York: Norton.

Guerin, P. J., Fay, L. F., Borden, S. L., & Kautto, J. G. (1987). *The evaluation and treatment of marital conflict.* New York: Basic Books.

Gurman, A. S., & Kniskern, D. P. (1981). Editor's note. In A S. Gurman & D. P. Kniskern (Eds.), *Handbook of family therapy* (p. 185). New York: Brunner/ Mazel.

Haley, J. (1984) *Ordeal therapy.* San Francisco: Jossey-Bass.

Haley, J (1987). *Problem solving therapy* (2nd ed.). San Francisco : Jossey-Bass.

Hargrave, T. D. (1994a). *Families amd forgiveness: Healing wounds in the intergenerational family.* New York: Brunner/Mazel.

Hargrave, T D. (1994b). Therapeutic utilization of video life review *Journal of Family Therapy,* 16, 3, 259-267.

Hargrave, T D (2000). *The essential humility of marriage : Honoring the third identity in couple therapy.* Phoenix, AZ: Zeig, Tucker & Theisen.

Hargrave, T. D. (2001). *Forgiving the devil: Coming to terms with damaged relationships.* Phoenix, AZ: Zeig, Tucker and Theisen

Hargrave, T. D. (2005). *Loving your parents when they can no longer love you.* Grand Rapids, Ml: Zondervan.

Hargrave, T. D. (2010). Restoration therapy: A couple therapy case study, *journal of Psychology and Christianity, 29,* 3, 272-277.

Hargrave, T. D. (in press). Saving oneself: Forgiving the poisonous parents as an act of kindness to oneself and future In S. Dunham, S. Dermer, & J. Carlson

(Eds.), *Poisonous parenting: Toxic relationships between parents and their adult children.* New York: Routledge.

Hargrave, T. D., & Anderson, W. T. (1992). *Finishing well: Aging andreparation in the intergenerational family.* New York: Brunner/Mazel.

Hargrave, T. D., Froeschle, J., Castillo, Y. (2009). Forgiveness and (Ed.), *Spiritual resources in family therapy* (2nd cd., pp. 301-322). New York: Guilford.

Hargrave, T. D., & Metcalf, L. (2000). Solution focused family of origin therapy. In L. VandeCreek & T. L. Jackson (Eds.), *Innovations in clinical practice: A source book* (Vol. 18, pp. 47-56). Sarasota, FL: Professional Resource Press.

Hargrave, T. D., & Pfitzer, F. (2003). *The new contextual therapy: Guiding the power of give and take.* New York: Brunner/Routledge.

Hargrave, T. D., & Sells, J. N. (1997). The development of a forgiveness scale. *Journal of Marital and Family Therapy,* 23, 1, 41-62.

Hargrave, T., & Stoever, S. (2010). *Five days to a new marriage.* Amarillo, TX: Hideaway Foundation.

Hockenbury, D. M., & Hockenbury, S. E. (2000). *Psychology* (2nd ed.). New York: Worth.

Hoffman, L. (2002). Family therapy: *An intimate history.* New York: Norton.

Jacobson, N. S., & Christensen, A. (1998). *Acceptance and change in couple therapy: A therapist's guide to transforming relationships.* New York: Norton.

Johnson, S. M. (2004). *The practice of emotionally focused marital therapy: Creating connection* (2nd cd.) New York: Brunner/Routledge.

Johnson, S. M. (2008). *Hold me tight: Seven conversations for a lifetime of love.* New York: Little, Brown.

Johnson, S. M., Makinen, M., & Millikin, J. (2001). Attachment injuries in couple relationships: A new perspective on impasses in couple therapy. *Journal of Marital and Family Therapy,* 27, 145-155.

Karney, B. R., & Bradbury, T. N. (1995). The longitudinal course of marital quality and stability: A review of theory, method, and research. *Psychological Bulletin, 118,* 3-34. doi:10.1037/0033-2909.118.1.3.

Keeney, B. P., & Ross, J. M. (1985). *Mind in therapy: Constructing systemic family therapies.* New York: Basic Books.

Kernberg, O. F. (1966) Structural derivatives of object relationships. *International journal of Psychoanalysis, 47*, 236-253.

Kieffer, C. (1977). New depths in intimacy. In R. W. Libby & R. N. Whitehurst (Eds.), *Marriage and alternatives: Exploring intimate relationships* (pp. 267-293). Glenview, IL: Scott, Foresman.

Kilmann, R., & Thomas, K. (1975). Interpersonal conflict: Handling behavior as reflections of Jungian personality dimensions. *Psychological Reports, 37,* 971-980.

Kosslyn, S. M. (2005). Reflective thinking and mental imagery: A perspective on the development of posttraumatic stress disorder. *Development and Psychopathology, 17*, 851-863.

Krumboltz, J. D., & Thoresen, C. E. (Eds.). (1969). *Behavioral counseling: Cases and techniques.* New York: Holt, Rhinehart, and Winston.

Lazarus, A. A. (2008). Multimodal therapy. In R. J. Corsini & D.Wedding (Eds.), *Current psychotherapies* (8th ed., pp. 368-401). Belmont, CA: Thomson Brooks Cole.

LeDoux, J. E. (1996). *The emotional brain: The mysterious underpinnings of emotional life.* New York: Touchstone.

LeDoux, J. E. (2002). *Synaptic self. How our brains become who we are.* New York : Viking.

Lieberman, A. F., Weston, D. R., & Pawl, J. H. (1991). Preventive intervention and outcome with anxiously attached dyads. *Child Development, 62,* 199-209.

Luborsky, E. B., O'Reilly-Landry, M., & Arlow, J. A. (2008). Psychoanalysis. In R. J. Corsini & D. Wedding (Eds.), *Current psychotherapies* (8th ed, pp. 15-62). Belmont, CA: Thomson Brooks/Cole.

Madanes, C. (1981). *Strategic family therapy.* San Francisco: Jossey-Bass Madanes, C. (1984). *Behind the one way mirror.* San Francisco: Jossey-Bass.

May, R., & Yalom, I. (2000). Existential psychotherapy. In R. J. Corsini & D. Wedding (Eds.), *Current psychotherapies* (6th ed., pp. 273-302). Itasca, IL: Peacock.

Meidonis, G. G., & Bry, B. H. (1995). Effects of therapist exceptions questions on blaming and positive statements in families with adolescent behavior problems.

Journal of Family Psychology, 9, 451-457.

Minuchin, S. (1974). *Families and family therapy.* Cambridge, MA: Harvard University Press.

Minuchin, S., & Fishman, H. C. (1981). *Family therapy techniques.* Cambridge, MA: Harvard University Press.

O'Hanlon, W. H., & Weiner-Davis, M. (1989). *In search of solutions: A new direction in psychotherapy.* New York: Norton.

Olds, J. (1958). Self-stimulation of the brain. *Science, 127,* 315-324.

Olson, D. H., & DeFrain, J. (1997). *Marriage and the family: Diversity and strengths* (2nd ed.). Mountain View, CA: Mayfield.

Pelaez-Nogueras, M., Gerwirtz, J. L, Field, T., Cigales, M., Malthurs, J., Clasky, S., et al. (1996). Infants' preference for touch stimulations in face-to-face interactions. *journal of Applied Developmental Psychology, 67,* 1780- 792.

Perls, F. S. (1969). *Gestalt therapy verbation.* Lafayette, CA: Real People Press.

Pipp, S , Easterbrooks, M. A , & Harmon, R. J. (1992). The relation between attachment and knowledge of self and mother in one- to three-year-old infants, *Child development, 63,* 738-750.

Pipp, S., & Harmon, R. J. (1987). Attachment as regulation: A commentary. *Child Development, 58,* 648-652.

Rogers, C. (1951). *Client-centered therapy.* Boston: Houghton Mifflin.

Rogers, C. (1961). *On becoming a person.* Boston: Houghton Mifflin.

Satir, V., Banmen, J., Gerber, J., & Gomori, M. (1991). *The Satir model: Family therapy and beyond.* Palo Alto, CA : Science and Behavior Books.

Saxton, L. (1993). *The individual, marriage, and the family* (8th ed.). Belmont, CA: Wadsworth.

Scharff, D., & Scharff, J. (1987). *Object relations family therapy.* New York: Aronson.

Siegel, D. J. (2007). *The mindful brain: Reflection and attunement in the cultivation of well-being.* New York: Norton.

Smalley, G., & Paul, R. S. (2006). *The DNA of relationships for couples.* Carol Stream, IL: Tyndale House.

Stanley, S. M., Whitton, S. W., Low, S. M., Clements, M. L., & Markman, H. J.

(2006). Sacrifice as a predictor of marital outcomes. *Family Process, 45,* 289-303.

Stierlin, H. (1977). *Psychoanalysis and family therapy.* New York: Aronson.

Tillich, P. (1954). *Love, power and justice.* London: Oxford University Press.

Valenzuela, M. (1990). Attachment in chronically underweight young children. *Child Development, 61,* 1984-1996.

Van Heusden, A., & Van Den Eerenbeemt, E. (1987). *Balance in motion.* New York： Brunner/Mazel.

Van Lange, P. A. M., Rusbult, C. E., Drigotas, S. M., Arriaga, X. B., Witcher, B. S.& Cox, C. L.(1997). Willingness to sacrifice in close relationships, *journal of Personality and Social Psychology, 72,* 1373-1395.

Watzlawick, P., Bavelas, J. B., & Jackson, D. D. (1967). *Pragmatics of human communication: A study of interactional patterns, pathologies, and paradoxes.* New York: Norton.

White, M. (1997). *Narrative of therapist's lives.* Adelaide, Australia: Dulwich Centre.

White, M., & Epston, D. (1990). *Narrative means to therapeutic ends.* New York: Norton

찾아보기

(ㄱ)

(ㄴ)

(ㄷ)

(ㅁ)

(ㅂ)

(ㅅ)

(ㅇ)

(ㅈ)

(ㅊ)

(ㅌ)

(ㅍ)

(ㅎ)

저자 소개

▸▸▸ Terry D. Hargrave, Ph.D. LMFT, LPC

테리 하그레이브는 가족과 용서: 세대 간 가족의 상처 치유를 포함하여 열한권의 책과 많은 전문적 논문을 저술하였다. 용서, 노년, 그리고 가족 및 부부관계에 대한 영역의 작업과 미 전역에 걸쳐 세미나 및 워크샵 인도자로 널리 알려져 있다. 1992년에는 미국가족치료협회(AAMFT: the American Association for Marriage and Family Therapy)에 의해서 Master's Series Therapist로 선택되기도 했다. 현재 풀러 신학교, 결혼과 가족 치료학과의 교수이며 택사스에 위치한 아마릴로 가족 연구소의 소장이다.

▸▸▸ Franz Pfitzer, MD

프랜츠 피쩌는 독일의 Prien am Chiemsee에 있는 Klinik St. Irmingard 에서 정신의학의 수장이다. 그는 유럽에서 맥락적 치료 운동의 지도자 중의 한사람으로서 국가적으로나 국제적으로 치료적 이슈에 관한 저술과 발표를 하였다. 또한 그는 분노, 외상, 우울증, 노화에 대한 작업의 혁신가(innovator)이다.

역자 소개

▸▸▸ 명화숙

University of North Carolina at Greensboro, 상담학 석사
대전대학교 아동교육상담학과 박사수료
대전대학교 아동교육상담학과 강의 전담교수
현) 미 National Certified Counselor(NCC)
현) 미 Licensed Mental Health Counselor(LMHC)
현) 미 Certified Restoration Therapy
현) 대전대학교 상담대학원 객원교수

복원치료

– 결혼과 가족치료의 이해와 가이드 –

초판인쇄일 2016년 8월 22일
초판발행일 2016년 8월 29일
2쇄발행일 2019년 4월 19일
저 자 Terry D. Hargrave & Franz Pfitzer
옮 긴 이 명화숙
펴 낸 이 소정영
펴 낸 곳 韓國하나醫學社
주 소 서울시 서대문구 거북골로 7-7 하나빌딩 1층
출판등록 제25100-2013-000061호(1988. 4. 1)
전화번호 (02)730-2555, 2556
팩 스 (02)730-2557
이 메 일 hanampc1@naver.com
홈페이지 www.hanampc.co.kr

정 가 22,000원

• 역자와의 합의로 인지 생략
• 잘못된 책은 구입처에서 교환해 드립니다
ISBN 979-11-85696-35-5 93180